Peter Wilhelm

»Gestatten, Bestatter!«

BEI UNS LIEGEN SIE RICHTIG

Knaur Taschenbuch Verlag

Besuchen Sie uns im Internet:
www.knaur.de

Originalausgabe Dezember 2009
Knaur Taschenbuch.
Ein Unternehmen der Droemerschen Verlagsanstalt
Th. Knaur Nachf. GmbH & Co. KG, München
Alle Rechte vorbehalten.
Das Werk darf – auch teilweise – nur mit Genehmigung
des Verlags wiedergegeben werden.
Umschlaggestaltung: ZERO Werbeagentur, München
Umschlagabbildung: Gettyimages / Alan Thornton
Satz: Adobe InDesign im Verlag
Druck und Bindung: GGP Media GmbH, Pößneck
Printed in Germany
ISBN 978-3-426-78241-5

INHALT

Einleitung 7

Wie ich Bestatter wurde 9
Frau Müller ist gestorben 17
Maria 26
Jagdfieber 37
Olugulade 43
Tratsch im Treppenhaus 89
Tschüss, Alter – mach's gut! 92
Born to be wild 94
Eine Leiche im Keller 100
Oma Gretel 104
Jäger und Sammler 113
Der Weihnachtsmann ist tot 121
Es ist kalt 123
Schneewittchen einst im Sarge lag 128
Kennedy und falsche Russen 139
Daniela und Beat 146
Stoffel und die Autonummern 176
Die Messerdora 184
Die unheimliche Besucherin 185
Schwanenhals 194
Die Brücke 196
Narhalla 213
Halloween 219
Röschen und Kalli 235

Danksagungen 254

Einleitung

WENN mich jemand fragt, welchem Beruf ich nachgehe, dann sage ich Bestattungsunternehmer. Manch einer guckt dann im ersten Moment ganz verschreckt, anderen fällt irgendein aus ihrer Sicht lustiger Spruch dazu ein, und beinahe alle sagen nach mehr oder weniger kurzer Zeit, das sei wenigstens ein krisensicherer Job, gestorben werde ja immer.

Aber ganz egal wie die Leute im Einzelnen reagieren, früher oder später beginnen sie Fragen zu stellen, denn der Beruf des Bestatters spielt sich in weiten Bereichen hinter dem Schleier des Tabus ab. Tod und Trauer sind in unserer Gesellschaft Themen, über die man nicht gerne spricht und die man lieber verdrängt. Sterben sollen am besten nur die anderen, und man selbst möchte möglichst wenig damit zu tun haben. Wenn es dann mal die eigene Familie trifft, ja dann beschäftigt man sich notgedrungen mit der Thematik, und dann nimmt man auch die Dienste eines Bestatters in Anspruch.

Ansonsten bemerkt man oft nicht einmal, dass es Bestatter überhaupt gibt. Eine Dame kam eines Tages zu mir ins Bestattungshaus und sagte: »Ich gehe nun seit zwölf Jahren beinahe täglich hier vorbei, erst jetzt, da mein Mann gestorben ist, ist mir bewusst geworden, dass Sie hier Ihren Betrieb haben; der ist mir vorher noch nie aufgefallen.«

Ohne besonderen Anlass nimmt man Bestatter also gar nicht wahr und will auch normalerweise gar nichts weiter von ihnen wissen.

Anders ist das jedoch, wenn man unvermittelt, vielleicht am Rande einer Party, einem gegenübersteht und auf einmal Gelegenheit hat, die Fragen zu stellen, die man einem Bestatter schon immer mal stellen wollte. Nun kann man die Chance nutzen, um mal ein wenig Licht in das Dunkel zu bringen und zu erfahren, was da eigentlich ganz genau gemacht wird und was da mit uns und unseren Toten so alles passiert, wenn der Bestatter aktiv wird.

Mir geht es zumindest immer so, kaum habe ich gesagt, was ich von Beruf bin, stehen die Leute oft in dichten Trauben um mich herum und löchern mich mit Fragen. Genau das war der Auslöser, warum ich angefangen habe, im Internet unter *bestatterweblog.de* meine Erlebnisse niederzuschreiben und Fragen der Leser zu beantworten.

Nun verbietet es sich aber logischerweise von selbst, dass ein Bestatter mit den Namen und Schicksalen seiner Kunden im Internet hausieren geht. Deshalb habe ich von Anfang an alle Namen verändert, Orte und zeitliche Abläufe verfremdet und die gesamten Ereignisse in einem fiktiven Bestattungshaus irgendwo in Süddeutschland spielen lassen. Der Kern der Geschichten, die geschilderten Schicksale und die wichtigen Zusammenhänge sind alle wahr, doch habe ich mich immer bemüht, die persönlichen Fakten so zu verändern, dass keine Rückschlüsse auf reale Personen möglich sind.

Inzwischen sind im Weblog Tausende von Artikeln erschienen, von denen eine Auswahl im März 2008 bereits als Buch veröffentlicht wurde. Gänzlich überarbeitet und ergänzt um viele neue Geschichten, bietet dieses Buch nun allen denjenigen, die lieber etwas Gedrucktes in Händen halten, und denen, die keinen Bestatter zu ihrem Bekanntenkreis zählen, die Möglichkeit, endlich mehr über diese mehr oder weniger verborgene Welt zwischen Leben und Tod zu erfahren.

Peter Wilhelm
Herbst 2009

Wie ich Bestatter wurde

ICH bin Bestatter, ich habe täglich mit toten Menschen zu tun, aber auch mit deren lebenden Hinterbliebenen. Tote sind friedlich und machen keine Probleme. Mit den Lebenden ist das oft anders, und genau davon erzählt dieses Buch.

Warum ich ausgerechnet Bestatter geworden bin? Vor dreißig Jahren bereits war ich in einer Firma tätig, die eigentlich ganz etwas anderes machte, nebenbei aber auch Bestattungen abwickelte. So kam ich schon als junger Mann, wenn auch nur am Rande, mit der Branche das erste Mal in Berührung. Studium und Berufsjahre folgten, und irgendwann landete ich als Kaufmann bei einem sehr großen Bestattungsunternehmen. Und eines Tages folgte dann das eigene Bestattungshaus.

Im Laufe der Jahre lernte ich so viele Menschen kennen, erlebte ich so viele Geschichten, dass ich irgendwann anfing, diese Begebenheiten aufzuschreiben. Zunächst in kleinen Notizbüchern, dann mit fortschreitender Technik auch im Computer, in meinem eigenen Weblog und schließlich auch in dem Buch, das Sie gerade in den Händen halten.

Mein erster Lehrherr war der Bestatter Karl Fischer. Er hatte von seinem Vater eine Hauderei übernommen. Ein Hauderer hatte ein Lohnfuhrunternehmen und transportierte im Grunde alles, im engeren Sinne allerdings Verstorbene. Früher mit Pferd und Kutsche, wovon einige alte Schwarzweißfotos im Büro erzählten, später – so ab den 30er Jahren – mit Autos. Die Schreiner stellten die Särge her, der Hauderer transportierte Särge und Leichen. Früher waren Bestattungen noch nicht so kompliziert. Wenn jemand verstorben war, ging ein Angehöriger zum Schreiner und sagte Bescheid. Der Schreiner richtete den

Sarg, der Hauderer holte den Sarg, bettete den Verstorbenen ein und brachte ihn zum Friedhof.

Den Weg zum Rathaus und zum Pfarrer unternahmen die Angehörigen selbst.

Kurz gesagt: Eine Hauderei ist ein Taxiunternehmen für tote Leute.

Als die ersten Bestattungsinstitute aufkamen, hatten die meisten keine eigenen Bestattungswagen, und das ist in manchen Städten auch heute noch so. Der Hauderer hält eine ganze Reihe solcher Autos bereit und wechselt bloß die Tafeln mit dem Namen des Bestattungshauses aus.

Im Laufe der Jahre fertigten immer weniger Schreiner eigene Särge, die großen Sargfabriken entstanden. So kam zur Hauderei oft noch ein Sarglager hinzu. Das förderte das Entstehen sehr vieler kleiner »Wohnzimmerbestatter«. Mehr als einen Katalog mit Bildern von Särgen brauchte man nicht, den Rest machte der Hauderer. Schon 1948 machte mein 1924 geborener Lehrherr aus der Hauderei ein komplettes Bestattungsinstitut. Neben den wenigen verbliebenen Bestattungsautos wurden auch verstärkt Bestattungsanhänger eingesetzt.

Mit den Wirtschaftswunderjahren wurden immer mehr Autos angeschafft – nicht nur bei ihm, sondern auch andere Bestatter konnten sich jetzt einen eigenen Anhänger oder sogar einen Bestattungswagen leisten. Das Hauptstandbein wurde das Bestattungshaus. Und in genau dem begann ich meine kaufmännische Lehre.

Wenn man in einem Bestattungshaus als kaufmännischer Lehrling anfängt, gibt man sich der Illusion hin, man habe ja mit den Leichen nichts zu tun. Tatsächlich vergingen aber nur zwei Tage, da zerplatzte diese Illusion wie eine Seifenblase, es war Not am Mann, und ich musste mit anfassen.

Seine erste Leiche vergisst man nie, sagen Bestatter. In meinem Fall war das die alte Frau Kruse, die von einer Trage in einen Sarg gehoben werden musste. Ich wollte keine Schwäche zeigen und bin da recht unbedarft und nüchtern herangegangen. Kalt war sie, alt war sie und ein bisschen hässlich. Aber sie war auch ruhig, friedlich und erinnerte mich an meine Tante Rosel. Ein wenig merkwürdig war das schon, aber es überwog das Gefühl, etwas zu machen, was nicht jeder macht, also eine besondere Tätigkeit auszuüben.

Einmal mit dabei gewesen und nicht schreiend davongelaufen zu sein, das bedeutete für meinen Chef, dass ich forthin immer mal wieder mit anpacken konnte, dann auch mal mitfahren, und nach wenigen Monaten war das selbstverständlich, es gab überhaupt keine Diskussionen oder Fragen zu diesem Thema.

Mir hat das nie etwas ausgemacht, auch heute nicht, wenn zehn oder zwölf Tote im Kühlraum liegen. Ich kenne da kein unheimliches Gefühl oder irgendeine Angst.

In der Firma war es üblich, dass die vier Leute aus dem Büro – Chef, Chefin, Tochter und Lehrjunge – in der Pause oben bei Chefs zu Mittag aßen. Der Chef legte sich nach dem Essen immer etwas hin. Und sagen wir es mal so: Seine Tochter und ich haben das auch hin und wieder getan …

Wie man heute so sagt, die Chemie hat auf Anhieb gestimmt, und auch mein Chef ließ keinen Zweifel daran, dass er nicht auf der Suche nach einem Angestellten, sondern nach einem Nachfolger war. Seine Tochter, also meine Frau, hätte das gut machen können, aber der Alte war der Meinung, so was müsse ein Ehepaar machen.

Recht hatte er! Seit zwanzig Jahren bin ich jetzt in dieser Firma, die meiner Frau und mir gleichermaßen gehört. Dadurch, dass meine Frau ebenfalls voll in den Beruf eingebunden ist, konnte ich noch fertigstudieren und meinen Abschluss machen.

Der Schwiegervater ist schon viele Jahre tot, und seither haben meine Frau und ich das Bestattungshaus grundlegend modernisiert. Ein gutes halbes Jahr war ich in den USA, von wo ich viele neue Ideen mitgebracht habe, die wir zum Teil für unser Bestattungshaus übernommen haben, was unserem Unternehmen sehr gutgetan hat.

Das Unternehmen heißt immer noch so, wie es zu allen Zeiten geheißen hat, nämlich »*Karl Fischer*«, genauer »*Bestattungshaus Karl Fischer*«. Tradition ist wichtig in der Branche. Je nachdem, ob man die Aushilfen mitzählt, beschäftigen wir zwischen vierzehn und zwanzig Personen, bilden junge Bestatter und Kaufleute aus und sind, wenn man das so sagen kann, ganz gut im Geschäft.

Unser Haus hat drei Etagen, im Kellergeschoss die Technik (so nennen wir den Teil, in dem die Verstorbenen versorgt werden), das Sarglager und die Kühlräume, im Erdgeschoss die Büros, Beratungsräume und unsere eigene Trauerhalle mit Abschiedsräumen, und im Obergeschoss befindet sich unsere Wohnung.

Damit Sie die nun folgenden Geschichten besser verstehen, sollten Sie einige der handelnden Personen kurz kennenlernen.

Sandy

Sandy sieht klasse aus, ist mit achtundzwanzig Jahren noch recht jung, aber durch und durch Bestatterin und, um im Duktus zu bleiben, mein bestes Pferd im Stall. Ja, sie ist recht ungewöhnlich, schwankt zwischen Gothic und Punk, schafft es aber immer wieder, im richtigen Moment passend aufzutreten. Sie stand vor fünf Jahren auf einmal in meinem Büro und fragte nach einem Job. »Ach nee, nicht schon wieder«, dachte ich, denn es kommt immer mal wieder vor, dass junge Leute bei mir vorsprechen, nur um bei ihren Freunden mit einem »coolen«, ungewöhnlichen Job zu prahlen. Aber Sandy legte mir erstklassige Zeugnisse eines amerikanischen Bestattungsunternehmens vor; sie kam damals direkt aus den USA, wo sie zehn Jahre mit ihren Eltern gelebt hatte.

Bis heute weiß ich nicht, welche Haarfarbe sie wirklich hat, wir haben da schon alle Farben gesehen, aber damals war sie blond, und vielleicht war es auch ein bisschen die Art, wie sie immer mit ihren Fingern durchs Haar fuhr, die mich schwach gemacht hat.

Auf jeden Fall beeindruckte mich, dass sie ein sogenanntes Embalming Certificate, den Befähigungsnachweis zum Einbalsamieren, vorweisen konnte und ich sie, im Gegensatz zu vielen anderen jungen Leuten, nicht von Grund auf ausbilden musste.

Sandy wurde sofort zum festen Inventar bei uns, keine Arbeit war ihr zu schwer, egal was es zu tun gab, sie war mit dabei, und jeder in der Firma empfand ihre Anwesenheit als echte Bereicherung und Erleichterung. Ihre Anstellung nach der Probezeit war daher nur eine Formsache.

So ein paar Sachen muss ich allerdings hinnehmen, dazu gehört, dass sie in arbeitsschwächeren Zeiten auch mal ein Nickerchen unter dem Schreibtisch macht oder dass es im hintersten Lager auch schon mal nach verbranntem Heu riecht. Hinsichtlich der Arbeitszeit habe ich es nach einigen Wochen aufgegeben, mit ihr zu diskutieren. Wenn es nötig ist, bleibt sie ohne Anweisung bis zu zehn oder zwölf Stunden da, bis eben alles erledigt ist, und dafür kommt sie am nächsten Tag einfach später oder geht früher. Wenn ich sie brauche, ist sie auf jeden Fall immer da, und genau darauf kommt es mir an.

Die anderen Mitarbeiter gucken manchmal etwas neidisch auf sie, und eine Weile wurde gemunkelt, dass zwischen ihr und dem Chef etwas laufe und sie nur deshalb so viel Freiheiten habe, aber da Sandy auf Frauen steht und daraus kein Geheimnis macht, verstummten diese Gerüchte doch recht schnell.

Wir haben ja eine einheitliche Berufskleidung für unsere Mitarbeiter und Mitarbeiterinnen angeschafft. Es gibt genau drei Leute in unserer Firma, die davon befreit sind: Herr Huber unten in der Technik, ebendiese Sandy und natürlich ich. Sandy allerdings muss sich entsprechend umziehen, wenn sie zu Kunden fährt oder sie in unserem Haus betreut. Dann sieht sie sogar sehr vornehm aus, was vor allem auch daran liegt, dass man ihre vielen Tätowierungen nicht sieht.

Ihre Arbeit ist stets tadellos, ihre Beratungen sind erstklassig, und die Kunden, die mit ihr zu tun haben, sind durchweg zufrieden.

Sandy hat eben auch dieses amerikanische Gespür für Service und Kundenzufriedenheit und bindet die Kunden sehr gut an sich.

Dafür nehme ich so manchen Trubel und so manches Theater, oft auch zähneknirschend in Kauf.

FRAU BÜSER

Frau Büser ist schon immer in unserem Unternehmen. Sie hat in den späten 70ern als Bürokraft hier angefangen und kennt den Betrieb wie keine andere. Sicher, souverän, manchmal etwas kühl, ist sie so etwas wie die Mutter der Kompanie. Alle Abläufe im Büro koordiniert und delegiert sie und ist in erster Linie auch für die Ausbildung unseres kaufmännischen Nachwuchses zuständig.

An ihr vorbeizukommen ist ungefähr so schwer, als wolle man an sechs CIA-Agenten vorbei zum amerikanischen Präsidenten vordringen. Kurzum: So eine Seele braucht unser Unternehmen.

Herr Huber

Auch Herr Huber ist ein Veteran im Bestattungsgewerbe. Früher war er mal Krankenpfleger und hat vor über fünfzehn Jahren als Bestattungshelfer bei uns angefangen. Heute ist er hauptverantwortlich für den technischen Bereich.

Sein Reich ist das Kellergeschoss in unserem Haus, wo Särge und Bestattungszubehör gelagert und verarbeitet werden, wo die Kühlräume sind und die Verstorbenen hergerichtet werden. Sein Wahlspruch, der für unser ganzes Haus gilt: *»Behandle jeden Verstorbenen so, als wäre es deine Mutter oder dein Vater.«*

Es gibt kein technisches oder handwerkliches Problem, das Herr Huber nicht lösen kann.

Antonia

Antonia kam als Praktikantin zu uns und verbreitete Chaos. Ungeschickt, ungelenk und übergewichtig, trat sie nicht nur in jedes Fettnäpfchen, sondern hüpfte immer mit Anlauf und dann mit beiden Füßen hinein. Sie selbst witzelt unentwegt über ihre etwas mehr als mollige Figur: »Ich bin nicht dick, ich hab bloß fette Knochen!« Das komme aber im Wesentlichen alles deshalb, weil sie Verbrennung habe. »Mein Körper verbrennt alles viel schneller, und deshalb muss ich immer so viel essen.«

Nach ihrem Praktikum verließ sie uns wieder, wurde dann aber doch von uns fest eingestellt. Sie ist ein Herzchen, absolut lieb und liebenswürdig. Leute mit Herz braucht man in unserer Branche.

Manni

Bestattungshelfer heißt die Berufsbezeichnung von Manni. Er fährt mit seinen Kollegen den Bestattungswagen, überführt die Verstorbenen, bettet sie ein und übernimmt die handwerklichen Arbeiten in unserem technischen Bereich. Eine abwechslungsreichere Tätigkeit gibt es kaum. Manni zeichnet sich durch eine pragmatische Denk- und Handlungsweise aus und wurde damit zu einem nur schwer ersetzbaren Mitglied unserer Firmenfamilie.

Die übrigen handelnden Personen werden Sie im Laufe der Geschichten kennenlernen.

Frau Müller ist gestorben

Da der Tod ein Tabuthema ist, beschäftigt man sich nicht besonders gerne mit ihm, und deshalb hat auch kaum einer eine Ahnung davon, was der Bestatter eigentlich mit den Verstorbenen macht. Eine der meistgestellten Fragen ist deshalb: Was passiert eigentlich mit einem Menschen, wenn er gestorben ist? Was macht der Bestatter mit dem Toten? Auf diese Frage gibt am besten die folgende Geschichte eine Antwort.

Im Altersheim

Langsam biegt unser schwerer, langer Volvo in den Hof des Altersheims ein, die Räder knirschen auf dem Kies, und das Auto gleitet mehr, als dass es fährt. Der Fahrer lenkt es zum Hintereingang, fährt einen leichten Bogen, setzt etwas zurück und stoppt. Majestätisch schwingt die hydraulische Heckklappe auf. Fahrer und Beifahrer steigen aus, sie tragen schwarze Tuchhosen, geputzte schwarze Schuhe und weiße Halbarmhemden mit dunkelgrauen Krawatten.

Aus dem Laderaum ziehen sie die Fahrtrage hervor, das Gestell mit den Rädern klappt herunter.

Die beiden Männer schieben die Trage zur Hintertür, klingeln und werden eingelassen. Mit dem Aufzug geht es in den dritten Stock, Zimmer 317 soll es sein, eine Frau Müller ist verstorben.

Kaum eine Stunde ist vergangen, seit die diensthabende Schwester das Bestattungsinstitut verständigt hat. Der Arzt hat die Leichenschau durchgeführt, und aus den Patientenakten hat sich ergeben, welcher Bestatter verständigt werden soll und dass die Angehörigen später auf dem Friedhof oder beim Bestatter Abschied nehmen wollen.

Frau Müller liegt in ihrem Bett auf dem Rücken, ihre Hände hat man gefaltet. Außer den beiden Bestattern und der Toten ist niemand im Zimmer. Die Männer kontrollieren die Sterbepapiere, die auf dem Nachttisch liegen, alles scheint in Ordnung. Dann ziehen sie sich Latexhandschuhe über. Der eine öffnet den Reißverschluss der blauen Abdeckung aus Cord, die die Fahrtrage oben bedeckt. Der andere schiebt das Bettzeug der Verstorbenen zur Seite.

Die Bettdecke ist noch warm, Frau Müller kann noch nicht sehr lange tot sein.

Die Fahrtrage ist vorbereitet, die Cordabdeckung entfernt, die faltbaren Abdeckungen aus Kunststoffplane zur Seite geklappt, die Gurte geöffnet. Auf der Trage liegt ein weißes langes Papiertuch. Mit einem Handgriff stellt einer der Männer die Fahrtrage auf die Höhe des Bettes ein, dann blicken sich die Männer kurz an, der andere nickt. Einer von beiden tritt an das Kopfende, der andere an das Fußende des Bettes. Der mit den Füßen hat es einfacher, deshalb wechseln sich die Männer dabei ab. Der Mann am Kopf fasst sie, vorsichtig den Kopf stützend, bei den Schultern; ein kurzer Blick zum Kollegen, und keine zwei, drei Sekunden später liegt Frau Müller auf der Trage. Nicht mal die gefalteten Hände sind auseinandergeglitten.

Der eine legt ein weiteres weißes Papiertuch über die Verstorbene, der andere schnallt sie fest.

Die Gurte ähneln den Sicherheitsgurten im Flugzeug, einer über den Unterschenkeln, einer über dem Bauch, und der dritte umfasst Arme und Oberkörper. Von beiden Seiten werden die grauen Kunststoffplanen über die Tote geschlagen und mit Klettverschlüssen fixiert.

Die blaue Cordabdeckung verhüllt alles, der Reißverschluss wird hochgezogen. Mit einem ratschenden Geräusch wird die

Fahrtrage hochgefahren, damit sich die Männer beim Schieben nicht bücken müssen.

Während einer der beiden das Bett halbwegs in Ordnung bringt, schaut der andere sich um, ob nichts liegengeblieben ist, nicht einmal die Gummihandschuhe lassen die Männer zurück. Die Leichenschaupapiere haben sie eingesteckt.

Bis jetzt haben die Männer kein Wort gewechselt, alle Handgriffe sind hundertfach geübt, es gibt nichts zu sprechen. Zügig, aber würdevoll schieben sie die Fahrtrage über den menschenleeren Gang. Die Verwaltung hatte darum gebeten, dann zu kommen, wenn die anderen Bewohner beim Mittagessen sitzen.

Die Trage mit Frau Müller wird in den Leichenwagen geschoben, mit einem Sicherheitsbolzen fixiert und die Hecklappe heruntergeklappt, ein Servomotor übernimmt lautlos das letzte Schließen.

Insgesamt haben die beiden Männer nur fünfzehn Minuten gebraucht, als sie sich wieder in den Stadtverkehr einordnen.

In der Zwischenzeit im Büro des Bestattungshauses.

Zwei Leute sind zu mir gekommen, ein Ehepaar in mittleren Jahren. Es ist die Tochter der Verstorbenen mit ihrem Mann. Ich habe da so meine Reihenfolge, meine erprobte Methode und weiß eigentlich jetzt schon genau, wie alles ablaufen wird, was ich sagen werde, was sie fragen werden und was ich darauf antworte. Dennoch lasse ich mir nicht anmerken, dass das alles Routine ist; für diese Leute ist es eines der bedeutsamsten Ereignisse in ihrem Leben.

Ich heuchle keine Anteilnahme, oftmals wünsche ich nicht einmal Beileid. In all den Jahren habe ich dafür einen siebten Sinn entwickelt und weiß, wann das angebracht ist, wann die Leute das erwarten und wann es sie nur noch mehr aufwühlen würde.

Zuerst bitte ich sie in den Beratungsraum, nehme die Personalien der Verstorbenen auf, die Daten der Auftraggeberin und frage nach den Vorstellungen. Erdbestattung oder Feuerbestattung? Hieraus ergibt sich vieles andere.

Die Leute sind etwas hilflos, wissen nicht, was die Mutter wollte. Der Vater ist schon lange tot, das Grab längst abgelaufen. Nein, sie wollen kein großes Grab, sie kommen von außerhalb. Eine Feuerbestattung und ein kleines Urnengrab schlage ich vor; ja das wäre das Richtige, finden sie. Ob man da eine Steinplatte draufmachen kann, damit man keine Grabpflege betreiben muss, ich nicke. Anonym, nein das wollen sie nicht, aber keine Arbeit und doch ein Platz, zu dem man ein-, zweimal im Jahr fahren kann.

Eine Mitarbeiterin bringt Kaffee und Wasser, der Mann würde gern eine Zigarette rauchen. Darf er. Wir plaudern, die Verkrampfung lockert sich. Das ist gut so, denn jetzt geht es in den Ausstellungsraum. Eingeschüchtert stehen sie vor den Särgen, der Mann schaut nach den Preisen, sie nestelt an ihrer Handtasche. Ich sage: »Keine Bange, da liegt niemand drin.« Ein blöder Spruch, aber er entspannt die Leute immer.

Ich zeige die verschiedenen Modelle, der Mann will nicht den billigsten Sarg, sie tendiert zu einem geschnitzten Eichensarg. Ich empfehle Modell Nr. 3, der heißt bei uns »Frankfurt«, alle Särge haben Städtenamen. nebeneinander stehen Barcelona, Washington, Rom, Stuttgart, Frankfurt und Berlin. Die große Truhe heißt »Adenauersarg«, der Klappsarg »Modell Kennedy«; seitdem im Fernsehen die Serie *Six feet under* sehr erfolgreich lief, wollen den immer mehr.

Frankfurt ist ein schlichter, aber sehr schöner Sarg, ihn gibt es in Hell, Dunkel, Grau und Naturfarben gebeizt. »Ach, der ist ja günstig!«

Ja, ist er, aber ich sehe es auch nicht ein, denen eine schwere Truhe zum Verbrennen zu verkaufen. An manchem hochwertigen Sarg ist mehr Holz dran als an einer Wohnzimmereinrichtung aus dem Möbelmarkt.

Nur ein schlichtes weißes Hemd, das da drüben mit den Rüschen, »Mutter hat Rüschen geliebt«. Okay, machen wir. Die blaue Urne soll es sein, das ist mir recht, da verdienen wir was. Ich zeige den Leuten eine Aschenkapsel, weise darauf hin, dass man keine Überurne braucht, aber sie wollen lieber doch eine; jetzt soll es sogar die aus Ton sein, die ist besonders teuer. Soll ich sie hindern? Nein, arm scheinen sie nicht zu sein, und sie stehen vor einem Regal mit vierzig Urnen in allen Preisklassen. Ach komm, ich zeige ihnen doch noch die ganz günstigen Modelle rechts. Nein, es soll bei der Tonurne bleiben, gut.

Eine Decke suchen sie aus, mit passendem Kissen, auch wieder weiß mit Rüschen, nicht teuer, aber schön. Auch recht.

Mir ist es ja lieber, wenn die Menschen sich das im Ausstellungsraum aussuchen und nicht aus dem Katalog, den haben wir natürlich auch, wenn man uns zu einem Hausbesuch bestellt. In der Wirklichkeit sieht aber doch alles ein bisschen anders aus.

Drüben im Beratungszimmer notiere ich sogleich die Wünsche, wiederhole alles noch einmal Stück für Stück, damit es hinterher keine Missverständnisse gibt.

Dann kläre ich den Rest: Traueranzeige, Pfarrer, Blumen, Totenbriefe und vieles mehr. Ich muss alles ansprechen. Manchmal sieht das so aus, als wolle ich den Leuten tausenderlei Sachen aufschwatzen, aber das will ich gar nicht. Jetzt ist der Zeitpunkt, wo alles besprochen werden muss, ein Später gibt es nicht, in drei Tagen ist alles zu spät!

Das sage ich auch, sie verstehen.

Keine Anzeige, keine Totenbriefe. Der Pfarrer vom Heim soll es machen, zwei Lieder aus dem evangelischen Gesangbuch sollen gespielt werden, es kommen sowieso nur sechs oder sieben Leute zur Trauerfeier.

Ich schlage nach, suche alle Informationen zusammen und rechne alles aus. Der Preis ist in Ordnung, sie haben mit viel mehr gerechnet, umso besser. Sie unterschreiben den Auftrag und einige Vollmachten.

Wenn etwas ist, wenn ihnen etwas einfällt, einfach anrufen! Sie sind dankbar, dass alles so problemlos ablief. Er sagt noch, dass er es prima findet, dass ich nicht so schleimig Trauer geheuchelt habe.

»Warum auch«, sage ich, »ich kannte Ihre Schwiegermutter doch gar nicht«, und wie sollte ich in der Sache den Überblick behalten, wenn ich mich mitreißen lassen würde.

Der Fortgang

Direkt nachdem die Kunden unser Haus verlassen haben, gebe ich den Auftragszettel ins Büro. Ein Mitarbeiter tippt die einzelnen Positionen in unsere Auftragsverwaltung. Etwa fünfzehn Minuten später hat eine andere Mitarbeiterin den Auftrag auf ihrem Schirm und beginnt mit der Koordination. Vom Friedhof über den Pfarrer bis hin zum Organisten und Gärtner, sie regelt alle Bestellungen und Termine.

Gleichzeitig hat auch Huber, unser Mann in der Werkstatt, die Auflistung auf dem Bildschirm. Huber druckt sich einige Laufzettel aus und sucht die Sachen zusammen, die benötigt werden. Er richtet alles her und beschriftet die Dinge, damit die Sachen und Frau Müller später zusammenfinden.

Inzwischen trifft der Bestattungswagen ein. Die Trage wird ausgeladen und Frau Müller in unseren Behandlungsraum gefahren. Er ist gekachelt, hell beleuchtet, und in der Mitte steht ein Tisch aus Edelstahl. Darauf wird Frau Müller gelegt. Herr Huber kontrolliert nochmals die Leichenschaupapiere und steckt diese in die inzwischen erstellte und aus der Verwaltung heruntergebrachte Laufmappe.

Dann schaut er nach Schmuck und sonstigen Besonderheiten und legt im Sterbebuch einen Eintrag für Frau Müller an. Hier wird alles notiert, in Kürzeln, alles in einer langen Zeile; die Fachleute in unserem Unternehmen können auf einen Blick sehen, was Sache ist, was noch zu tun ist, was schon erledigt ist. Wo viele Leute beteiligt sind, muss man den Überblick behalten.

Die beiden Fahrer haben Kittel und Handschuhe angezogen, Frau Müller wird entkleidet. Huber legt ein Tuch über ihren Schambereich, auch Tote haben ihre Würde. Die Männer sprühen Frau Müller aus einer Sprühflasche mit einer Mischung aus Desinfektionsmittel und Wasser ein, es riecht etwas nach Apfelessig. Tote werden gesäubert, nicht klitschnass gebadet. Mit lauwarmem Wasser wird Frau Müller gewaschen und mit Papiertüchern getrocknet. Die Haare werden mit einem Haartrockner getrocknet und in Form gebracht.

Huber hat das Unterteil des Sarges Frankfurt auf zwei Böcke gestellt, legt ihn mit einer Bitumenfolie aus und befestigt diese sorgfältig, sie dichtet den Sarg ab. Als Nächstes bringt er die vier Griffe an. Über die Bitumenfolie kommt eine Schicht Papierschnipsel.

Mal nimmt er Holzwolle, mal eine Matratze mit entsprechender Füllung, mal diese Papierschnipsel. Dieser Sarg geht später ins Krematorium, da nimmt man besser die Papierschnipsel, das ist den Leuten vom Krematorium lieber. Die Innenbespannung des Sarges wird hineingelegt, sie hat schon ab Werk die passende Form und wird festgetackert, oben am Rand bringt Huber eine Bordüre aus Spitzenstoff an. Zum Schluss füllt er das Kopfkissen, verschließt es und legt es schon einmal an die richtige Stelle.

In der Zwischenzeit haben die beiden Bestatter Frau Müller einen Mundfüller eingesetzt. Das ist ein fleischfarbenes flaches Kunststoffteil. Frau Müller war Gebissträgerin, das Gebiss ist nicht da, und mit dem Mundfüller sieht ihr Gesicht nicht so eingefallen aus, außerdem bleibt der Mund dadurch geschlossen. Sie wird gekämmt, das Gesicht wird leicht gepudert. Frau Müller soll nicht aussehen wie das blühende Leben, aber doch auch nicht so tot, wie sie nun einmal ist.

Als ob sie schläft, so soll es wirken. Gar nicht so einfach, sie war sehr alt und vermutlich lange krank. Zehn, zwanzig Minuten dauert das, dann sieht sie so aus, wie Herr Huber, der das Kommando in der Werkstatt hat, sich das vorstellt, er gibt sein Okay.

Der passende Talar liegt bereit und wird Frau Müller übergestreift. Über die Arme muss er gezogen werden, der Rest geht einfach, das Hemd ist hinten offen. Kaum zwei Minuten später liegt Frau Müller im Sarg, der Talar wird glatt gezogen und hinten am Hals verschlossen.

Die Hände werden gefaltet. Einer der Männer schaut nochmals ins Sterbebuch, ist da ein Zeichen für den Rosenkranz? Nein, Frau Müller war evangelisch, also kein Rosenkranz. Ein paar weiße Strümpfe bekommt Frau Müller noch, dann ist alles perfekt.

Die Decke wird über sie gelegt und bis an die Brust unter die Schultern hochgezogen, glattstreichen, gut.

Die drei Männer schauen noch einmal, nichts vergessen? Nein, alles okay. Also wird der Deckel auf den Sarg gelegt und der Sarg in den Kühlraum geschoben.

Die Männer ziehen die Kittel aus, werfen die Handschuhe weg und waschen sich die Hände mit Desinfektionslösung. Huber reinigt noch den Behandlungsraum, da ist nicht viel zu tun, Frau Müller hat da keine Probleme gemacht.

Seitdem Frau Müller aus dem Heim abgeholt worden ist, sind genau zwei Stunden vergangen.

Die notwendigen Termine sind abgesprochen, die Bestellungen für Blumen usw., aufgegeben. Frau Müller ist eingebettet, und ihre Urne steht bereit. Herr Huber beschriftet noch das hölzerne Grabkreuz, welches das Grab kennzeichnen soll, bis einmal der Stein aufgestellt wird.

Für heute ist alles erledigt, morgen wird Frau Müller auf den Friedhof gebracht, und übermorgen ist die Trauerfeier.

MARIA

Ich werde sehr oft gefragt, ob man es als Bestatter auch mit ungeklärten Todesfällen zu tun bekommt, was man da macht und so weiter. Meistens sind die Todesumstände schon geklärt, wenn wir beauftragt werden, aber von Zeit zu Zeit treten solche Ausnahmen eben doch auf. Von einem solchen Fall möchte ich Ihnen jetzt erzählen.

AM Dienstag gegen 12.20 Uhr ging bei uns der Anruf eines Mannes ein, seine Tochter sei verstorben, wir sollten bitte kommen. Unsere Männer rücken aus und rufen vom Einsatzort aus an, es handle sich um ein Kind, Maria, und wir sollten uns schon mal darauf einstellen, dass die Familie etwas Besonderes sei: »Alles Italiener, alle sehr aufgeregt und ziemlich laut.«

Die Leichenschaupapiere lauten auf plötzlichen Kindstod.

13 Uhr

Maria ist bei uns eingetroffen.
Wenig später ruft mich Herr Huber aus dem Einbettungsraum an, ich solle mal herunterkommen und mir das ansehen. Das Kind hat am Hals Würgemale, durch ein Rüschenhemdchen verdeckt.

Scheiße!

Ich rufe die Polizei an, ich muss das tun. Die lassen sich Zeit, um 14.15 Uhr kommen zwei Zivilbeamte. Es wird fotografiert, wir müssen erzählen, wie es war, dann wird die Kleine als sichergestellt erklärt, und wir sollen sie mal in die Rechtsmedizin bringen.

Jetzt fahren die Polizisten zu den Eltern – und ich hätte am liebsten einen Schnaps.

20 Uhr

Der Hausarzt hat inzwischen angegeben, er habe zwar Spuren am Hals des Kindes gesehen, diesen aber keine Bedeutung beigemessen. Wir sind inzwischen alle nochmals befragt worden; ich kann nur das sagen, was ich schon schrieb: Das Hemdchen des Mädchens hat einen Rüschen- oder Spitzenkragen, ich weiß nicht genau, wie man so etwas nennt, und der verdeckte den Hals komplett. Einen so langen Hals haben so kleine Kinder nicht.

Maria ist sechs Monate alt geworden und befindet sich im Rechtsmedizinischen Institut.

Die Polizei war inzwischen bei den Eltern. Wie ich erfahren habe, sollen die Beamten die Anwesenden vor die Wahl gestellt haben, dass entweder der ganze Clan jetzt mal verschwindet, damit man die Eltern befragen kann, oder die beiden müssen mit auf die Wache.

Erstaunlicherweise hat sich noch für heute Abend der Vater angekündigt. Er will mit mir alles besprechen.

Mal sehen, was der mir erzählt.

21.30 Uhr

Für heute ist Schluss.

Neue Sachlage: Bei genauerer Betrachtung der Leichenschaupapiere (von denen wir uns Kopien gemacht haben – im Original liegen sie jetzt bei den Behörden) stellt sich heraus, dass der Arzt wohl beides angekreuzt hat: *Natürlicher Tod* und *Nichtnatürlicher Tod*, aber das zweite Kreuzchen ist kaum zu erkennen. Angeblich habe er von seiner Praxis aus gerade die

Polizei anrufen wollen, aber wir seien ihm zuvorgekommen. Na ja ...

Der Vater des Kindes war bei mir, der sah gar nicht italienisch aus. Ein Italiener, man verzeihe mir dieses primitive Vorurteilsdenken, ist klein, hat schwarze Haare; der hier ist aber groß, hat rotblondes Haar und blaue Augen, lediglich sein Gestikulieren und sein Akzent verraten eindeutig die Herkunft.

Ich frage zuerst die notwendigen Daten ab, dann spreche ich ihn auf die Todesumstände an. Er macht eine wegwerfende Handbewegung, er sei ja gar nicht dabei gewesen – seine Frau habe das Kind im Bad auf der Wickelkommode für den Mittagsschlaf vorbereitet und dann ins Bett gelegt. Als er wenig später nach der Kleinen gesehen habe, habe sie leblos im Bettchen gelegen. Er schimpft über deutsche Krankenkassen, die Nachbarn, die Polizei. Ich habe etwas Angst vor dem kommenden Moment, in dem ich ihm sagen muss, dass wir die Polizei verständigt haben. Wird er begreifen, dass wir nicht anders handeln konnten?

Doch! Er sagt: »Habbe korrekt gemacht! Vielleicht hatte de Arzt eine Fehler gemacht!«

Moment mal, der Arzt ist doch erst gekommen, als das Kind schon leblos war. Was ist da los? Ich erkläre ihm nochmals, dass wir so handeln müssen und so weiter. »Jaja, habbe korrekt gemacht.«

Steht der unter Drogen oder unter Schock? Er will den Sarg aussuchen, ganz schnell einen Termin, aber nicht vor Anfang nächster Woche – wegen der Familie, die muss nämlich erst aus Italien kommen. Das ist mir nicht genug, ich will doch wissen, was passiert ist. Einerseits wäre es mir ja lieb, wenn an der ganzen Sache nichts dran ist, andererseits hätten wir uns dann riesig blamiert. Blöde Zwickmühle.

Der Italiener fängt an zu weinen, erzählt mir, dass seine Frau jetzt gleich von einem anderen Arzt behandelt werde, sie habe einen Nervenzusammenbruch, deshalb müsse er jetzt nach Hause. Aus der Hosentasche zieht er eine Rolle Banknoten und legt mir 800 Euro hin, als Anzahlung.

Morgen sehen wir weiter. Mir langt's vorerst.

Mittwoch, 14 Uhr

Langsam kommt etwas Klarheit in die Sache. Wir bekommen heute gegen Abend die Freigabe, vielleicht schon am Nachmittag.

Es ist ja nicht so, dass ich mich den ganzen Tag um diesen einzelnen Fall kümmern könnte. Man darf nicht vergessen, dass wir in aller Regel vor allem alte Väterchen und Mütterchen beerdigen, wie es sich gehört; also Menschen, die schon lange auf dieser Erde weilten und die eben in dem Alter sind, in dem man auch schon mal sterben kann. Andere Fälle – junge Menschen, Menschen mittleren Alters – sind glücklicherweise eher selten, und Fälle, in denen es zu einer solchen Dramatik kommt wie diesmal, sind noch deutlich seltener. Aber merkwürdigerweise treten sie oft in Serie auf. Wenn man gerade so einen doch recht merkwürdigen Fall abgeschlossen hat, kommt garantiert gleich der nächste – und dann ist oft wieder für Jahre Ruhe.

Bei Maria ist es zu einer unerwarteten Wendung gekommen: Die Mutter musste gestern Abend noch von ihrem Mann ins Krankenhaus gebracht werden, weil sie aufgrund der nervlichen Belastung einen Weinkrampf bekommen hatte. Man stelle sich einfach eine Dreizimmerwohnung voll mit Südländern vor, dazu die Polizei, ein Pfarrer der italienischen Gemeinde, die Vorbereitungen für die Bestattung – all das war einfach zu viel für die Mutter, aber sicherlich auch für den Vater. Im Krankenhaus hat die Mutter sich dann weinend einer Ärztin offenbart; daraufhin wurde erneut die Polizei hinzugezogen.

Folgendes ist wohl passiert: Die Mutter machte gestern

Mittag das Kind auf der Wickelkommode fertig. Dabei ist ein Fläschchen Babyöl umgefallen, was sie aber nicht bemerkte. Nachdem sie das Kind gewickelt hatte, nahm sie es an die Schulter, damit es ein Bäuerchen machen konnte. Dabei stützte sie es mit einer Hand am Rücken und im Nacken, und mit der anderen Hand räumte sie die Utensilien und die alte Windel weg. Dabei beugte sie sich etwas vornüber, wodurch das Kind ins Rutschen kam; vor Schreck ließ sie dann alles andere fallen und versuchte, die Kleine mit beiden Händen zu greifen. Weil das Kind im oberen Nackenbereich durch das Babyöl rutschig war, fand sie zunächst keinen richtigen Halt und bekam es erst am Hals richtig zu greifen. Daraufhin hörte das Baby sofort auf zu schreien, und die Mutter rief den Vater hinzu. Beide meinten, das Kind sei nur bewusstlos, also zogen sie ihm ein Hemdchen an, legten es ins Bett und riefen sofort den Arzt. Bis hierhin haben wir es mit einem mehr als tragischen und schrecklichen Unfall zu tun, und die hier wiedergegebene Schilderung entspricht auch dem, was die Kriminalbeamten für wahrscheinlich halten und was, wie ich hörte, auch die Rechtsmediziner unterschreiben. Weitere Anzeichen von Gewalteinwirkung gibt es nicht, und – Beamte drücken sich immer so wunderbar amtlich aus – die bei der Tatorterhebung gewonnenen Erkenntnisse deuten auf ein intaktes soziales Umfeld hin sowie auf die Tatsache, dass die Eltern mit dem Baby in die Zukunft geplant haben, was durch das Vorhandensein von Gegenständen, die das Kind erst später brauchen wird, unterstrichen wurde. Von einer absichtlichen, also vorsätzlichen Tat kann keine Rede sein, heißt es.

Aber zurück zum Arzt, den man nun also gerufen hatte. Man muss wissen, dass es sich bei den Sterbepapieren, die er ausfüllt, um einen ganzen Stapel durchschreibender Blätter handelt. Allgemeine Daten wie die Personalien schreiben sich durch den ganzen Satz bis auf das unterste Blatt hindurch, während bestimmte Angaben – wie z. B. die zur Todesursache – gezielt nur auf einem Teil der Ausfertigungen landen, weil sie die Empfänger der anderen Exemplare nichts angehen. Wenn man nun beim Ausfüllen etwas eilig oder unachtsam ist und die Blätter nicht genau übereinanderliegen, schreibt sich manches in die falschen Felder durch, manches ist doppelt, vieles unleserlich und so weiter. So haben wir im aktuellen Fall lauter Kreuze auf den Durchschriften, und es ist nicht erkennbar, ob der Herr Doktor nun den natürlichen oder den nichtnatürlichen Tod angekreuzt hat. Neben das Ankreuzfeld »*Plötzlicher Kindstod*« hat er noch eine lange Welle gezogen, als ob da noch etwas Unleserliches käme.

Darüber, ob bei plötzlichem Kindstod immer die Polizei verständigt werden muss, gibt es unterschiedliche Meinungen: Manche sagen »auf jeden Fall«, andere »wenn der Arzt es für nötig hält«. Meine Meinung: Auf jeden Fall!

Zurzeit deutet jedenfalls alles auf einen tragischen Unfall hin. Nach dem, was mir ein Beamter so nebenbei erzählt hat, steht noch nicht einmal fest, ob überhaupt ein Verfahren gegen die Mutter eröffnet wird. Das hänge vom endgültigen Obduktionsbericht ab, da sei noch etwas offen.

Wahrscheinlich können wir die Kleine morgen früh holen, sobald die Freigabe da ist. Einen Sarg hat der Vater gestern schon ausgesucht – klassisch schlicht und in Weiß. Blumen bestellen sie selbst beim Gärtner, Zeitungsanzeigen gibt es nicht. Wenn man sieht, wie fertig der Vater ist, kann man eigentlich nur Mitleid mit ihm haben. Morgen soll das Kind hier bei uns im Aussegnungsraum bzw. in unserer Hauskapelle aufgebahrt werden, und dann kommen auch die Mutter und der Rest der Familie.

Donnerstag, 14 Uhr

Bis jetzt gibt es keine neuen Erkenntnisse, außer dass die Sache meines Wissens als Unfall behandelt wird. Maria ist da und wurde eingebettet. Der Pathologe war gnädig und hat das Kind nicht zu sehr verschandelt – da habe ich schon anderes gesehen. Die offene Aufbahrung ist für heute Nachmittag angesetzt und dürfte wohl problemlos ablaufen.

Im Vorfeld haben wir uns überlegt, ob wir das in einem unserer Aufbahrungsräume machen sollen oder in unserer Hauskapelle. Einerseits ist die Kapelle viel größer, und auf Grund des zu erwartenden Besucherstroms liegt es zunächst nahe, diesen Raum zu verwenden. Aber ich befürchtete, dass die vielen Leute wegen der Dramatik der Vorfälle, wegen des jungen Alters der Verstorbenen und natürlich auch wegen des südländischen Temperaments möglicherweise zu Problemen führen könnten.

Unsere Aufbahrungsräume sind etwa vier Meter lang, drei Meter breit und durch ein Rolltor mit Kälteisolation in zwei Bereiche aufgeteilt, von denen der hintere gekühlt ist. Das Rolltor fährt fast lautlos nach oben und wird durch einen dicken Vorhang verdeckt, der sich erst öffnet, wenn es vollständig in der doppelten Decke verschwunden ist. Ein zweiter Vorhang dieser Art verdeckt die hintere Wand des Aufbahrungsraumes mit der Tür zu unserem Versorgungsgang, durch den die Verstorbenen herein- und hinausgefahren werden.

Im vorderen Bereich sind die Aufbahrungsräume unterschiedlich gestaltet: Einer ist mit einfachen Stühlen möbliert – den nehmen wir, wenn mit mehreren Personen zu rechnen ist –, ein anderer hat einen bequemen Sessel und einen kleinen Tisch, sonst nichts. Es kommt immer häufiger vor, dass Angehörige eine längere Zeit allein mit ihrem Verstorbenen verbringen möchten. Manche sitzen lange da und weinen, andere bringen einen CD-Player mit und spielen Musik ab, die für sie und den Verstorbenen eine Bedeutung hat, wieder andere möchten ihren Verstorbenen anfassen, streicheln oder ihm einfach etwas erzählen. Die technische Ausrüstung der Räume umfasst neben der Kühltechnik eine sehr aufwendige indirekte Beleuchtung, Kerzenständer, Blumenständer und künstliche Lorbeerbäumchen (echte würden bei der Kälte eingehen). Außerdem gibt es einen Rufknopf – um unsere Mitarbeiter herbeirufen zu können –, Steckdosen für die Geräte, die die Angehörigen mitbringen, und eine kleine Kamera mit Weitwinkeloptik. Über diese Kamera können wir das Treiben dort überwachen und notfalls einschreiten.

Es gibt immer mal wieder Gründe, warum wir eine weitergehende Beschäftigung der Angehörigen mit dem Verstorbenen ab einer gewissen Schwelle unterbinden müssen. Hierzu ist es unabdingbar, dass wir wissen, was die da genau machen. Selbstverständlich werden die Leute informiert, dass da eine Kamera ist – und letztlich dient sie auch dem Schutz der Besucher, denn es kommt immer mal wieder vor, dass Familienangehörige ohnmächtig werden, sich übergeben müssen oder Herz- und Kreislaufprobleme bekommen.

Doch nun zurück zu Maria

Einer unserer Aufbahrungsräume liegt am Ende des Versorgungsgangs. Er hat aus baulichen Gründen keinen frontalen Eingang, sondern zwei Türen, eine links, eine rechts. Wenn wir mit sehr großen Besucherzahlen rechnen, nehmen wir auch immer wieder diesen Raum – dann können die Besucher der Reihe nach durch die eine Tür eintreten, am Verstorbenen vorbeigehen, stehen bleiben und den Raum durch die andere Tür wieder verlassen. Ich plädierte dafür, dass wir diesen Raum nehmen, meine Frau sprach sich für die Kapelle aus. Auch die anderen Damen im Büro meinten, die Kapelle sei besser, während die Männer sich hinter mich stellten. Frauen haben da wohl eigene Vorstellungen, und in diesem Fall sollten sie recht behalten. Wir haben Maria in der Kapelle aufgebahrt. Die Vorhänge vor den hohen Buntglasfenstern haben wir nur einen Spaltbreit geöffnet, das Licht streift dann in langen hellen Fingern hindurch und beleuchtet den Raum nur spärlich. Der Sarg steht ganz hinten auf einem Podest, er ist geöffnet; die Kleine liegt friedlich darin, wie schlafend, ein schönes Kind. Blass ist sie, und ihre dunklen Augenbrauen stechen hervor. Unser Thanatopraktiker Rob hat beste Arbeit geleistet, pudert noch etwas und legt dann einen weißen, durchsichtigen Schleier über das Gesicht des Kindes. Besser ist das, es mildert alles etwas ab.

Hinter dem Sarg stehen neun große schwere Kerzenleuchter, auf denen dicke Kerzen brennen. Meine Frau hat Blumen bestellt – weiße Blumen mit viel Grün drum herum, lauter kleine Gestecke, die seitlich neben dem Sarg stehen. Sie hat auch eine CD gefunden, »Wellness-Musik« steht auf der Hülle – na ja, ich weiß ja nicht.

Aber die Leute werden es auch nicht wissen, und die Musik klingt sehr gut: weiche, sanfte Klänge, wie fließendes Wasser, harmonisch, irgendwie beruhigend. Die Frauen haben noch rote Rosenblätter besorgt und streuen sie über die Decke der Kleinen. Alles ist nahezu perfekt, doch eins gefällt mir nicht: Der kleine weiße offene Sarg wirkt wie ein Präsentierteller. Ich ordne an, den Sarg nicht längs, sondern quer hinzustellen. Herr Huber stattet den Deckel des Sarges noch mit einer Seidenbespannung aus und bringt ihn in die Aufbahrungshalle. Wir bringen ihn in hochgeklappter Position am Sarg an – das gibt ein perfektes Bild. Es sieht jetzt viel geborgener aus, finde ich. Mimi saugt den dicken Teppichboden ab, auf dem noch Blumenreste zu sehen sind. Nächstes Mal nehme ich auf jeden Fall eine andere Sorte Teppich – auf diesem hier muss man immer in die gleiche Richtung saugen, damit es keine Spuren gibt. Anschließend zünden wir im Nebenraum einige Räucherhütchen an – das legt einen bestimmten Duft über das Ganze –, dann noch einmal die Lüftung einschalten, damit es nicht zu stark wird. Wir richten im Vorraum Wasser und Kaffee, ein letzter Blick, alles ist okay. Jetzt können die Leute kommen.

Eine halbe Stunde später geht es los. Ein Onkel bildet die Vorhut. Er gibt sich sachlich und erklärt, dass alles in Ordnung kommt und dass es kein Verfahren gegen die Mutter gibt – ich bin beruhigt.

Dann kommen noch mehr Männer; keiner traut sich als Erster in die Kapelle, sie verstecken sich hinter recht lautem und durch wilde Gesten unterstrichenem Gespräch. Auf einmal tritt Ruhe ein, die Eltern des Kindes kommen und hinter ihnen rund vierzig Personen aller Altersklassen. Der Vater hat die Mutter am Arm und begrüßt mich. Ich schaue ihn fragend an, er nickt. Ich öffne die beiden Flügeltüren, die Eltern treten näher, bleiben stehen, schauen den Gang in der Mitte entlang, sehen den kleinen Sarg, und die Mutter schluchzt auf. Mein Gott, ich will nicht in deren Haut stecken, denke an meine Kinder ...

Nach einer Sekunde des Verharrens gehen sie los, langsam, ganz langsam nähern sie sich dem Sarg. Die anderen bleiben draußen, lassen ihnen Privatsphäre, schenken ihnen die Minuten des schlimmen, aber so wichtigen Abschiednehmens. Ich höre, dass die Mutter noch mehr weint, sie sind jetzt direkt am Sarg, der Vater streichelt über die Decke, zupft am Schleier. Die anderen betreten den Raum, gehen nach vorne, einer nach dem anderen, manche als Paar zu zweit. So stehen sie da, es wird geweint und getuschelt, doch alle sind sehr ruhig. Ganz anders, als ich es erwart hatte – kein Palaver, kein theatralisches Geheule, es ist Frieden, es ist Ruhe. Eine ältere Dame, vielleicht die Großmutter, muss sich setzen; eine Mitarbeiterin hilft ihr und bringt ihr ein Glas Wasser; auch andere nehmen Platz. Ich nicke dem Mann am CD-Player zu, er dreht die Musik etwas lauter. Alle sitzen, nur die Eltern stehen noch am Sarg, die Köpfe aneinandergelegt ...

Eine halbe Stunde geht das so. Dann geht der Vater vor und tut etwas, womit ich nicht gerechnet habe: Er lüftet den Schleier und küsst sein totes Kind auf die Stirn. Die Mutter folgt und nach ihr alle anderen. Jeder steht auf, tritt an den Sarg, an dessen Kopfende die Eltern jetzt stehen, jeder küsst die Kleine auf die Stirn – die wenigen Jugendlichen und Kinder ausgenommen, die einfach nur zum Sarg gehen und kurz stehen bleiben. Danach verlässt man die Kapelle und lässt schließlich die Eltern allein zurück.

Der Vater sieht mich hilfesuchend an, ich gehe langsam hin. Was will er?

»Hammer!«, sagt er zu mir, ich nicke einem Mitarbeiter zu. Es dauert etwas, und wir finden Hammer und Nägel, zwei Frauen holen die Mutter ab und führen sie hinaus. Und dann steht er da, dieser Mann aus Italien, und nagelt einsam und weinend den Sarg seiner kleinen Tochter zu. Man muss das nicht, man macht das normalerweise nicht, aber er tut es, Schlag für Schlag treibt er die Nägel in das Holz. Ich weiß nicht, ob es sechs oder acht Nägel sind, dann ist er fertig, streicht einmal über den Deckel und nickt – ja, das hat er gut gemacht. Für ihn ist damit alles erledigt, ein Abschluss gefunden, der letzte schwere Akt vollbracht. Dicke Tränen laufen über sei Gesicht.

Er drückt mir den Hammer in die Hand, umarmt mich, seine Tränen nässen meinen Hemdkragen, und ich weine ihm auf die Schulter.

Ich glaube, alle haben geweint.

JAGDFIEBER

Ein Vorurteil ist, dass Bestatter Miesepeter, Grambitter und Sauertöpfe sind. Die gehen zum Lachen in den Keller und laufen den ganzen Tag mit einer Leichenbittermiene herum. Ha! Das ist alles gar nicht wahr und in Wirklichkeit ganz anders.

DIE Arbeit in einem Bestattungshaus ist, ganz anders, als es die Leute immer vermuten, überhaupt nicht traurig oder von andauernder Anteilnahme geprägt. Natürlich wissen wir, besser als jeder andere, wann wir zurückhaltend oder pietätvoll sein müssen. Aber in einem Bestattungshaus ist ja nicht ständig trauernde Kundschaft unterwegs, oftmals wartet man tagelang auf einen Auftrag, und dann kommen wieder gleich mehrere auf einmal.

In der Zeit dazwischen bleibt für uns viel Zeit zum Erzählen, die Männer im technischen Bereich spielen oft Darts, und die Frauen im Büro sabbeln sich den Mund fusselig. Allerdings sind die Frauen in dieser Zeit im Büro nicht ganz unter sich, Toni ist Praktikant und unterstützt die Büromannschaft für einige Wochen. Er ist ein wenig begriffsstutzig und ungelenk, macht seine Sache aber – für seine Verhältnisse – ganz gut.

Sie sollten auch noch Suse kennenlernen, Suse ist ein kleines grünes Jemenchamäleon und bewohnt ein Terrarium und einen Ficus benjamini in der Halle. Jemenchamäleons fressen Insekten und kleinere Wirbeltiere, wir füttern Suse unter anderem mit Heimchen. Diese zirpenden Hausgrillen, die nicht fliegen können, kaufen wir im Zoogeschäft. Da sind dann so etwa zwanzig Stück in einer kleinen Plastikschachtel. Und auch wenn es nur

Insekten sind, belassen wir sie nicht in diesen Boxen, sondern füllen sie in einen größeren Behälter um, wo sie mit Wasser und Obst bei guter Laune gehalten werden, bis sie ...

... ja, bis sie dann an Suse verfüttert werden. Dazu müssen dann immer vier bis fünf herausgefangen – man schnappt sie einfach mit einer langen Pinzette und packt sie in eine leere Kaffeedose – und dann in Suses verschlossenes Terrarium entlassen werden.

Lange fackelt Suse nicht und schießt sie der Reihe nach mit ihrer langen Zunge ab, vertilgt sie dann schmatzend, und jedes Mal, wenn ich das sehe, bin ich froh, dass ich keine lebenden Tiere essen muss.

Im Wesentlichen kümmern sich meine Frau und die Kinder um Suse, aber auch Antonia hat ein ganz besonderes Verhältnis zu diesem sich sehr langsam bewegenden und immer hungrigen Tier entwickelt.

Jetzt waren die Heimchen alle, und ich habe einen der Fahrer gebeten, neue zu kaufen. Im Zoogeschäft stand dieser dann vor dem Regal mit den Futterinsekten und war sich nicht mehr sicher, was er kaufen sollte. Statt der Heimchen in mittlerer Größe kaufte er sogenannte Mikroheimchen. Die sind gerade frisch geschlüpft und dienen wesentlich kleineren Insektenfressern als Nahrung oder dazu, großgezogen und später verabreicht zu werden.

Als er mit den Heimchen ankam, rief er kurz durch, dass er jetzt mit den »Zirpen« da sei, und ich sagte, dass Antonia ein paar davon ins Terrarium tun soll.

In der Schachtel befanden sich aber nun etwa hundert dieser superwinzigen Heimchen, kaum größer als Stechmücken, und Antonia dachte, dass es eine gute Idee sei, einfach diese Dose zu öffnen und ein paar herauszuschütteln. So hat sie also das Terrarium geöffnet, die Dose ebenfalls und schüttelte diese. Zunächst tat sich gar nichts, da schüttelte sie stärker, und plötzlich machte es »Plopp«, und der gesamte Inhalt der Dose rutschte ins Terrarium. Die eben noch in Angststarre verharrenden Miniheimchen erwachten zu ungeahnter Aktivität und sprangen wie wild durcheinander, und etwa dreißig bis vierzig von ihnen entschieden sich, unsere Praktikantin als neues Biotop in Besitz zu nehmen, und hüpften Antonia an.

Keine Ahnung, ob sie eines der Tiere verschluckt oder eingeatmet hat, jedenfalls erschrak sie fürchterlich und begann so etwas wie einen vorsintflutlichen Regentanz, begleitet von erstaunlich hohen und spitzen Schreien.

Mit beiden Händen fuchtelnd, fegte sie die kleinen Grillen vom Körper, schrie, hüpfte und vergaß überdies, die Tür vom Terrarium zu schließen. Diesen kurzen Moment der Unaufmerksamkeit nutzten die Heimchen heimtückisch, man könnte sogar sagen: heimchentückisch, zur Flucht.

In Windeseile lief die ganze Firma zusammen, Toni, Sandy, Frau Büser, Herr Huber, Manni und seine Fahrer … Nur ich bewahrte, wie gewohnt, die Ruhe, als ich von meinem Schreibtisch hochsprang, mir am Türrahmen das Knie anstieß und dann humpelnd in die Halle wankte: »Was ist los?«

Frau Büser steht neben der hüpfenden Praktikantin und sagt: »Ein Anfall oder so was.«

Huber meint von hinten: »Sind bestimmt Drogen.«

Sandy wirft ihm einen gelangweilten Blick zu: »Keine Ahnung, was?«

Toni fasst sich ein Herz und versucht, Antonia von hinten zu umklammern, was ihm nur ansatzweise gelingt, aber immerhin hört sie auf zu strampeln und zu schreien, und im selben Moment hüpfen einige der Heimchen von ihr herunter auf den Boden und von dahin ins Nichts.

»Heimchen, die Heimchen, sie sind alle abgehauen …«

Man erkennt allenthalben den Ernst der Lage, Frau Büser fasst ihn in Worte: »Wir müssen die alle einfangen oder töten, sonst verstecken die sich überall und legen Eier, die werden wir nie wieder los.«

Sofort beginnt meine Belegschaft, auf den wenigen am Boden herumkrabbelnden Insekten herumzutrampeln, und ich wünschte, ich hätte eine Kamera dabeigehabt. Antonia entdeckt ein Heimchen in der Nähe ihres Ausschnitts und versucht es durch intensives Abrollen des Oberkörpers an der Wand zu zerdrücken, der sie immer noch umklammernde Toni wedelt dabei hin und her wie ein Lämmerschwanz.

Ermattet lässt sich Toni aufs Sofa fallen, er ist völlig außer Atem. Huber meint, man müsse alles ausräuchern oder noch besser alles abflammen. »Ich glaube, Sie spinnen!« lautet mein Kommentar, und Frau Büser ruft: »Gift! Da hilft nur Gift!«

»Jetzt mal langsam!«, bremse ich den zerstörerischen Enthusiasmus meiner Leute und erkläre: »Die machen doch nichts, die sind noch viel zu klein, um Eier zu legen und die zirpen auch noch nicht. Wir müssen jetzt Ruhe bewahren und alle einfangen. Die verstecken sich an dunklen Plätzen, wo sie es warm und feucht haben.«

Wie auf ein Kommando hin schauen alle zu Antonia, die sich inzwischen von der Wand abgerollt hat und mit einer Hand in ihrem Ausschnitt herumsortiert.

Auf einmal fabriziert Toni einen erstaunlichen Sprung vom Sofa hoch, so als habe er sich unmittelbar davor eine Hämorrhoide am Sofa eingeklemmt. Im Sprung greift er vom Tisch eine Zeitschrift, und mit dem Ruf: »Ich hab eins, ich hab eins!« klatscht er die Zeitschrift auf den blanken Boden. Stolz hebt er die Zeitschrift hoch, auf dem Boden liegt jedoch kein zermalmtes Heimchen, sondern irgendetwas Glitzerndes. Antonia fasst sich an die Nase. »Ach du meine Güte, das ist ja meiner!« Sie bückt sich, und der eben noch als vermeintliches Heimchen erschlagene magnetische Nasenstecker klebt schon wieder an ihrem zarten Nasenflügelchen.

Huber hat das nicht richtig mitbekommen, steht zunächst mit offenem Mund da, dann fragt er leise: »Hat die jetzt eins gegessen?«

»Also los!« kommandiert Frau Büser: »Antonia, du holst den Industriestaubsauger von unten, Toni holt den normalen Sauger, und dann rücken wir hier alles ab, so viel Zeug steht hier ja nicht herum. Alles wird abgesaugt, ausgesaugt und sauber gemacht!«

Sandy kaut Kaugummi und bemerkt so nebenbei: »Ihr denkt ja dran, in einer Dreiviertelstunde haben wir eine Trauerfeier…«

»Ach Gott, die Frau Grabenkampf!« entfährt es Frau Büser, und Huber macht sich mit einem Fahrer auf den Weg, um den Sarg aus dem Keller in die Trauerhalle unseres Hauses hochzufahren. Es wird keine große Trauerfeier werden, etwa zwanzig Personen, aber mit Orgelmusik und einer Diaschau. Der Witwer will die schönsten Urlaubsbilder projiziert haben.

»Okay«, sage ich, »Toni, Sandy und Antonia, ihr saugt und räumt, Sandy hat das Kommando. Frau Büser macht das Büro, und alle anderen kümmern sich um die Trauerhalle, wenn die ersten Leute kommen, muss alles wieder ordentlich aussehen.«

Es ist wenig Zeit, Trauergäste kommen immer etwas zu früh.

Alles rennt, alles räumt, die drei jungen Leute saugen. Alle Ritzen, alle dunklen Stellen, alle Ecken werden ausgesaugt, und da man auf dem dunklen Boden der Halle die Heimchen recht gut sieht, ist die Aktion auch von Erfolg gekrönt. Vor allem unter einem Sessel hatte sich eine ganze Kohorte der tückischen Zirpen zusammengerottet und verschwand in einem Rutsch im Rohr des Industriestaubsaugers.

»Ich glaub, wir haben alle«, verkündete Toni zwanzig Minuten später: »Das waren ja alles ganz kleine.«

»Na ja«, wendet Antonia etwas zögerlich ein: »Ein paar Große waren da doch dabei.«

»Egal«, kommandiert Sandy. »Alle Möbel wieder an ihren Platz, gleicht kommt schon der Pfarrer.«

Kaum ist alles halbwegs wieder aufgeräumt, kommen tatsächlich Pfarrer und Organist. In der Trauerhalle ist auch alles gerichtet, die Blumen und Kränze stehen schon seit früh um sieben Uhr. Allmählich treffen auch die Trauergäste ein. Herr Grabenkampf hat seine Dias dabei, und alles kann seinen Gang gehen.

Die Trauerfeier verläuft ohne weitere Zwischenfälle, und wir sind heilfroh, als Herr Grabenkampf anschließend zu uns kommt und sich für alles bedankt. »So eine schöne Atmosphäre, so schöne Musik. Es hat uns allen gut gefallen, und das war ein würdiger Abschied von meiner Frau. Es war so eindrucksvoll, die Orgelmusik, dazu die Bilder vom Wald, man hat die Grillen förmlich zirpen gehört …«

Wir wissen nicht, ob eines unserer Heimchen in der Trauerhalle für eine zusätzliche Untermalung gesorgt hat, aber so ganz sicher, ob wir alle gefangen haben, sind wir nicht.

OLUGULADE

Man stellt mir auch immer wieder die Frage, ob mich als Bestatter ein Sterbefall noch berühren kann, ob ich mitleide und mitempfinde. Nun, mitempfinden muss man, mitleiden kann man oft nicht, tut es aber hin und wieder doch. Glücklicherweise bestatten wir ja überwiegend alte Leute, die ihr Leben hinter sich haben, deren Zeit einfach gekommen ist. Wollte ich da jedes Mal, so schwer der Verlust auch für die Familie sein mag, großartig in Trauer verfallen, hätte ich keinen klaren Kopf, um die Sache ordentlich abwickeln zu können. Bestatter müssen auch Distanz bewahren. Man würde verrückt, würde man bei jedem Verstorbenen emotional beteiligt sein. Doch es gibt natürlich nicht nur alte Menschen, die sterben, und es gibt Schicksale, die einen ganz besonders berühren. Eine Geschichte hat uns anderthalb Jahre lang beschäftigt. Es ist die längste Geschichte in diesem Buch, weil es da so viel zu erzählen gibt.

OLUGULADE ist nicht etwa eine besondere Schokoladensorte, Oluguladen ist ein Nachname aus Nigeria und gehört einem Afrikaner, der auch noch zwei Vornamen hat, nämlich Kaldawule und Emmanuel.

Insgesamt hört der Mann also auf den Namen Kaldawule Emmanuel Olugulade.

Aber genau genommen hört Kaldawule auf gar nichts mehr, er ist nämlich tot – und es sieht so aus, als würde er uns noch einige Probleme bereiten, denn viel mehr als diesen Namen hat er nicht.

Mittwochabend suchte mich Herr Bauer auf. Herrn Bauer

kenne ich schon viele Jahre, er hat hier seine Mutter und seinen Vater bestatten lassen und vor einigen Monaten für seine schwerkranke und pflegebedürftige Frau alles geregelt, die schon seit einem halben Jahr langsam vor sich hin stirbt. Außerdem ist er Vermieter und hat eine Wohnung an ebenjenen Herrn Olugulade vermietet.

Diese Wohnung wollte der Nigerianer gestern gegen 15 Uhr beziehen, ist zu diesem Behufe mit einem angemieteten Kleinlaster vorgefahren und hat sich zwei Straßen weiter den Wohnungsschlüssel bei Herrn Bauer abgeholt und bei diesem große Verwunderung hinterlassen, weil er für das Abladen seines Hausrates keine Hilfe organisiert hatte. Nur sein neunjähriger Sohn Daniel begleitete ihn. Gegen 16 Uhr dauerte Herrn Bauer der Afrikaner, und er beschloss, mal nach ihm zu sehen und ihm bei Bedarf seine Hilfe anzubieten. Doch als er in die Straße einbog, sah er schon den kleinen Daniel herumlaufen, der, wie er dann erfuhr, einen Arzt suchte, denn der Vater habe Husten und brauche Medizin. Herr Bauer nahm das Kind erst mal an die Hand, um nach Vater Olugulade zu schauen. Er konnte aber nicht viel helfen, denn Olugulade saß auf der Toilette und war tot.

Krankenwagen, Notarzt, Polizei, Abtransport durch Pietät Eichenlaub, Rechtsmedizin.

Die Polizei wollte auch Daniel gleich mitnehmen, um ihn dem Notfalldienst des Jugendamtes zu überstellen, doch Herr Bauer meinte, das Kind könne vorübergehend auch bei ihm bleiben.

Nun sitzt er vor mir, will wissen, wie es weitergeht, und ist ziemlich verwirrt.

Mein Einwand, dass sich die Behörden um alles kümmern werden, beruhigt ihn nicht.

»Ich weiß von Herrn Olugulade nur, dass er eine Frau hat, die hochschwanger irgendwo in einem Krankenhaus liegt, ich glaube in Bielefeld. Man kann den Mann doch nicht jetzt einfach beerdigen oder so, ohne dass das geklärt ist.«

»Was hat denn das Kind gesagt, wo seine Mutter ist?«, frage ich.

»Der weiß es überhaupt nicht, der weiß nur, dass sie in einer Stadt mit B ist. Was ist, wenn die die Frau nicht rechtzeitig finden?«

Da hat er recht. Wir sind ja durch die Superermittler vom CSI verwöhnt, die nur die Farbe eines Ohrläppchens in ihren Supercomputer eintippen und sofort auf dem Handy die komplette Strafakte jeder Person nachlesen und diese Person auch noch per Satellitenbild orten können. Die Wirklichkeit deutscher Polizeiarbeit sieht doch ein wenig anders aus, und so erkläre ich Herrn Bauer, dass ich mit den ermittelnden Beamten sprechen werde – mal sehen, ob die ihm helfen können.

»Gut«, sage ich, stehe auf und will Herrn Bauer hinausbegleiten, merke aber, dass er noch etwas auf dem Herzen hat.

»Ist noch was?«, erkundige ich mich.

»Ja, ich habe doch den kleinen schwarzen Jungen aufgenommen. Aber mir wird das zu viel mit meiner Frau und dem Kind. Kann der nicht zu Ihnen kommen? Sie haben doch auch Kinder.«

»Bringen Sie ihn mal her, meine Frau kümmert sich darum. Da werden wir schon eine Lösung finden.«

Jetzt haben wir also ein Kind mehr – zumindest mal für ein, zwei Tage, bis wir genau wissen, wo die Mutter des Kleinen steckt.

Freitagvormittag wollten die Herren der Kripo noch einmal in die Wohnung der Olugulades, um mit Klebeband und Plastikröhrchen Proben vom Teppichboden zu nehmen. Ich erfahre, dass Herr Olugulade anscheinend an einer Art asthmatischem Anfall verstorben, also quasi auf dem Klo sitzend erstickt ist.

Als eine der möglichen Ursachen vermutet man Fasern vom Bodenbelag, auf dem der Afrikaner genächtigt hatte. Sie erzählen mir noch, dass er zuvor in Duisburg im Ruhrgebiet gewohnt habe. Er sei dort als Student eingeschrieben gewesen, habe aber jetzt hier einen Studienplatz bekommen und sei deshalb kurzerhand umgezogen. Seine Frau, so viel weiß man, ist Krankenschwester und arbeitete vor der Schwangerschaft in einem Duisburger Krankenhaus. Mehr weiß man nicht, vor allem nicht, wo sie jetzt ist. Olugulade habe sie in ein Krankenhaus gebracht, aber keiner weiß, in welches. Und es sei eben auch nicht so wie im Fernsehen, dass man mal eben alle Krankenhäuser abtelefonieren könne. Das versuche man zwar, aber eben nur bei denen, die am ehesten in Frage kommen, nicht bei allen. Was denn jetzt mit dem Kind sei, erkundige ich mich, und die Beamten verweisen mich an das Jugendamt. Dort sagt man mir, dass noch heute jemand bei uns vorbeikommt, also heißt es abwarten.

Die Kriminalbeamten erlauben mir außerdem, mich um Olugulades angemieteten Kleinlaster samt seinem Inhalt zu kümmern. Wie nett! Obwohl der Junge erst seit einem Tag bei uns ist, muss ich sagen, Daniel ist ein ganz merkwürdiges Kind. Sehr eloquent, sehr gebildet, aber ein kleiner Besserwisser und Klugscheißer. Meine Kinder streiten sich mit ihm, es ist der Streit von durchsozialisierten Geschwisterkindern mit einem Erst- und Einziggeborenen. Ich glaube, dem kann es nur guttun, wenn er ein bisschen bei uns bleibt. Ob er das aber kann, wird sich zeigen. Mir und meiner Frau macht das nichts aus – unser Haus ist groß genug, und einen Mund mehr zu stopfen kann keine große Kunst sein.

Vom Jugendamt ist doch keiner mehr gekommen – wie denn auch, es ist ja Freitag. Am Montag, da will man jetzt »mal vorbeischauen«. Allerdings hat sich die örtliche Afrikagruppe zu Wort gemeldet. Diese Leute sind kirchlich organisiert, sammeln seit Jahren sehr löblich für Afrika und haben schon einiges gestiftet und gespendet.

So ein kleines, armes Negerkind käme denen jetzt wohl gerade recht, das säße bestimmt schön leidend in der ersten Reihe und würde die Spendenbereitschaft bei der sonntäglichen Kollekte sicher in die Höhe treiben. Eine Frau Birnbaumer-Nüsselschweif jedenfalls hat ganz aufgeregt angerufen und will das Kind jetzt vor uns retten. »Frau Rüsselschwein«, sage ich zu ihr, »der Junge ist bestens bei uns aufgehoben, und ich denke, dass er gerade genug durchmacht, da sollten wir ihn jetzt nicht noch herumreichen wie einen Wanderpokal.«

Ich weiß nicht genau, ob es am Wort »Rüsselschwein« liegt oder am Rest von dem, was ich gesagt habe – jedenfalls schnaubt sie nur kurz und legt auf.

Der Kleinlaster ist jetzt wieder beim Vermieter. Die Papiere lagen im Handschuhfach. Ich habe noch nie einen Laster gesehen, der so chaotisch und ohne Sinn und Verstand beladen worden ist. Zerbrechliches einfach in Eimer gepackt, Schweres auf Leichtes gelegt, nichts richtig befestigt, das meiste in Einkaufstüten und ein randvoller Kühlschrank, aus dem es schon abartig roch und aus dem Tauwasser lief, quer obenauf.

Jetzt steht der Hausrat, der ein bisschen aussieht wie vom Sperrmüll, in einer unserer Garagen. Wir haben nichts, aber auch gar nichts gefunden, was Daniel in irgendeiner Weise zum Spielen oder Anziehen dienen könnte. Da merkt man, dass die Mutter beim Umziehen nicht hat helfen können – das war afrikanische Männerarbeit.

Am Abend sitze ich vor dem Kamin und trinke einen Cognac, was ich sonst nie tue, aber heute muss es sein. Das Schicksal von unserem Pflegekind nimmt mich ziemlich mit. Seinen Vater habe ich nicht gekannt, er ist halt gestorben, das tun viele. Aber was wird aus dem Jungen? Was wird aus seiner Mutter? Wenn da alles klargeht, entbindet die in absehbarer Zeit und steht dann mit zwei Kindern in einem fremden Land vollkommen alleine da. Schrecklich, was ist das für eine Perspektive?

Ein paar Minuten zuvor waren meine Frau und ich noch einmal bei Daniel, bei uns wird früh zu Bett gegangen (wenn man ein Kind ist). Er ist katholisch und hat uns gefragt, ob wir mit ihm für seinen Papa beten. Das haben wir natürlich gemacht. Dann druckste er so herum und wollte uns noch etwas fragen. »Hast du noch was auf dem Herzen?«, hat meine Frau ihn gefragt, und seine Augen leuchteten: »Ja, ich hätte so gerne einen Fußball, einen eigenen Fußball.«

Unter unserer Treppe steht eine große gelbe Plastikbox, in der unsere Kinder bestimmt ein Dutzend Fußbälle deponiert haben, aber trotzdem fahre ich morgen mit dem Jungen los, um ihm einen Fußball zu kaufen – vielleicht taut ihn das etwas auf. Im Moment scheint ihm der Schock noch so in den Knochen zu sitzen, dass man nichts Vernünftiges aus ihm herausbekommen kann.

Er antwortet mit Gegenfragen, ausweichend oder schweigt einfach, wenn man ihn etwas fragt. Ansonsten bewegt er sich sehr grazil, hoch aufgereckt, zeigt eine unbeschreibliche Würde und strahlt einen Stolz aus, so etwas habe ich bei einem Kind noch nicht gesehen. Nun soll er aber erst mal eine Nacht schlafen, morgen ist auch noch ein Tag.

Inzwischen habe ich mit unserem Rechtsberater gesprochen. Wie ich sieht er keine Chance, dass wir die Bestattung des Herrn Olugulade durchführen können, zumindest nicht ohne einen Auftrag von der Ehefrau.

Ja – und die wird sicherlich ganz andere Sorgen haben, denn ich glaube, dass sie keinen blassen Schimmer von ihrer Situation hat. Sie wird vielleicht auf einen Anruf ihres Mannes warten, aber der wird nicht kommen. Das Mobiltelefon des seligen Herrn Olugulade hat die Kripo, ein Prepaid-Gerät mit 14 Cent Guthaben und drei eingespeicherten Nummern.

Samstagvormittag haben wir, wie versprochen, dem kleinen Daniel einen Fußball gekauft. Meine Frau hat ihm auch Unterwäsche und ein paar Shirts geholt, ansonsten passen ihm die Sachen, die wir noch von unserem Größeren haben. Ich bleibe dabei, er ist ein Klugscheißer und altkluger Besserwisser. Ich kann es nicht richtig beschreiben, aber er benimmt sich wie der Prinz von Zamunda.

Egal, er hat einen Kükenbonus – und natürlich berücksichtigen wir die besondere Situation, in der er jetzt steckt. Allerdings halte ich nichts davon, dass wir ihn jetzt über Gebühr schonen oder bevorzugen.

Am selben Vormittag taucht Frau Birnbaumer-Nüsselschweif hier auf und bringt zwei große Müllsäcke voller Altkleider. In ihrer Begleitung befindet sich Herr Dr. Raps, der in der Afrikagruppe einen besonderen Status genießt, weil er, wie ich erfahre, als Einziger schon mal in Afrika war. Insbesondere möchte sich Frau Birnbaumer-Nüsselschweif durch persönliche Inaugenscheinnahme davon überzeugen, dass Daniel, den sie vehement »das hinterbliebene Kind« nennt, bei uns auch wirklich gut untergebracht ist. Dabei wird sie nicht müde, zu beteuern, dass es dem hinterbliebenen Kind in ihrer Obhut gewiss viel besserginge. Ich lehne es aber ab, jetzt über einen Umzug Daniels zu verhandeln. Am Montag will jemand vom Jugendamt kommen, und dann wird sich alles weisen.

Sie werde dann die nigerianische Botschaft anrufen und sich erkundigen, wie alles weitergeht. Das halte ich jedoch für keine gute Idee, da ich keine Ahnung habe, welchen Status die Olugulades hier genießen – und man sollte in einer solchen Situation keine schlafenden Hunde wecken.

Dr. Raps tut so, als sei ich der Quertreiber, und redet beruhigend auf die Birnbaumer ein, als ob er einem vernunftbegabten Menschen das Verhalten eines Irren begreiflich machen müsste. Die beiden sehen in mir einen Konkurrenten, der ihnen quasi eine Trophäe streitig macht, von der sie glauben, dass sie ihnen zusteht.

Merkwürdige Leute; ich komplimentiere sie hinaus.

Wenig später inspizieren meine Frau und ich die Klamotten, die das Rüsselschwein gebracht hat. Darunter ein fadenscheiniger Janker in Größe 52, ein Filzhut, der bestimmt Luis Trenker gehört hat, und etliche Hosen, die sogar mir zu lang wären. Zwei Hemden könnten Daniel passen, den Rest kann sie zurückhaben.

Währenddessen spielt Daniel auf dem Hof Fußball, aber da es viel zu kalt ist, rufe ich ihn herein. Ich will nochmals nach der geheimnisvollen Stadt mit B forschen und habe mir allerlei clevere Fragen zurechtgelegt. »Das Krankenhaus, in dem deine Mutter liegt«, beginne ich, doch er unterbricht mich: »Sie meinen das Krankenhaus in Bonn?« Und schon scheint das Geheimnis gelüftet zu sein. Ob sich da eine Blockade gelöst hat, oder ob Daniel gestern einfach zu aufgeregt war?

Ich bin jedenfalls ziemlich aufgeregt, als ich der Reihe nach die Bonner Krankenhäuser abtelefoniere – schon beim zweiten habe ich Glück. Olama Olugulade ist dort bekannt, man verbindet mich »auf Station«, und es meldet sich Schwester Cordula. Die ist Nonne, sehr bemüht und heftig erschrocken, als ich ihr berichte, was vorgefallen ist. Ja, klar, den verstorbenen Mann kenne sie, der habe seine Frau gebracht, die stehe kurz vor der Entbindung, morgen, spätestens übermorgen sei es so weit. Man könne der werdenden Mutter in Anbetracht der schwierigen Lage unmöglich jetzt mit einer solchen Botschaft kommen – und überhaupt könne ich so was ja wohl schlecht telefonisch machen.

»Ich will das überhaupt nicht machen«, protestiere ich. »Ich dachte eher daran, dass ich Sie informiere und Sie das dann übernehmen.«

»Das muss schon einer machen, der die Familie kennt«, sagt

Schwester Cordula, und ich erkläre ihr nochmals, dass ich die Familie überhaupt nicht kenne. »Ja, trotzdem, Sie sind ja quasi der Ersatzvater für den Kleinen, also können Sie auch mit der Mutter sprechen, aber frühestens am Dienstag.« Ich will nochmals protestieren, aber Schwester Cordula lässt sich in ihrer Wegbeschreibung nicht unterbrechen.

Nee, das mach ich nicht. Ich bin Bestatter und kein Todesbotschaftsüberbringer.

Ich rufe Pfarrer Schmidt an. Er ist evangelisch und hat oft ganz gute Ideen, wenn ich in so Sachen nicht weiterweiß. Er hört sich meine Geschichte an, unterbricht mich kaum, fragt nur zweimal kurz nach, und dann warte ich auf seinen Ratschlag. Statt mich aber nun zu bestärken, dass mich das alles nichts angeht, sagt er: »Dann werden wir beide am Dienstag eben nach Bonn fahren müssen.«

Kein Verlass mehr auf die Popen!

»Na ja«, sagt er, »überlegen Sie doch mal, in was für einer Situation die Frau ist. Die hat dann gerade ein Baby geboren und wartet sicher darauf, dass ihr Mann kommt oder sich meldet. Wollen Sie, dass dann ein Polizist ihr die Botschaft überbringt?«

Mann, ich wollte dem Herrn Bauer einen Gefallen tun, dem kleinen Daniel helfen, aber doch nicht so in die Sache hineingezogen werden.

Seit Montag weiß ich mehr von der Rechtsmedizin. Herr Olugulade ist an einem Lungenemphysem verstorben. Wodurch das genau verursacht worden ist und ob es kurzfristig aufgetreten ist, konnte oder wollte man mir nicht sagen. Jedenfalls sind damit die Untersuchungen abgeschlossen, keine Fremdeinwirkung, kein Suizid. Es ist im Moment ausgeschlossen, dass die Witwe irgendeinem Bestatter einen Auftrag erteilt, und bis Mitte der Woche will die Behörde nicht warten und vergibt dann den Auftrag von Amts wegen vermutlich an die Pietät Eichenlaub.

Ich schlage mich um solche Aufträge nicht, schon gar nicht um diesen Auftrag. Wenigstens ist die junge Frau von der Ortspolizeibehörde kooperativ. Sie habe kein vitales Interesse daran, dass die Bestattung auf Anordnung erfolge. Ich schildere ihr die vermutlich prekäre finanzielle Situation der Familie und biete einen Kompromiss an. Mit dem ist sie sehr einverstanden, denn er spart Geld, und das ist mir wichtig, denn ich habe das Gefühl, dass die Familie Olugulade auf sich selbst gestellt ist und hinterher selbst für die Kosten einstehen muss.

Das rechtsmedizinische Institut hat auch keine Probleme mit meiner Idee.

Also werden wir heute Nachmittag einen Sarg, den wir – sagen wir es mal so – »übrig haben«, dorthin bringen und den Verstorbenen ordnungsgemäß einbetten. Dann lassen wir den Sarg dort, denn der Verstorbene gilt dann für die Ortspolizei mit Duldung als versorgt, und es besteht kein Anlass, behördlicherseits tätig zu werden. Und den Sarg dort gekühlt aufzubewahren kostet auch nichts. Sobald ich mit der Ehefrau gesprochen habe, werden wir weitersehen, ob es eine Erd- oder Feuerbestattung gibt, auf welchem Friedhof und wie die Trauerfeier sein soll.

Die Damen vom Jugendamt sind auch hier gewesen. Man stellt sie sich ja immer etwas ältlich vor, mit Hosenanzügen und einem grauen Dutt, unfreundlich, schnippisch und durch und durch Beamte. Die Realität sieht anders aus: Die beiden waren eher jung, trugen Jeans und einen Haufen Unterlagen und waren überaus freundlich, hilfsbereit und betroffen. Sie wollten sehen, wo Daniel schläft, ob er was zum Anziehen und zum Spielen hat, und waren ganz angetan von der Idee, dass Daniel bis auf weiteres mit unseren Kindern in die Schule geht. Der

Schulleiter hatte überhaupt keine Probleme damit und nahm diesen Vorschlag sofort an. Dann wollten die beiden Damen einzeln mit Daniel, mit meiner Frau und mit mir sprechen, dann noch mal mit meiner Frau und mir zusammen. Sie hatten etliche Fragebögen, fragten nach Einkommens- und Wohnverhältnissen, Ernährungsgewohnheiten und den sanitären Bedingungen. Dann machten wir einen Rundgang durch die Wohnräume, und damit war auch schon alles erledigt. Es gibt von Seiten der beiden keinerlei Bedenken, dass Daniel bis auf weiteres als Pflegekind bei uns bleiben kann. Morgen schon sollen wir ein entsprechendes Schreiben bekommen, und eine Überprüfung der Verhältnisse kann jederzeit unangekündigt, spätestens aber in vier Wochen erfolgen.

Für 14 Uhr hatte sich die Birnbaumer-Nüsselschweif angekündigt. Sie habe mir Wichtiges zu berichten.

Die Frau wollte es überhaupt nicht glauben, dass Daniel jetzt bei uns bleibt. Übers Wochenende habe sie bereits ein Kinderzimmer bei sich eingerichtet und bei den übrigen Mitgliedern der Afrikagruppe Spielzeug und Kleidung für das Kind gesammelt. »Das kann ich jetzt gar nicht ab«, sagt sie und zückt ihr Mobiltelefon, um mit ihrem Mann zu sprechen – und vor allem um dann noch Dr. Raps anzurufen. Sie ist entrüstet. Während sie telefoniert, habe ich die Gelegenheit, sie mir näher anzuschauen. Sie ist eigentlich eine exakte Kopie von Heidi Klum, nur rund 15 Zentimeter größer und 100 Pfund schwerer und auch sonst ganz anders. Sie ist nicht schön, aber auch nicht unhässlich. Dann stiefelt sie auch schon mit dem Telefon nach draußen in die Halle.

In der Zwischenzeit klingelt mein Telefon. Es ist die Klinik in Bonn, diesmal eine Schwester Barbara, die eine etwas unangenehm hohe Stimme hat, aber sonst sehr sympathisch klingt. Das Kind sei geboren, ein Junge, 3420 Gramm, 55 Zentimeter.

Ich kenne Frau Olugulade zwar nicht, freue mich aber wie ein Schneekönig. Da wäre aber noch was, sagt Schwester Barbara: »Jemand hat hier heute Mittag angerufen und wollte mit der Frau sprechen, von einem afrikanischen Verein war die Dame.«

»Von der Afrikagruppe?«, frage ich. »Eine Frau Birnbaumer-Nüsselschweif?«

»Afrikagruppe stimmt, an den genauen Namen kann ich mich nicht mehr erinnern, aber das, was Sie da gesagt haben, kommt schon hin.«

»Ja, und was wollte sie?«

»Die wollte der Frau Olugulade erzählen, dass ihr Mann gestorben ist und dass sie ein Schreiben per Fax haben möchte, damit sie auf das andere Kind aufpassen darf.«

Während mein Blutdruck bedrohlich ansteigt, beschwöre ich die Schwester, Frau Olugulade abzuschirmen.

»Machen Sie sich keine Gedanken«, sagt die Schwester, »wir haben der Frau jetzt was gegeben, die braucht jetzt sehr viel Ruhe.«

»Und sie hat keine Ahnung, was passiert ist?«

»Nein, nicht die geringste. Der verstorbene Mann scheint sowieso ein bisschen sehr afrikanisch gewesen zu sein, wenn Sie wissen, was ich meine.«

Ich weiß zwar nicht genau, was sie meint, aber mir soll das im Moment recht sein. Ich sage Schwester Barbara noch, dass ich morgen kommen möchte und einen Pfarrer von hier mitbringe. Das findet sie gut, der Krankenhauspfarrer sei schon fast 80 und auch nicht bei bester Gesundheit.

Die Nüsselschwein kommt wieder herein, und ich beende mein Gespräch, um mich ihr zuzuwenden. »Was haben Sie sich eigentlich dabei gedacht, in der Klinik anzurufen?«

»Es kann ja wohl nicht sein, dass man der Frau einfach ihr Kind wegnimmt«, wehrt sie sich.

»Ja, wer will das denn?«, frage ich. »Ich habe selbst Kinder, ich brauche weiß Gott kein weiteres Pflegekind mehr, nicht mit aller Gewalt. Kein Mensch will der Frau ihr Kind wegnehmen. Wir kümmern uns um den Kleinen, weil der hier fremd ist, niemanden hat und Kinder irgendjemanden brauchen. Sobald die Frau dazu in der Lage ist, kann Daniel doch wieder zu ihr.«

»Bis dahin aber ist er hier untergebracht«, sagt Heidi Klums fette Schwester und zeigt angewidert im Raum herum, »in diesem … diesem Etablissement!«

»Sie haben recht, Frau Birnbaumer-Nüsselschweif, das ist hier ein Bestattungshaus, und unsere Kinder müssen sich jede Nacht das Bett mit einer kalten Leiche teilen und nachmittags mit Totenschädeln Fußball spielen. Und zu essen gibt es bei uns nur Leichenmaden und frische Innereien.«

»Sagen Sie mal, wollen Sie mich jetzt zu meinem ganzen Unglück auch noch auf den Arm nehmen?«

Ostentativ lasse ich meinen Blick über ihren massigen Körper schweifen und schüttele langsam den Kopf: »Nein, das glaube ich kaum.«

»Damit gehe ich ganz und gar nicht konform! Der einzige sinnvolle Platz für den Jungen ist bei mir, bei einer richtigen Mutter, einer Frau und nicht irgendwo bei irgendwelchen Leuten.«

»Sie gehen mir so was von auf den Zeiger, das glauben Sie gar nicht. Wenn Sie was Sinnvolles tun wollen, dann kümmern Sie sich darum, dass Frau Olugulade eine Unterkunft hat. Wir wissen zwar nicht, ob sie überhaupt hierhin kommen will, aber es besteht doch immerhin die Möglichkeit, oder?«

Entrüstet packt die Afrika-Helferin ihre Sachen zusammen und zieht ab wie eine Fregatte unter Volldampf. Ich begleite sie zur Tür und winke ihr nicht hinterher, als sie mit ihrem Sharan um die Ecke biegt. Innerlich koche ich! Schon wieder geht das Telefon. Ein Mann namens Jussip ist am Apparat, und ich höre sofort, dass es ein Afrikaner ist. Er spricht ein gutes Deutsch mit starkem Akzent, für mich aber viel zu schnell.

Ich bitte ihn, langsamer zu sprechen, dann verstehe ich ihn. Er ist der allerbeste Freund der Familie und hat heute erfahren, was passiert ist. Unsere Polizei hat in Duisburg ermittelt und ist auf ihn gestoßen. Er ist kein Nigerianer, sondern aus Ghana, und er ist vollkommen erregt und traurig. Ob das alles stimme und was denn jetzt sei, will er wissen. Ich erzähle ihm alles, was er wissen will, und er bittet darum, eine Weile darüber nachzudenken, dann werde er sich wieder melden. Noch bevor ich etwas sagen kann, hat er aufgelegt. Im Display stand nur »unterdrückte Nummer«.

Ja, Jussip sei ein ganz guter Freund, bestätigt Daniel. Der sei ein guter Mann. Nun denn, dann warte ich mal auf den Anruf von Jussip.

Am nächsten Tag gönnen wir – Pfarrer Schmidt, Daniel und ich – uns den Luxus und lassen uns von einem meiner Männer fahren. Das ist ja schon eine Strecke, und ich war der Meinung, dass dem Pfarrer und mir vorher ein Glas Sekt und hinterher ein Schnaps ganz guttun würden. So haben wir das auch gemacht – so ein wenig Sekt beschwingt wenigstens ein bisschen.

So kleine afrikanische Babys sind ja so was von süß. Ich finde ja überhaupt alle Babys goldig, aber so kleine dunkelhäutige Krausköpfchen sind was ganz Besonderes. Ganz klitzekleine Krüselchen hat der Kleine auf dem Kopf. Benjamin soll er heißen und noch einen afrikanischen Namen dazubekommen, und Benjamin hat man uns zuerst gezeigt.

Nach der Babyschau ging es auf Station III, und wir kamen zum Zimmer von Frau Olama Olugulade. Die hatte schon am Verhalten der Schwestern gespürt, dass irgendwas im Gange ist, und den ganzen Vormittag gefragt, ob was Besonderes sei.

Ein Arzt und zwei Schwestern standen bereit, als wir die Zimmertür öffneten.

Daniel rannte als Erster hinein, und die beiden begrüßten sich laut und wortreich in einer Sprache, die ich nicht kenne, die aber von englischen Vokabeln durchsetzt zu sein scheint, denn ab und zu verstand ich ein einzelnes Wort.

Als Pfarrer Schmidt und ich das Zimmer betraten, verstummte Frau Olugulade kurz und rief sofort: »Was ist mit meine Mann? Wo ist meine Mann? Was ist passiert? Was ist passiert?«

Wer jetzt meint, man könne bei einer so hochsensibilisierten Frau noch irgendwelche Floskeln oder beruhigenden Einführungssätze anbringen, der täuscht sich. Pfarrer Schmidt und ich schauten uns an. Die ganze Fahrt über hatten wir es tunlichst vermieden, darüber zu sprechen, wer die Botschaft überbringt. Jetzt ging er vor, setzte sich auf den Stuhl neben dem Bett, nahm die Hand der Frau und sprach leise auf sie ein. Zuerst schwieg die Frau; das laute Wehklagen, das dann folgte, ist mit Worten kaum zu beschreiben.

Sie setzte sich auf, begann den Oberkörper vor- und zurückzuwiegen und schlug mit den Händen auf die Bettdecke. Dabei stimmte sie ein sich immer wiederholendes Wehklagen an, das sich wie »Oh weia, oh weia« anhörte, sicher aber anders lautete. Jetzt erst kamen die beiden Schwestern ins Zimmer und sprachen ebenfalls beruhigend auf die Frau ein. Daniel saß die ganze Zeit am Fußende und weinte, es war das erste Mal, dass er so richtig laut und heftig weinte. Die ganzen Tage bei uns hatte er sich mal das eine oder andere kleine Tränchen erlaubt, aber ansonsten keine Regung in dieser Richtung gezeigt. Im Grunde war ich froh, dass dieser Stau endlich aufgelöst war und die Tränen fließen konnten.

Eine halbe Stunde später sitzen wir im Wartebereich der Station. Man hat uns Kaffee gebracht, so richtig schönen geschmacksbefreiten Krankenhauskaffee. Frau Olugulade hat eine Spritze bekommen, und wir sollen ihr wenigstens eine gute halbe Stunde Zeit geben. Im Grunde ist es gar nicht die richtige Zeit und Gelegenheit, mit ihr zu sprechen. Man müsste bei ihr bleiben können, aber wir müssen wieder zurück. Pfarrer Schmidt und ich besprechen, dass wir der Frau vielleicht dadurch helfen, dass wir ihr sagen, dass sie sich zunächst um nichts Sorgen machen muss und dass wir uns kümmern werden. So machen wir es auch. Es ist das erste Mal, dass ich mit Frau Olugulade sprechen kann. »Wie kommt das, dass mein Mann tot ist, wie kommt das?« Wir versuchen es zu erklären, sitzen oft nur minutenlang schweigend da, sprechen ihr Mut zu, mehr können wir nicht tun.

Der Krankenhauspfarrer kommt dazu. Er macht überhaupt keinen senilen Eindruck, sondern ist sehr bestimmt. Er stammt aus Bayern, das hört man, er ist etwas laut, aber sehr lieb. Mit seinem weißen Bart sieht er ein bisschen aus wie ein Nikolaus in Schwarz. Wir schreiben alle unsere Telefonnummern auf, auch für Frau Olugulade fertigen wir einen Zettel aus. Daniel ist es, der nach fast anderthalb Stunden zum Aufbruch drängt – ich glaube, ihm wurde das alles zu viel.

Sie will den Kleinen nicht gehen lassen, eine Schwester muss sie halten, und erst als eine andere Schwester den frisch geschlüpften Benjamin bringt, bessert sich die Situation. Ich werde nie diese großen schwarzen Augen vergessen, mit denen sie uns hinterherschaute.

Als wir wieder daheim sind, erwartet uns meine Frau – sie hat Hähnchenflügel gebacken und Bier kaltgestellt. Das tut uns allen gut. Sie erzählt außerdem, dass die Birnbaumer-Nüsselschweif nach dem Unterricht vor der Schule gewartet habe und Daniel angeblich nur »was Schönes« schenken wollte. Unsere Kinder haben ihr aber gesagt, dass Daniel erst morgen zur Schule kommt, dann ist sie beleidigt abgezogen. Morgen werden wir Daniel hinbringen und auch wieder abholen. Nicht dass der noch vernüsselschweift wird.

Ein schrecklicher Tag. Ich bin froh, wenn ich nachher ins Bett gehen und den Tag beenden kann. Vorher noch »Dr. House« im Fernsehen anschauen und dann langsam in Richtung Federbett.

Der folgende Tag wird jedoch auch nicht viel besser, denn die Birnbaumer-Nüsselschweif macht jetzt Bambule. Sie hat nun neben Herrn Dr. Raps auch den Vorsitzenden des Heimatvereins und die halbe Kirchengemeinde gegen mich aufgebracht. Das Telefon steht praktisch nicht mehr still. Hinter teilweise scheinheilig vorgetragenen Hilfsangeboten lauert stets der Vorwurf, warum wir das Kind nicht in die richtigen Hände geben wollen. Aus dem Anruf der Müttervorsitzenden, also der Vorsitzenden des Mutterkreises der Kirchengemeinde, kann ich aber einen wichtigen Hinweis über die Beweggründe der Birnbaumer-Nüsselschweif entnehmen. Die habe nämlich vor acht Jahren eine Fehlgeburt erlitten, und mittlerweile sei für sie aus Altersgründen »der Zug abgefahren« – daher habe sie einen tiefen, aber unerfüllten Kinderwunsch. Ich weiß gar nicht, wie ihr Mann jetzt heißt, ist das der Herr Birnbaumer oder der Herr Nüsselschweif? Jedenfalls ist er wohl um beinahe zwanzig Jahre älter als seine mutternde Frau, und deshalb kommen die Birnbaumer-Nüsselschweifs angeblich für eine Adoption nicht mehr in Frage.
Sie habe sich daraufhin der Zucht von Yorkshire-Terriern hingegeben, das weitere Ausüben dieses Gewerbes sei ihr aber behördlicherseits untersagt worden. Sie habe ihre Zuchthündinnen zu oft »belegen« lassen, um möglichst oft und möglichst viele Welpen zu haben, von denen sie sich auch nur sehr schwer trennen konnte. Die Müttervorsitzende erzählt weiter, dass die Nüsselschweifs heute gar keine Tiere mehr hätten, und das sei

doch eine ganz arme Frau, die ich jetzt so gemein behandeln würde.

Mann, ich reiße mich doch wirklich nicht um diesen kleinen schwarzen Jungen. Aber ich kann mir einfach nicht vorstellen, dass es ihm guttäte, käme er jetzt alle paar Tage in eine andere Familie. Der kleine Prinz von Zamunda hat sich ganz gut eingelebt und nutzt wie selbstverständlich die Gegebenheiten des Hauses. Meinen Kindern gegenüber benimmt er sich oft wie ein Feldwebel, der sofort beleidigt ist, wenn nicht alle nach seiner Pfeife tanzen. Es kann ihm nicht schaden, sich ein bisschen einfügen zu müssen, finde ich.

Jussip hat sich auch wieder gemeldet. Er will nächste Woche nach Bonn fahren, Frau Olugulade dort abholen und mit dem kleinen Benjamin hierherbringen.

Damit stellt sich für mich nun das Problem, wo ich die Familie unterbringe. Im Rathaus sagt man mir, das sei doch kein Problem, die könnten in die Siedlung. Mit »der Siedlung« sind die Baracken gemeint, die zwar inzwischen recht ordentlich hergerichtet sind, aber dennoch Einfachstwohnungen für Obdachlose und Zwangsgeräumte, in denen (von Ausnahmen mal abgesehen) nur Leute wohnen, denen ich die Olugulades nicht anvertrauen möchte.

Mein Fahrer Freddy ist vor drei Monaten auch zwangsgeräumt worden. Die näheren Umstände tun hier nichts zur Sache, nur so viel sei erzählt, dass da eine trunksüchtige Ehefrau, eine bevorstehende Scheidung und ständig versoffene Mieten im Spiel waren. Und der Freddy gibt mir heute den entscheidenden Tipp. Er habe damals bei einer bestimmten Wohnungsbaugenossenschaft angerufen, die sich besonders für ihn eingesetzt habe. Auf Grund der Umstände habe man eine Monatsmiete »Sicherheit« verlangt, ihm aber quasi über Nacht eine Zweizimmerwohnung zugewiesen. Dort will ich nachher mal anrufen, vielleicht können die auch für die Olugulades etwas tun.

Inzwischen ist es etwas still geworden um die Olugulades, seit unserer Fahrt nach Bonn vor ein paar Tagen hat sich nichts Neues ergeben. Frau Birnbaumer-Nüsselschweif scheint sich selbst etwas ins Abseits geschossen zu haben – wie mir zugetragen wurde, scheint ihr Rückhalt in ihrer Kirchengemeinde doch nicht so groß zu sein, wie ich zunächst dachte. Diejenigen, die bei mir anriefen, hatten sich wohl hauptsächlich von ihr dazu anstacheln lassen. Die meisten anderen aktiven Gemeindemitglieder sehen das eher pragmatisch und sind einfach froh darüber, dass Daniel untergebracht ist.

Herr Bauer hat seine Wohnung nun doch nochmals angeboten. Zuerst hatte er gesagt, dass ihm das jetzt, auch wegen des Todes seiner Frau, alles zu viel wird und er gar nicht weiß, ob er hierbleibt oder zu seiner Tochter nach Ulm ziehen wird. Aber offenbar hat ihm seine Tochter anlässlich der Beerdigung das unwiderstehliche Angebot gemacht, auf das alle Senioren sehnsüchtig warten, nämlich ihm in Ulm einen schönen Heimplatz zu besorgen. Ich kann verstehen, dass er lieber hierbleibt. Aber auch die Wohnungsgenossenschaft hat mir eine Wohnung für die Olugulades in Aussicht gestellt, und genau die Wohnung nehmen wir jetzt erst mal. Das hat einen einfachen Grund: Kein Mensch weiß bisher, ob Frau Olugulade überhaupt hierbleiben will, und diese Wohnung der Genossenschaft ist teilmöbliert. Da kann die Familie gleich einziehen, und es macht dem Verwalter auch nichts, wenn sie nach wenigen Wochen vielleicht doch noch in die Bauer-Wohnung umziehen. Zumindest hat die Familie jetzt eine Anlaufstelle.

Vom Jugendamt habe ich jetzt die Unterlagen bekommen. Daniel gibt weiter den Prinzen auf der Erbse, aber wir kommen damit klar. Wenn man das an den passenden Stellen einfach ignoriert, läuft das alles wunderbar.

Seit Kaldawule Olugulade starb, sind sechzehn Tage vergangen, und es wurde dringend Zeit, dass Frau Olugulade kam. Jussip hat die Frau und den neugeborenen Benjamin am Donnerstag hierher begleitet. Wir sind zum Bahnhof gefahren und haben die drei abgeholt. Obwohl Frau Olugulade ziemlich fertig von der Fahrt war, wollte sie zuallererst ihren verstorbenen Mann sehen. Die Nonnen im Krankenhaus hatten ihr erklärt, dass ich Bestatter bin, und sie ging fälschlicherweise davon aus, dass der Verstorbene sich in meiner Obhut befinden würde. Tatsächlich liegt er aber noch in getränkten Tüchern im Rechtsmedizinischen Institut und ist keinesfalls in einem Zustand, der es erlaubt, ihn der Witwe zu zeigen.

Es ist viel zu viel Zeit vergangen, und die Trauerfeier muss jetzt unverzüglich stattfinden. Ich hatte in der Zwischenzeit nochmals im Krankenhaus angerufen und die Schwestern gebeten, bei Frau Olugulade einmal vorsichtig vorzufühlen, ob nicht die Möglichkeit besteht, dass wir den Toten einäschern können und dann nur noch mit der Urne auf sie warten. Das wollte die Witwe aber auf gar keinen Fall.

Jetzt wird es so sein, dass der Verstorbene im kleinen Trauerraum der Rechtsmedizin seine Feier bekommt. Das kostet die Familie nichts, genauso wenig wie die lange Aufbewahrung des Mannes. Die Olugulades sind, wie ich mittlerweile weiß, ja nicht mittellos und bekämen deswegen auf gar keinen Fall öffentliche Unterstützung.

Die Frau hat immer als Krankenschwester gearbeitet, und er studierte, wie ich jetzt erst erfahren habe, Medizin und wollte hier ein Praktikum absolvieren, daher der Umzug. Nebenher hatte er im Ruhrgebiet, wo er zuletzt gelebt hatte, in einem Chemiewerk gearbeitet, weshalb die Polizei – auch das kam mir erst nachträglich zu Ohren – auch dort ermittelt hatte, ob seine tödlichen Atemprobleme eventuell da herrührten.

Frau Olugulade nahm die neue Wohnung gerne an, war sehr

dankbar und hat viel geweint, mich und viele andere immer wieder gedrückt, und wir alle haben unseren Spaß mit dem kleinen Benjamin gehabt.

Daniel war heilfroh, dass seine Mutter wieder in seiner Nähe ist, aber von seinem Stolz und seinem an Überheblichkeit grenzenden Selbstbewusstsein nahm er auch in ihrer Gegenwart keinen Abstand. Wir sind übereingekommen, dass Daniel noch zwei oder drei Tage bei uns bleiben sollte, damit sich seine Mutter besser einleben kann und sich nicht um zwei Kinder kümmern muss. Für Jussip war es irgendwie sonnenklar, dass er auch bei uns einziehen kann, aber das ging mir dann doch zu weit. Schließlich nistete er sich auf dem Sofa bei Frau Olugulade ein, denn bis nach der Trauerfeier wollte er bleiben.

Dramatisch wurde es für mich am nächsten Tag. Freitag in aller Frühe, um kurz nach acht, stand Frau Olugulade geschniegelt und gestriegelt bei uns und wollte jetzt ihren Mann sehen. Es halfen keine guten Worte, keine ernsten Worte, kein energisches Nein, sie bestand darauf, sie wurde laut, sie zeterte und heulte, wie es nur Frauen ihrer Herkunft wohl können, sehr theatralisch, aber irgendwie auch alles sehr verständlich.

Was tun? Die Frau wollte unbedingt ihren verstorbenen Mann sehen, der mit Sicherheit nicht schön anzusehen sein würde. Mir blieb nichts anderes übrig, als zwei meiner Männer als Vorhut loszuschicken. Bewaffnet mit allem, was unser Keller an Wiederherstellungsmaterialen zu bieten hat, machten sich Huber und Manni auf den Weg. Meine Aufgabe war es nun, Frau Olugulade zu beschäftigen – und solange es im Raum stand, dass sie dann zu ihrem Mann gebracht wird, war sie auch gefügig, trank Kaffee und redete mit mir und meiner Frau, die das Baby gar nicht mehr hergeben wollte. Anderthalb Stunden dauerte es, bis der Anruf von Huber kam: »Chef, ich lehne jede Verantwortung ab, wir haben alles versucht, und man kann ihn jetzt anschauen, aber schöner ist der im Sterben nicht geworden.«

»Wie schlimm ist es?«, wollte ich wissen.

»Na ja, obduziert halt, Y-Schnitt in Brust und Bauchraum, ein Kniegelenk als Gewebeprobe entnommen, den Kopf geöffnet. Außerdem ...« Huber zögerte.

»Los, was ist?«

»Nun, der ist ganz grau, der sieht gar nicht mehr aus wie ein Neger, sondern einfach nur hellgrau.«

»Können wir es der Frau zumuten, ihn anzuschauen?«

»Also, wir haben ihm ein Tuch um den oberen Teil des Kopfes gelegt, das sieht eigentlich sogar ganz gut aus. Einen Talar hat er an, die Hände haben wir gefaltet und einen schmalen schwarzen Schleier drumgewickelt, die sehen nicht mehr gut aus. Im Gesicht können wir nichts machen. das gibt der Zustand der Haut nicht mehr her. Sagen wir es mal so: Wenn die tapfer ist und ihn nicht anfassen will, dann geht's.«

Ich gehe zu den Frauen und dem Baby zurück und frage Frau Olugulade, wo denn Jussip sei. Ja der schlafe noch, aber er habe ein Mobiltelefon. Also rufe ich Jussip an; der meldet sich auch schon beim dritten Anruf und verspricht, sofort zu kommen. Fünfunddreißig Minuten später ist er endlich hier; ich nehme ihn beiseite und bespreche mit ihm die Situation. Er wird leichenblass, und ganz entfernt bekomme ich eine Vorstellung davon, wie Herr Olugulade jetzt wohl aussehen könnte. Aber Jussip verspricht, uns hilfreich zur Seite zu stehen und die Frau davon zu überzeugen, dass sie ihren Mann nicht anfassen oder gar küssen kann.

Unterwegs war mir noch die Idee gekommen, dass es vielleicht gut gewesen wäre, auch einen Pfarrer mitzunehmen, aber dafür war es jetzt zu spät. Langsam näherten wir uns der Tür, Huber trat zur Seite, und ich drängelte mich vor, um der Erste zu sein. Insgeheim hatte ich vor, die Situation sofort zu beenden und den Besuch bei Herrn Olugulade doch nicht zuzulassen, wenn es zu schlimm wäre. Meine Augen waren überall, in Sekundenbruchteilen hatte ich die Situation erfasst, und mein Kopf rauschte. In diesem Moment wusste ich, dass man den Besuch zulassen konnte, ich war mir aber auch klar darüber, dass ich tierische Kopfschmerzen bekommen würde. Mir war das alles etwas zu viel. Doch nun war Frau Olugulade die wichtigste Person.

Der Raum ist nur etwa 25 Quadratmeter groß. Eine Wand hat man mit einem weißen Vorhang sehr hübsch geschmückt. In der Mitte hängt ein großes Kruzifix, direkt darunter steht der offene Sarg. Auf großen Kerzenständern brennen auf jeder Seite jeweils sechs Kerzen; die Stühle, die für kleine Trauerfeiern da sind, stehen gestapelt hinten in einer Ecke. Herr Olugulade sieht, wie zu erwarten war, wirklich nicht gut aus.

Seine Haut hat die Farbe von Recyclingpapier, aber unsere Männer haben ihn schön eingebettet; der Talar, die Decke und das weiße Tuch, das er oben um seinen Kopf trägt, helfen ungemein. Er sieht fast aus wie ein toter Pharao.

Frau Olugulade hat Benjamin auf dem Arm und Daniel an der Hand.

Langsam nähert sie sich dem Sarg, wir halten Abstand – gerade so viel, dass man mit einem Schritt bei ihr sein kann. Ich habe keinen Schimmer, was man in Nigeria alles am Sarg veranstaltet, und ich weiß nicht, was auf mich zukommt. Direkt neben dem Sarg bleibt die Frau stehen, Daniel steht neben ihr und macht große Augen. Mit der Hand fährt sie über die Kante des Sarges, dann über die Decke. Ganz nah geht sie an das Gesicht ihres Mannes, und Jussip sagt: »Sie will spüren, ob er wirklich nicht mehr atmet.« Dann nimmt Frau Olugulade den kleinen Benjamin, dreht ihn in Richtung seines toten Vaters und spricht. Ich verstehe nicht, was sie sagt; Jussip erklärt: »Sie stellt dem Vater seinen Sohn vor und dem Sohn seinen Vater.«

Nach drei oder vier Minuten kniet die Frau sich hin, Daniel auch, und wir anderen tun es ihr gleich. Dann betet sie das Vaterunser auf Englisch, und wir beten mit ihr, jeder in der Sprache, die ihm am besten liegt – und verdammt noch mal, ich gebe es zu, ich habe schon wieder heulen müssen.

Als das Gebet beendet ist, steht sie auf, dreht sich um und verlässt mit ihren beiden Kindern den Raum, ohne den toten Mann noch einmal anzuschauen. Huber und Klaus machen den Deckel zu, und wir gehen zu der Frau.

»Ein schönes Hemd«, sagt sie zu mir und nickt, und ich glaube Dankbarkeit in ihren Augen zu sehen, aber sicher bin ich mir nicht. Ihr Gesicht ist sehr ernst, was soll man auch anderes erwarten.

Die Trauerfeier war dann schon am folgenden Tag. Diesmal war natürlich der Pfarrer da, und sogar ein Harmonium wurde gespielt – dass da eins steht, war mir beim ersten Besuch gar nicht aufgefallen.

Die Situation war weitaus weniger bedrückend, nachdem der Sarg jetzt geschlossen und mit einem kleinen Gesteck geschmückt war. Die Damen vom Mütterkreis waren gekommen und – genau – die Birnbaumer-Nüsselschweif! Zwei Leute kannte ich gar nicht, und ansonsten waren bis auf Frau Büser alle Mitarbeiter der Firma da.

Nach der bewegenden kleinen Trauerfeier für den verstorbenen Afrikaner fuhr ich Frau Olugulade, die beiden Kinder und Jussip nach Hause. Ein Zuhause! Das war etwas, mit dem Frau Olugulade gar nicht gerechnet hatte, und wie es schien, gefiel ihr die Wohnung, denn sie erzählte mir von Plänen bezüglich der Einrichtung und Gestaltung. Das macht man ja nur, wenn man da auch bleiben will.

Daniel blieb noch eine Stunde bei seiner Mutter, dann kam er zu uns: »Mama schläft jetzt, sie ist ganz müde.«

Der Junge musste noch bei uns bleiben, seine Mutter war nach der Geburt und dem Verlust ihres Mannes gar nicht in der Lage, sich um zwei Kinder zu kümmern. Das schien Daniel auch zu spüren, denn er klagte nicht, beschwerte sich nicht und nahm es einfach als Selbstverständlichkeit hin, dass er bei uns wohnte und seine Mutter nur besuchte.

Mir war daran gelegen, ihn und seine Mutter etwas aufzubauen, denn ein weiterer schwerer Gang stand uns ja noch bevor.

Nach der Trauerfeier war Herr Olugulade ja von unseren Fahrern Freddy und Manni ins Krematorium gebracht worden und würde dort nun bald eingeäschert.

So war die Beisetzung der Urne für die kommende Woche terminiert. Ich hatte ein kleines Urnengrab auf unserem Friedhof im alten Teil besorgt. Wo sollte Herr Olugulade denn sonst auch hin?

Ja, wo sollte er denn hin?

Das erklärte mir dann meine herzallerliebste Busenfreundin Frau Birnbaumer-Nüsselschweif.

Die klingelte mich nämlich am Tag der Trauerfeier noch gegen 21.30 Uhr vom Fernseher weg und stand in wallendem Mantel vor der Tür: »Also, ich muss jetzt sofort mal mit Ihnen sprechen, das geht ja jetzt so gar nicht!«

Kurz dachte ich daran, sie einfach umzuschubsen oder ihr die Tür vor der Nase zuzuschlagen, aber ich war doch zu neugierig und wollte erfahren, was sie mir zu berichten hatte. Auch wollte ich eigentlich an der Tür stehen bleiben und sie dort abfertigen, aber das hätte es mit sich gebracht, dass auch ich hätte stehen bleiben müssen, und dazu bin ich abends um halb zehn zu faul.

»Kommen Sie herein«, sagte ich und führte sie in die Halle, wo ich ihr einen Platz auf dem Sofa anbot.

»Ich und meine Afrika-Gruppe, wir sind der Meinung, dass

Sie etwas Unrechtes tun, wenn Sie den armen Mann hier in fremder Erde verscharren.«

»Aha, und was meinen Sie, sollte ich stattdessen tun?«

»Der muss nach Afrika, das ist doch wohl klar!«

»Und Sie und Ihre Afrika-Gruppe bezahlen das?«

»Ich? Ja wo käme ich da denn hin! Niemals!«

»Dann haben Sie auch nichts anzumelden.«

»Sie können doch einen so frommen Nigerianer nicht fern der Heimat beerdigen. Der hat doch auch in Nigeria Familie, und denen verwehren Sie damit einen Besuch des Grabes.«

So einen Blödsinn hatte und habe ich noch nie gehört. Natürlich haben viele Leute das Bestreben, dass ihre Angehörigen in heimatlicher Erde beerdigt werden. Das ist meist dann der Fall, wenn jemand im Ausland verstirbt und seine Angehörigen ins Heimatland zurückkehren. Wer möchte schon einen nahen Verwandten irgendwo auf einem anderen Kontinent beerdigt wissen und nicht ans Grab können. Aber Frau Olugulade war nun mal in Deutschland und wollte sicher auch hierbleiben und ihren Mann in ihrer Nähe wissen.

»Also, Sie können machen, was Sie wollen, der Mann geht nach Nigeria!«, verkündete die Birnbaumer-Nüsselschweif und stand auf. Sie hatte ihr Urteil gesprochen, und ich sollte mich nun fügen. Das wollte ich aber nicht, wozu auch?

»Ach, Frau Birnbaumer-Nüsselschweif. Sie haben sich bis jetzt ständig nur eingemischt, und da ist nie irgendwas dabei herausgekommen. Lassen Sie doch die Familie einfach in Ruhe.«

»Sind Sie der Afrika-Experte oder ich? Also, ich habe jetzt vorhin die nigerianische Botschaft angerufen und den ganzen Fall mal erzählt. Sie werden sich wundern!«

Die Tage vergehen, und ich hatte Gelegenheit, mit Frau Olugulade wegen der bevorstehenden Urnenbeisetzung zu sprechen.

Noch drei Tage sind es bis dahin. Nein, eine Feuerbestattung, das sei nicht das, was sie sich vorgestellt habe, aber ihr Mann, das wisse sie, der habe immer gesagt, dass es das Einfachste und Sauberste sei. So will sie denn auch nichts dagegen sagen. Sie ist froh, dass alles organisiert ist, und hat Angst vor dem schweren Tag.

Meine Frau und eine unserer Freundinnen sind jetzt viel bei ihr und versuchen sie ein wenig aufzubauen.

Doch es kommt dann doch ein wenig anders, und die kleinen Fortschritte, die wir bei der trauernden Frau zu beobachten glaubten, wurden gleich wieder zunichtegemacht.

Es ist nachmittags gegen 16 Uhr, da klingelt es bei uns, und vier Afrikaner stehen vor der Tür: Herr Ossomowa, Herr John, Herr Smith und Herr Kalombolawa. Sie kommen aus Freundschaft, sind alte Freunde der Familie Olugulade und »want to bring joy and help. Lot of help«. Sie wollen also Hilfe und Freude bringen, viel Hilfe.

Das ist ja schön, dass sie sich um die Familie bemühen wollen, und kaum habe ich sie in der Besucherecke unter den Ikonen auf dem Sofa plaziert, begehren sie sogleich Daniel zu sehen. Der kommt, guckt interessiert, und Herr Ossomowa streicht ihm über den Kopf, nennt ihn »my son« und redet schnell und eindringlich in einer fremden Sprache auf ihn ein. Die Sprache ist durchsetzt mit englischen Wörtern, und ich glaube auch etwas Französisch herauszuhören, bin aber nicht in der Lage, irgendetwas zu verstehen.

Ich sehe Daniel sofort an, dass er diese Männer noch nie zuvor gesehen hat.

Die Herren Ossomowa, John, Smith und Kalombolawa wollen nicht nur »joy and happiness« bringen, sondern grinsen und strahlen über das ganze Gesicht, und das die ganze Zeit. Sie sprechen alle besser Englisch als Deutsch, können sich aber in unserer Sprache halbwegs verständlich machen. Herr Smith betont, und er lässt dabei seine beneidenswert weißen Zähne aufblitzen, dass er Christ sei, katholischer Christ und an die Mutter Gottes glaube. Herr John bestätigt das und beteuert, Herrn Smith schon sehr lange zu kennen, dass sei ein »good guy«, ein guter Kerl, und vor allem seien sie alle ganz besonders enge Freunde der Familie.

Herr Kolambowala trinkt ein bisschen Kaffee, knabbert einen Keks, strahlt die ganze Zeit wie ein Pfund Plutonium ... und nickt dann Herrn Ossomowa aufmunternd zu. Während sich die Männer noch kurz unterhalten, weicht Daniel auf einmal zurück; er hatte die ganze Zeit sehr verlegen und etwas verschüchtert dagestanden, und ich sehe ihm an, dass er sich mehr als unwohl fühlt. Das merkt auch Herr Ossomowa und wendet sich in seinem Sprachgemisch direkt an Daniel. Später erfahre ich, dass Daniel diese Sprachen bei weitem nicht gut beherrscht; seine Mutter spricht natürlich stolz mit ihm auf Nigerianisch, aber ihr Nigerianisch ist Ugbo oder Igbo, eine völlig andere Sprache. Einige Wörter nur kann Daniel verstehen, Herr Ossomowa erkennt das wohl schnell und spricht langsam und gedehnt, verwendet wohl dann auch hauptsächlich die Sprache von Daniels Mutter, und der wird regelrecht blass.

Man mag es ja gar nicht glauben, dass ein Schwarzer blass werden kann, aber doch, das geht. Die Haut bekommt einen ganz anderen Schimmer, vor allem die Lippen verlieren an Farbe, und Daniel sagt mir später, dass ihn absolut erschreckt hat, dass Ossomowa von Daniels Heimat sprach, die auf ihn warte.

Glücklicherweise kommt in diesem Moment meine Tochter, um Daniel zu holen. Herr John ruft dem weggehenden Jungen noch etwas hinterher, aber der Klang seiner Stimme und das Grinsen in seinem Gesicht passen nicht zusammen.

Ich bin mit den Männern alleine und frage sie, was sie eigentlich wollen, wie sie helfen wollen und in welcher Beziehung sie zu der Familie Olugulade stehen.

Herr Kolambowala, an Liebenswürdigkeit nicht zu überbieten, erklärt in Deutsch-Englisch, wie nahe sie alle der Familie stünden, und dann auf einmal erklärt er, ja, die anwesenden Herren seien sozusagen auch alle mit den Olugulades verwandt. Der Schwager des Onkels von Herrn Smith sei mit einer Schwester des Verstorbenen verheiratet, und er selbst habe eine Schwester, die mit dem Bruder des Schwagers verheiratet sei … Genau kann ich die verwandtschaftlichen Beziehungen nicht mehr wiedergeben, aber irgendwie war jeder mit einer Schwester von irgendwem verschwägert, und alle hatten eine schwägerliche Wurzel in der Olugulade-Sippe.

Grundsätzlich kommen mir die Herren inzwischen mehr als merkwürdig vor, und ich frage erneut nach ihren Beweggründen. Da bleiben sie aber nebulös und sprechen nur von »help and joy«, wollen also nicht raus mit der Sprache.

Ob sie denn von der Botschaft kämen, will ich wissen.

»No, no, no!« Sie fuchteln mit den Händen: »No embassy, no gouvernment, wir sind privat, nur privat, good friends and family!«

Aha, die lügen mich an, das ist sonnenklar. Doch Herr Smith beteuert, sie seien alle Studenten, man kenne den Verstorbenen vom Studium her. Ach nein, eben noch »good friends«, dann auf einmal »family of Schwagers« und jetzt Studienkollegen. Die verarschen mich doch und glauben wohl, ich sei total bescheuert.

»Das können Sie erzählen, wem Sie wollen, mir ist es auch egal. Ich will von Ihnen nur wissen, was Sie genau von der Familie wollen.«

Das aber wollen sie mir nicht sagen. Joy, happiness und »good feelings with the wife of the deseased«. Sie wollen gute

Gefühle mit der Frau des Verstorbenen teilen und sind auf einmal ganz mitleidig und zeigen großes Verständnis für die Witwe. Man müsse der Frau helfen und ihr jetzt den Weg ebnen. Jetzt und auf der Stelle müssen sie mit der Frau sprechen, und auf einmal sind die Herren Smith, John, Kolambowala und Ossomowa kein bisschen freundlich, sondern bestimmt und fordernd.

Das lehne ich ab, schütze vor, der Frau gehe es nicht gut, das käme gar nicht in Frage. Herr Kolambowala kneift die Augen zusammen, beugt sich nahe zu mir herüber, so dass ich sein Rasierwasser riechen kann und sagt in auf einmal doch sehr gutem Deutsch: »Ich MUSS diese Frau sehen, und ich werde diese Frau sehen und sprechen. Wenn nicht heute, dann morgen!«

Schnell hat man sich verabschiedet, alle sind urplötzlich wieder strahlende Freundlichmänner, schütteln mir überschwenglich die Hand, klopfen mir auf die Schulter, und dann sind sie verschwunden.

Etwas später spreche ich mit Frau Olugulade, und ich kann diese Situation nicht richtig wiedergeben. Sie zeigt Entsetzen, das ist ganz eindeutig zu erkennen. Die Situation ist für sie bedrohlich, und sie hat auch Angst, das erkennt man auch. Aber sie setzt ein Lächeln auf, ein falsches Lächeln, und erklärt, dass sei so in Nigeria, da sei eben jeder mit jedem verwandt, und das habe alles seine Richtigkeit.

Ich sehe aber deutlich, dass sie mich anlügt, und erkläre ihr, um sie zu beruhigen, dass sie nicht mit den Männern zusammentreffen muss, ich könne das abblocken. »Nein, ich muss!«, sagt sie. »Ich muss mit denen sprechen, sonst gibt es große Probleme!«

Gestern dann kam Jussip, wie versprochen, wieder. Mit einem Teddybären für den kleinen Benjamin und einem Federballspiel für Daniel stand er am Bahnhof, wo ich ihn abholte.

Unterwegs erzählte ich ihm von den nigerianischen Herren, die mir einen Besuch abgestattet hatten, und Jussip nickte nur mit zusammengekniffenen Lippen.

Auf dem Display meiner Kamera zeigte ich ihm dann später das Bild der Männer, er kannte keinen davon. Nein, er sei nicht verwundert, dass die sich so einfach haben fotografieren lassen, das sei denen egal, die Typen wechselten so schnell, und einer sei sowieso wie der andere. Das machte mich neugierig. Vielleicht weiß Jussip mehr?

Das sei alles sehr kompliziert, und er habe so etwas schon befürchtet. Man müsse wissen, dass Nigeria lange eine Diktatur gewesen sei. Es habe ein politischer Filz ohnegleichen geherrscht und eine große Unterdrückung gegeben. Damals sei es nichts Ungewöhnliches gewesen, dass der nigerianische Geheimdienst überall, wo sich Nigerianer im Ausland aufhielten, seine Leute hatte. Es ging den Machthabern darum, die jungen Nigerianer im Ausland unter Kontrolle zu behalten, damit sie zwar im Rahmen internationaler Programme eine gute Ausbildung genossen, dann aber sichergestellt war, dass sie ihre Fähigkeiten auch in Nigeria einsetzten.

Manche seien gar mit Gewalt dazu gedrängt worden, wieder in die Heimat zurückzukehren. Jussip nennt Namen, erwartet dass ich diese kenne, aber ich befürchte, dass das afrikanische Allerweltsschicksale sind, für den Einzelnen dramatisch, uns überhaupt nicht bekannt und von uns auch ignoriert. Mittlerweile gebe es zwar eine Demokratie, aber das sei ja alles noch ziemlich chaotisch in Nigeria. Es gebe überall Milizen, Untergrundgruppen und Geheimbünde, in denen genau die gleichen Leute wie früher nach wie vor operierten und mit Korruption, mafiaähnlichen Strukturen und viel krimineller Energie die Macht auf ihre Weise sicherten. Die Regierung bekomme das nicht in den Griff, es gebe ganze Regionen in Nigeria, in die sich kein Polizist, kein Soldat und kein Regierungsbeamter traue, weil dort die Macht der Geheimbünde oder bewaffneten Gruppen so groß sei.

Diese Leute, die heute noch im Ausland unterwegs sind, das seien genau die gleichen, die das schon immer gemacht haben. Nicht dieselben Männer und Frauen, die wechseln immer schnell, aber es ist die gleiche Gruppe, die gleiche Struktur. Nur sei der Auftraggeber eben jetzt kein Diktator, ja nicht mal die Regierung, sondern irgendwelche dubiosen Machtstrukturen in Nigeria. Ziel und Zweck ist es nach wie vor, die im Ausland lebenden Nigerianer als Vaterlandsverräter hinzustellen, Druck auszuüben und sie zur Heimkehr zu bewegen. Beliebtes Mittel sei, vorderhand ehrfürchtig von den Lieben daheim in Nigeria zu sprechen, jeder aber wisse, dass das auch heißen kann, dass den in Nigeria Verbliebenen Ungemach drohen kann, wenn man sich nicht in der gewünschten Weise verhält.

Was denn diese Leute von der Familie Olugulade wollen, will ich von Jussip wissen. Er zuckt nur mit den Achseln und meint: »Nichts. Gar nichts. Die machen das einfach, weil sie es schon immer so gemacht haben, und wissen eigentlich gar nicht, warum, wozu und für wen.«

Im Grunde müsse man jetzt der Familie Beistand leisten, die Frau etwas abschotten, aber unbedingt einen Kontakt zu den Männern zulassen.

»Warum das denn?«, will ich wissen, und Jussip erklärt: »Weil die sonst keine Ruhe geben. Die wollen ihr Programm abspulen und erst wenn sie merken, dass das nichts bringt, werden sie nachlassen.«

Nein, es sei nicht zu befürchten, dass die der Frau oder den Kindern etwas tun. Im Grunde sei die Familie jetzt sicherer als zuvor. Als der Mann nämlich noch gelebt habe, seien solche Männer immer mal wiederaufgetaucht. Jetzt sei der werdende Arzt ja tot, und was will man in Nigeria mit einer Krankenschwester und zwei kleinen Kindern.

Eine komplizierte Sache, ich nehme mir vor, mich da mal ein bisschen einzulesen. Mehr, als dass Nigeria in Afrika liegt, weiß ich nämlich auch nicht.

Wir bereiten uns auf die Urnenbeisetzung von Herrn Olugulade vor. Ein kleines Urnenreihengrab, direkt an der Mauer des Friedhofs soll es werden. Frau Olugulade ist manchmal nicht zu verstehen. In einem Moment erklärt sie, eine Feuerbestattung sei gar nichts, im nächsten Augenblick kommt dann wieder eine Erdbestattung nicht in Frage. Man würde etwas flapsig sagen: Sie ist völlig durch den Wind.
Eine Feuerbestattung hat auch Jussip, der Freund der Familie, für gut befunden. Zwar erklärt die Witwe, dass sie auf keinen Fall jemals nach Nigeria zurückkehren möchte, aber immerhin hätte sie in diesem Fall die Möglichkeit, die Urne mitzunehmen.
Ja, das mit dem Zurückkehren nach Nigeria, das ist noch so ein Thema.
Einen Tag zuvor stand Frau Birnbaumer-Nüsselschweif in der Tür. Unser Haus ist immer Dreh- und Angelpunkt für alle und Anlaufstelle für Familien, Vereinsamte, Merkwürdige und Streithammel. Ich habe schon oft überlegt, warum das so ist. Wahrscheinlich liegt es daran, dass wir ein sehr offenes Haus führen und viele Dienstleistungen unter einem Dach bieten. Schon allein, dass man bei uns seine Verstorbenen so besuchen kann, wie es einem beliebt, führt dazu, dass die Leute häufiger kommen, und wenn sie schon mal da sind, dann reden sie entweder gar nichts, oder sie erzählen ganz viel.
Und ich bin ja nun ein Misanthrop und Grantler, der nicht mit jedem gleich ein langes, fröhliches Schwätzchen hält. Gerade das aber ist es, was die Leute wohl schätzen, dass ich einfach zuhöre, den Gemütlichen gebe und Verständnis für sie und ihre Lage aufbringe.

Es ist wohl so, weil ich niemals Anteilnahme heuchle und immer auch klar sage, dass das mein Geschäft, mein Beruf ist. Die Fronten sind geklärt, keiner geht von falschen Voraussetzungen aus. Wir helfen den Menschen in einer schwierigen Situation, aber wir sind keine selbstlose Samariter.

Die Birnbaumer-Nüsselschweif hat so einen Wallewalle-Mantel an, so ein Ding, bei dem man nicht genau weiß, ob es ein Mantel, ein Cape, ein Umhang oder eine Wolldecke mit Schal ist. Irgendwo aus zwei Öffnungen an den Seiten schießen ab und zu ihre Hände hervor und fuchteln mir vor dem Gesicht herum. »Die Afrika-Gruppe, wie auch der Mütterkreis und überhaupt alle sind ja der Meinung, dass der Familie am besten geholfen ist, wenn sie in die Heimat zurückkehrt.«

Ach nee, ganz neue Töne. Es ist noch gar nicht so lange her, da sah die Birnbaumer das Heil der Familie allein darin, dass sie sich höchstpersönlich um die Kinder kümmere. Was hat sie nicht alles in Aussicht gestellt, wie sie der Familie einen dauernden Aufenthalt hier in Deutschland ermöglichen würde. Und jetzt? Das sieht mir doch verdammt nach Sandkuchen-Plattdrücken aus.

Man kennt das doch: Das kleine Nüsselschweifchen sitzt im Sandkasten, die Kinder backen mit Förmchen aus Sand Kuchen und lassen das dicke, hässliche Nüsselchen nicht mitschweifen. Und weil sie nicht mitspielen darf, haut sie dann eben den anderen Kindern die Sandkuchen kaputt. Wenn ich nicht mit dem Kuchen spielen darf, sollt ihr es auch nicht.

Nur dass der Kuchen jetzt eine dreiköpfige Familie ist.

Ich sehe überhaupt keinen Grund, dass Frau Olugulade, Daniel und Benjamin nach Nigeria zurückkehren sollten. Der einzige Grund, den es geben könnte, wäre der Wunsch der Betroffenen, und die wollen das auf gar keinen Fall.

Frau Olugulade kann hier als Krankenschwester arbeiten, und das auch noch in einem Krankenhaus, das neben einem

Schwesternheim auch eine Kinderkrippe unterhält. Das gibt es nur ganz selten und stellt für Frau Olugulade das Optimum dar.

Meine Aufgabe sehe ich eher darin, ihr beim Start in die veränderte Lebenssituation zu helfen, und nicht darin, der Frau jetzt jahrelang als Dauerhelfer zur Verfügung zu stehen.

»Nein, nein, nein, nein«, ich glaube, das sagte die Nüsselbaum sogar an die siebenmal: »So geht das nicht, da bin ich gar nicht bei Ihnen, nicht einmal ein Stück weit sind wir da zusammen. Das sind Afrikaner mit afrikanischen Wurzeln, und in Nigeria da gibt es Großeltern, Brüder und Schwestern, und da wäre die Familie doch wesentlich besser positioniert.«

»Positio, was?«, frage ich verdutzt zurück, nicht weil ich es nicht verstanden hätte, sondern weil mir der Quatsch einfach zu absonderlich erscheint.

»Also, ich sehe das so, dass es das Beste wäre, wenn mein Mann und ich die Familie bei ihrer Rückkehr begleiten würden. Ich habe sogar schon einen Sponsor gefunden, der für die Flüge aufkäme.«

»Einen Sponsor, soso.«

»Ja und die Olugulades würde das alles gar nichts kosten, denn das übernimmt alles die Redaktion.«

»Der Sponsor ist also eine Redaktion?«

»Sagen wir mal so, es ist eine sehr hilfsbereite Firma.«

»Hmm, ja klar, und die schicken dann einen Reporter und einen Fotografen mit und schlachten das Schicksal der Familie schön aus.«

»So darf man das nicht sehen. Die begleiten unsere Arbeit in der Afrika-Gruppe schon seit Jahren und haben uns auch schon einmal ganz groß in der Zeitung gebracht.«

Es ist klar, woher der Wind weht. Egal auf welche Weise, die Birnbaumer-Nüsselschweif sieht bloß schwarze Neger, denkt an ihr Afrika-Projekt und die zu erwartenden Spenden und möchte sich als Beschützerin aller Negerkinder dieser Welt verkaufen. Ekelhaft.

»Und warum erzählen Sie mir das alles, warum kommen Sie hierher?«, frage ich sie, und sie schmollt: »Weil Frau Olugulade nicht mit mir reden will. Die ist sturköpfig und sagt, ich soll mit Ihnen reden, was ich ja nun hiermit tue.«

Ich erkläre der müttervorsitzenden Matrone, dass ich keine Lust auf ihren Quark habe. Auf das Wort Quark reagiert sie säuerlich, und einmal mehr schiebt sie schnaubend ab, mal wieder mit der Abschiedsformel, ich würde noch von ihr hören.

Jussip ruft an, er berichtet, dass die Viererbande um die Herren John und Smith mit Frau Olugulade gesprochen haben. In mir läuten alle Alarmglocken, da wäre ich doch nun wirklich gerne dabei gewesen. Aber ich bräuchte mir keine Gedanken zu machen, das Gespräch sei lang und intensiv gewesen, aber man habe die Frau eher vorsichtig behandelt. In der Tat versuchten die vier Männer, die Frau mit ihren Kindern zur Rückkehr nach Nigeria zu bewegen. Aber besonderen Druck hätten sie nicht aufgebaut. Na, immerhin.

Im Grunde hatte ich erwartet, dass von diesen Nigerianern eine Gefahr für die Frau ausgeht, dass sich da dramatische Entwicklungen ergeben würden, doch bis jetzt war es dazu nicht gekommen. Sie sind eher nur einfache, fleißige Missionare ihrer Sache und keine gefährlichen Krieger.

Dass die Sache noch eine dramatische Entwicklung nehmen würde und dass daran die Birnbaumer-Nüsselschweif beteiligt sein würde, das konnte ich zu diesem Zeitpunkt noch nicht ahnen.

Am nächsten Tag findet dann die Urnenbeisetzung von Kaldawule Emmanuel Olugulade statt.

Seine Frau hat Benjamin dabei, und wir trinken alle gemeinsam noch einen Kaffee, essen noch die restlichen »Bolle« von Frau Büser. Wir haben uns alle feingemacht, weil sowieso nicht viele kommen und wir dem Verstorbenen wenigstens anständig gekleidet die letzte Ehre erweisen wollen.

Noch anderthalb Stunden, dann geht es rüber zum Friedhof. Es ist Spannung und Entspannung zugleich in uns, das spürt man. So dazusitzen, einfach ein bisschen klönen und schnacken, das tut gut, das hilft auch Frau Olugulade. Und dennoch, es steht ein schwerer Gang für sie bevor, und auch das steckt uns allen in den Knochen.

Doch eine Sekunde später steckt uns etwas ganz anderes in den Knochen, meine Tochter kommt von nebenan, wo eben noch die Kinder spielten, und sagt: »Daniel ist weg!«

»Wie weg?«, frage ich, und sie steht nur da mit ihren großen Kulleraugen und sagt: »Ja, weg eben. Vorhin war er noch da, dann ist er mal kurz rausgegangen und jetzt schon eine ganze Weile weg. Einfach weg.«

Frau Olugulade verdreht die Augen, presst Benjamin an sich, ruft etwas in ihrer Muttersprache und fängt an zu weinen. Meine Frau und ich schauen uns nur kurz an, und dann geht die Suche los. Wo kann der Bursche bloß stecken?

Wir durchsuchen das ganze Haus, stellen alles auf den Kopf, und auch die gesamte Belegschaft beteiligt sich an der Suche, doch die bleibt ergebnislos. Eine halbe Stunde später kommen die Rückmeldungen aus allen Abteilungen: Der Junge ist nirgends zu finden.

Mir gehen tausend Gedanken durch den Kopf. Ist Daniel weggelaufen, hat er sich nur versteckt? Stecken die nigerianischen Männer dahinter? Hat die Birnbaumer-Nüsselschweif etwas damit zu tun? Wo fängt man jetzt an?

Manni fährt zum Friedhof hinüber, vielleicht ist er dorthin gelaufen, unsere Kinder ziehen sich Jacken an und suchen draußen auf der Straße, auf dem Spielplatz und dort am Stromhäuschen, wo sich Kinder eben so verstecken.

Daniel ist und bleibt verschwunden.

Was tut man denn in einem solchen Fall?

»Sollen wir die Polizei rufen?«, fragt meine Frau, doch das widerstrebt mir, ich habe keine Lust, mich jetzt mit hölzernen Beamten auseinanderzusetzen, die vermutlich in der Kürze der Zeit sowieso nichts bewirken können. Die Beisetzung ist gleich, und ohne Daniel kann und soll sie nicht stattfinden.

Ich fälle eine Entscheidung: »Ich rufe jetzt auf dem Friedhof an, und wir verschieben die Urnenbeisetzung um eine oder zwei Stunden. Manni soll dort die Trauergäste abfangen und hierherschicken.«

»Sandy!«, ich muss nicht viel zu ihr sagen. Sie weiß Bescheid und kennt unser Notfallprogramm. Die vorher gefeierte Frau Schulzbach wird aus unserer Halle in die Kühlung geschoben, vorne wird etwas durchgefegt, und die Blumen der Familie Schulzbach werden etwas mehr in die Mitte geschoben. Kränze mit Schleifen kommen nach draußen. Es wird Frau Schulzbach nichts ausmachen, wenn wir ihre Blumen noch ein Stündchen für jemand anderes nehmen.

Vom CD-Spieler kommt leise und ruhige Musik. Nur noch die Stühle geraderücken, und unsere Halle ist fertig für eine kleine, improvisierte stille Gedenkfeier für Kaldawule Emmanuel Olugulade.

Ich habe zu diesem Zeitpunkt keine Ahnung, ob da überhaupt Leute zum Friedhof kommen und von Manni zu uns geschickt werden, erbeten oder angekündigt war es nicht, aber man weiß ja nie.

Eine Praktikantin und Sandy sind auf jeden Fall bereit, um eventuell eintreffende Gäste in die Halle zu führen und dort zu plazieren. So können wir anderen uns der Suche nach Daniel widmen.

Frau Olugulade, meine Frau, Jussip und ich diskutieren und überlegen hin und her, wo der Junge stecken könnte. Jussip sieht ihn schon gefesselt und geknebelt auf dem Flug nach Nigeria, Frau Olugulade jammert, weil ohne Daniel ihr Kaldawule nicht unter die Erde kommt, und meine Frau hat komische Ideen. Ich könnt' sie ja manchmal, wenn sie so komische Ideen hat, so Ideen, auf die kein Mann käme, völlig an der Realität vorbei, vollkommen weltfremd. Und noch mehr könnt' ich sie, wenn sie dann – was meistens der Fall ist – auch noch recht hat mit ihren komischen Ideen …

»Die Nüsselschwein!«, sagt sie und macht so ein vielsagendes Gesicht.

»Das traut die Dicke sich nicht«, behaupte ich, und dennoch greife ich zum Telefon und rufe bei der Birnbaumer-Nüsselschweif an. Es meldet sich der Anrufbeantworter. Okay, so komme ich auch nicht weiter.

Inzwischen kommen die Kinder wieder und sagen, sie hätten Daniel auch nicht gefunden, und dann rückt das Stück Holz, das mein Sohn ist, mit der Botschaft heraus: »Der ist bestimmt Blumen kaufen gegangen.«

»Was für Blumen?«

»Hat er gestern gesagt, er will von seinem Geld Blumen für seinen Papa kaufen.«

So eine Holzbirne! Warum sagt der das nicht früher, von wem hat er dieses Holzbirnige bloß? Meine Frau und ich waschen unsere Hände in Unschuld, und während ich noch wasche, sehe ich im Augenwinkel, wie sie auf mich deutet und mit dem Mund lautlos irgendwas Hässliches über mich in die Welt setzt.

Es gibt sechs Blumengeschäfte in der Gegend, die Nummern haben wir alle, schon aus beruflichen Gründen, eingespeichert.

Bei Kötters war Daniel nicht, aber der alte Kötters verspricht, sofort anzurufen, wenn ein schwarzer Junge kommen sollte.

Das versprechen auch die nächsten drei Blumenhändler, und auch meine Frau signalisiert, dass Daniel nicht beim Blumenhaus »Egons Blumenstübchen« war.

Erst bei Neureuthers haben wir endlich Erfolg. Ja, der Junge sei schon vor einer halben Stunde oder so da gewesen, habe für fünf Euro Nelken gekauft und sei dann mit der Frau wieder weggegangen.

»Mit was für einer Frau?«

»Keine Ahnung, so eine Dicke, die müssten Sie aber kennen, die ist irgendwas bei der Gemeinde.«

»Die Nüsselschweif!«, entfährt es mir.

Was hat sie bloß mit dem Jungen vor?

Meine Frau beruhigt uns und sagt: »Wenn die mit dem Jungen Blumen kaufen geht, wird sie ihn ja nicht fressen wollen.«

Sie hat recht, ich nicke: »Ja, die wird sich nur in Szene setzen wollen.«

Frau Olugulade wird nun immer mehr abgelenkt, es treffen die ersten Trauergäste ein und gehen gemeinsam mit ihr in unsere Trauerhalle. Viele Leute tauchen allerdings nicht auf. Zu neu ist die Familie in unserer Gegend. Eine Frau vom Mütterkreis erscheint, ein Schwarzer, den wir zuvor nie gesehen haben, den Frau Olugulade aber weinend begrüßt, noch eine Frau aus unserem Stadtteil und später noch ein Spanier, den eigentlich niemand kennt, der aber beteuert, sehr zu trauern.

Der Friedhofsverwalter ruft an. Ja was denn nun sei, wann wir denn nun die Urnenbeisetzung haben wollten, ewig habe er auch keine Zeit, vor allem rege ihn auf, dass er nun in seiner grauen Uniform parat stehen müsse, weiter hinten auf dem Friedhof aber viel Arbeit auf ihn warte, die es aber nunmehr dringend erforderlich mache, dass er seine grünen Arbeitsklamotten wieder anziehe. Ja gut, so formuliert er das nicht, er sagt: »Ey, jetzt hab ich die Faxen langsam dicke, ich muss noch drei Löcher ausheben und sitz hier in der Uniform, wird das bei euch heut noch was?«

Frau Büser kommt herein: »Chef, hier ist jemand am Telefon.«

Es ist unsere geliebte Dorfklatschtante, die Gemüsefrau von vorne an der Ecke. »Sie suchen doch die Frau Birnenbaum, oder? Die steht nämlich drüben an der Kirche und lässt sich filmen, und die hat den Jungen dabei, den Sie apportiert haben. Nicht wahr, Sie wollen den doch apportieren, weil Ihre Frau keine Kinder mehr bekommen kann?«

Doofe Nuss! Meine Frau ist fruchtbarer als das Donaudelta, und wenn es nach der Zahl der Eisprünge ginge, könnten unsere Kinder in voller Mannschaftsbesetzung gegeneinander ganze Fußballturniere austragen …

Aber so ist das eben mit den Tratschweibern, sie wissen immer nur ein bisschen, den Rest dichten sie dazu, erst als Frage oder Behauptung, dann als Tatsache. Ich habe aber keine Zeit, um mit der Gemüsefrau über diesen Quatsch zu diskutieren, bedanke mich kurz, und schon sitzen wir im Auto, auf dem Weg zur Kirche. Ich am Steuer, neben und hinter mir meine Frau, Sandy und der allgegenwärtige Jussip.

Vor der Kirche bietet sich uns ein absonderliches Bild. Die Birnbaumer-Nüsselschweif hat sich eine Papptafel mit einem Holzständer bringen lassen, auf der sie Zeitungsausschnitte über ihre Afrika-Gruppe aufgeklebt und mit einem dicken Filzstift ihre Bankverbindung für Spenden aufgemalt hat. Vor diesem Plakat posiert sie in ihrem Walle-Walle-Mantel, wirft den Kopf mal nach rechts, mal nach links und rückt den etwas hilflos dreinschauenden Daniel, der ein kleines Nelkensträußchen in der Hand hält, hin und her.

Herr Boberitz, der Lokalberichterstatter vom »Stadtanzeiger«, einem unsäglich dämlichen, stets hofberichterstattenden

Reklameblättchen für unseren Stadtteil, dirigiert den tanzenden Wal und knipst. Bobritz ist der einzige Fotograf, der es schafft, von einer Leiter herab Leute zu fotografieren und dennoch eine Froschperspektive hinzubekommen.

Ihm kann ich keinen Vorwurf machen, er will nur eine kleine Schlagzeile und ein paar Bilder. Doch die Nüsselbaum, die möchte ich schlachten!

»Sie haben ja nun mal gar keine Ahnung!«, keift mich die Birnbaumer-Nüsselschweif an, während Daniel zu meiner Frau läuft.

»Wissen Sie, was Sie sind?«, frage ich die Birnbaumer, und sie schneidet mir das Wort ab: »Ja, ich bin die Einzige, die hier Verantwortung übernimmt und Flagge zeigt. Das alles hier dient ja einem höheren Ziel, wovon Sie ja offensichtlich überhaupt keine Ahnung haben. Wissen Sie eigentlich, wie viele Menschen jeden Tag in Afrika sterben?«

»Sie sind so eine impertinente Hohldommel!«, rufe ich und fuchtele ihr mit den Händen vor dem Gesicht herum. Später sagte Sandy mir, es habe ausgesehen, als ob ich der Nüsselbirne den Hals umdrehen wollte. Und ja, innerhalb von Sekunden stehen wenigstens zehn Leute um uns herum, während ich von der Birnbaumer nichts anderes wissen will, als was ihr denn einfiele, so einen Zinnober zu veranstalten, während wir alle darauf warten, endlich die Beisetzung der Urne durchführen zu können.

Den Leuten ist es egal, um was es geht, Hauptsache, es ist was los.

Und natürlich lässt auch das grün-weiße Auto unserer Ordnungshüter nicht lange auf sich warten. Wer denn verantwortlich sei für diesen Menschenauflauf, wollen sie wissen, und dann deutet einer auf Frau Brüsselschweifs Plakat: »Wem gehört das Ding denn da? Es hat Beschwerden gegeben, Sie dürfen hier doch vor der Kirche nicht einfach einen Infostand aufbauen.«

Ich bin viel zu aufgeregt, und in mir läuft ein Film ab, in dem ich mir vorstelle, was man mit der Dicken alles anstellen und auf welche Weise man sie möglichst schmerzhaft ins Jenseits befördern könnte. Da bekommt das Wort »Menschenauflauf« eine ganz andere Bedeutung und auf einmal habe ich ein Bild vor Augen: die Nüsselschweif nackt auf einem Riesentablett, Petersilie in den Ohren, einen Apfel im dampfenden Maul und rund um die Hüften einen schönen Berg Kartoffelpüree …

»Was gibt es denn da zu lachen?«, will der andere Beamte von mir wissen, der sich offensichtlich verscheißert fühlt. Nur mit Mühe gelingt es meiner Frau, ihn davon zu überzeugen, dass ich ihn nicht gemeint haben könne und dass wir jetzt alle zu einer Beerdigung müssten.

Jussip nickt heftig, schürzt die Lippen und sagt: »Amen!«

»Also alle, die mit der Demonstration nichts zu tun haben, verschwinden jetzt hier!«

Man glaubt nicht, wie schnell wir, mitsamt Daniel, im Auto sitzen und wegfahren. Zurück bleiben die Nüsselschweif und zwei Handvoll Neugieriger.

Vor uns liegt die Beisetzung der Urne des Herrn Olugulade.

Gemeinsam laufen wir zum Friedhof. Vornweg meine Frau, Pastor Brentzinger und ich, dahinter Frau Olugulade mit den beiden Kindern, und daran schließt sich die kleine Trauergesellschaft an. Der Weg ist nicht weit, und der Friedhofswärter sieht uns schon kommen. Er hatte sich inzwischen für eine Kombination aus grauer Uniformhose und grüner Arbeitsjacke entschieden, und bis wir bei ihm sind, hat er sich einen grauen Kittel übergezogen und seine amtliche Schirmmütze aufgesetzt. Die Urne mit der Asche des Verstorbenen hält er unter dem Arm, als würde er ein Ferkel zu Markte tragen.

Ich schaue ihn an, ziehe die Augenbrauen hoch und gebe

ihm ein kleines Zeichen, woraufhin er sich nun wenigstens die Urne mit beiden Händen vor die Brust drückt. Wir warten noch einen kleinen Moment, bis sich der alte Herr Pastor umgezogen hat. Schon vor Tagen hatte er von sich aus angefragt, ob er die Urnenbeisetzung übernehmen solle, und den ganzen Vormittag auf unseren Anruf gewartet. Jetzt ist er schon etwas schläfrig, aber guter Dinge.

Der Friedhofsverwalter geht mit der Urne vor der Brust neben Pfarrer Brentzinger vor uns her, und wir anderen folgen ihnen. Der Weg bis zum Grab an der Mauer ist nicht sehr lang, aber der Friedhofswärter biegt zweimal unnötig ab, dadurch stehen wir aber alle schön in Reih und Glied, als die kurze Zeremonie beginnt.

Wir vom Bestattungshaus halten uns im Hintergrund, am Grab stehen die wenigen Leute, die gekommen sind, und der Pfarrer betet, spricht der Familie in einer kurzen Ansprache Trost aus, und dann kommt der Moment, in dem der Friedhofsverwalter die Urne in das kleine Loch gleiten lässt.

Frau Olugulade schluchzt auf, und die Frauen neben ihr haben ihre liebe Mühe, sie etwas zu beruhigen. Daniel steht da und dreht verlegen sein Nelkensträußchen in den Händen. Ich trete vor, gebe ihm einen kleinen Stupser und nicke in Richtung Grab. Er versteht, geht die paar Schritte, schaut neugierig in das Loch und legt die Nelken daneben.

Das war sie, die Urnenbeisetzung des Herrn Olugulade, schmucklos, kurz und kalt, wäre da nicht Jussip gewesen.

Er beginnt erst zu summen, dann singt er mit voller, tiefer Stimme ein Lied in einer Sprache, die ich nicht kenne. Langsam, ergriffen und mit geschlossenen Augen singt er Strophe um Strophe. Im wahrsten Sinne des Wortes ist außer dem Gesang nur Totenstille. Als er fertig ist, wischen sich alle ein paar Tränen aus den Augen.

Nach der Beisetzung erzählt uns Daniel, was während seines Verschwindens wirklich passiert war; dass er aus völlig freien Stücken losgelaufen sei, um Blumen für seinen Papa zu kaufen, und bei dieser Gelegenheit sei er der Birnbaumer geradewegs in die Arme gelaufen. Die habe für den Morgen einen Pressetermin gehabt und hatte nun nichts anderes im Sinn, als den kleinen Schwarzen zu diesem Termin mitzunehmen.

Dass der Junge dadurch beinahe die Beisetzung seines eigenen Vaters verpasst hätte, juckte die Dicke einfach nicht. Das tat sie mit einem stirnrunzelnden »Das glauben Sie ja wohl selbst nicht!« ab, als ich sie zwei Tage später deswegen zur Rede stelle und ihr Vorhaltungen mache.

Ich hätte das alles auch einem Eimer Elbewasser erzählen können, so wirkungslos verpuffte das. Anders gesagt: Eher hätte ich das Elbewasser dazu überreden können, aus dem Eimer in den Fluss zu hüpfen und gegen die Strömung zu fließen, als dass die Birnbaumer-Nüsselschweif auch nur im Geringsten darauf reagiert hätte.

Wenn man diese Frau einmal erlebt hat, dann weiß man, dass die einem sowieso nie zuhört. Besonders einfallsreich und eloquent ist sie nämlich nicht, redet aber dennoch unablässig, wenn es sein muss. Wenn ich ihr etwas sage, dann merke ich, dass sie mir in den seltensten Fällen überhaupt zuhört, viel zu sehr ist sie schon mit dem nächsten ihrer Sätze beschäftigt, kann kaum abwarten, bis man fertig ist, und plappert dann drauflos. Meistens hat das, was sie sagt, nichts mit dem zu tun, was man selbst gesagt hat.

Wenn ich jetzt schreibe, dass diese Frau eine dumme Kuh ist, sage ich noch viel zu wenig. Und dennoch gibt es Tausende in unserem Stadtteil, die glauben ernsthaft, diese Frau komme gleich nach dem heiligen Franziskus.

Frau Olugulade und ihr Kleiner taten dann noch etwas Unerwartetes. Sie zogen von hier weg. Wortreich, doch ohne dass ich wirklich daraus schlau wurde, erklärte sie mir, dass sie eine tolle Wohnung in einem zwölf Kilometer entfernten Ort gefunden habe und nun unbedingt dorthin ziehen müsse.

Man muss wissen, dass wir ja nicht die Einzigen waren, die sich um die Familie sorgten und kümmerten. Irgendjemand hatte dort etwas Passendes für die Frau und ihre Kinder gefunden und bot ihr sogar eine Arbeitsstelle an. Damit lief alles etwas anders, als ich es mir vorgestellt hatte. Aber ich hatte nicht das Gefühl, dass das Ganze zum Nachteil für Frau Olugulade war. Es wäre ihr ja kein bisschen mehr geholfen gewesen, wenn es nun ausgerechnet nur nach meiner Nase gegangen wäre, und wer sagt, dass ausgerechnet das, was ich mir überlegt hatte, auch das Beste war?

Daniel blieb allerdings noch bei uns, insgesamt sollten es fast anderthalb Jahre werden, bis er endlich zu seiner Mutter ziehen konnte.

Er weinte fürchterlich, als er mithalf, seine ganzen Sachen in unseren Wagen zu packen; zu sehr hatte er sich an uns alle gewöhnt. Eine Stunde später war alles vorbei, ich hatte Daniel bei seiner Mutter abgeliefert, die mir aus Dankbarkeit eine selbstgenähte Decke schenkte.

Die Decke halten wir noch heute in Ehren, von Daniel und seiner Mutter habe ich nie wieder etwas gehört …

Tratsch im Treppenhaus

Der Bestatterberuf erfordert nicht nur Einfühlungsvermögen und kaufmännisches Geschick, sondern auch Kraft. Die Menschen werden immer größer und schwerer, und so wiegt heute ein durchschnittlicher, beladener Sarg zwischen 80 und 110 Kilo. Hat man aber einen Mann zu transportieren, der alleine schon 140 Kilo auf die Waage brachte, so kann man sich leicht vorstellen, dass das ein Kraftakt ist. Manchmal wird einem dieser Kraftakt aber auch noch unnötig erschwert, und das Sargtragen wird zur Anstrengung, selbst wenn nur eine schmale alte Dame darin liegt.

ICH glaube, es gibt kaum einen Dialekt, in dem nicht schon das gleichnamige Theaterstück auf irgendeiner Volksbühne aufgeführt worden ist, den meisten wird es mit Heidi Kabel und Henry Vahl in den Hauptrollen besonders in Erinnerung sein. An dieses Theaterstück fühlte ich mich heute Nacht erinnert, als wir einen Verstorbenen aus einem Mietshaus abgeholt haben. Nun ist es sowieso oft schon nicht so ganz einfach, eine Trage mit einem Verstorbenen durch ein enges Treppenhaus zu bugsieren. In diesem speziellen Treppenhaus, von dem hier die Rede ist, wurde das zunächst mal dadurch erschwert, dass auf den Treppenabsätzen ganze botanische Gärten angelegt waren und an den Wänden überall Bilder hingen. Da heißt es doppelt aufpassen und dicke Arme haben, denn es geht oft um Zentimeter, und wenn die fehlen, muss man sich umso mehr plagen und die Trage oft weit über Kopf stemmen, dann wieder ganz tief herablassen, um sie dann wieder hochzustemmen. Das gibt kräftige Arme, geht aber auch ziemlich auf den Rücken. Je mehr Krempel in einem Treppenhaus herumsteht, umso schwieriger wird die Arbeit für uns.

Heute Nacht war es das vierte Obergeschoss, mit der Eingangstreppe also neun Treppen. Auf jeder Etage gab es zwei Wohnungstüren, und in wirklich jeder Wohnungstür standen Leute, entweder einzeln, im Doppelpack oder sogar ganze Familien. Alle steckten neugierig ihre Köpfe vor. Das ist nicht normal, denn üblicherweise bekommt in so einem Haus jeder alles mit, und die wissen ganz genau, dass der Bestatter da ist, und jeder bleibt angesichts unseres Auftauchens in seiner Wohnung. Hier war das anders. Vor allem gab es eine Frau, die sogar nachts einen geblümten Haushaltskittel trug, die uns schon unten an der Tür in Empfang nahm. Zunächst dachte ich, das sei eine Verwandte, erst später stellte sich heraus, dass sie die Hausmeisterin war. Die wich auch nicht von unserer Seite, lediglich beim Umbetten der Verstorbenen blieb sie, wie alle anderen auch, außen vor.

Dann aber übernahm sie das Gesamtkommando. Wild mit den Armen fuchtelnd, bahnte sie uns den Weg, wies ständig darauf hin, dass wir ja das neugestrichene Treppengeländer nicht verkratzen und bloß keine Bilder von der Wand reißen oder Blumen umwerfen sollten. Auf jeder Etage blieb sie kurz stehen, wir mit der schweren Trage hinter ihr, damit sie den jeweiligen Nachbarn eben mal erzählen konnte, dass Frau Sowieso gestorben sei und wie die doch zuletzt gelitten hat und dass wir die Bestatter sind und dass die jetzt bei uns auf der Trage liegt und dass wir sie jetzt wegbringen. Nachdem sie das das dritte Mal erzählt hatte, stieg in mir der unbändige Wunsch auf, der Frau einfach einen kleinen Tritt zu geben, Platz hätten wir im Wagen noch gehabt!

Schon viermal hatte ich ihr gesagt: »Das ist schwer hier, halten Sie uns bitte nicht auf!«

Und jedes Mal hatte sie genickt und irgendwas wie »*Bahn frei!*« gerufen, blieb dann aber doch wieder an der nächsten Tür stehen.

Als wir endlich unten waren, war sie offenbar so froh, dass wir nichts kaputt gemacht hatten, dass sie mir und dem Fahrer ein Trinkgeld geben wollte, jedem einen Euro. So was kommt manchmal vor, aber Münzen sind da eher selten. Jetzt haben wir beim Abtransport einer Leiche naturgemäß beide Hände voll, und ich hätte gar nicht gewusst, wie ich ihre Münze annehmen sollte. Gerade fuchtelte sie dem Fahrer mit dem Euro vor dem Gesicht herum, da fällt mir auf, was der für eine dicke Unterlippe hat. Wenn der die jetzt ein wenig vorstülpt, denke ich, könnte man den Euro … Ich muss mir wirklich Mühe geben, nicht zu lachen und Würde zu bewahren.

Endlich sind wir am Auto und können die Trage hineinschieben, und endlich kann die Hausmeisterin dem Fahrer seinen Euro geben, dann kommt sie zu mir, drückt mir auch einen Euro in die Hand, hält kurz inne und fragt: »Sind Sie der Chef?« Ich nicke, und zack ist der Euro wieder verschwunden: »Dem Chef gibt man ja kein Trinkgeld …«

Ach Mann, ich hätte so viel vorgehabt mit dem Geld!

Tschüss, Alter – mach's gut!

Im Anschluss an die folgende Geschichte werde ich von einer Rockerbeerdigung erzählen, bevor ich das aber tue, passt diese Geschichte hier ganz gut dazu.

PEPI war Schönwetterrocker und Tätowierer und ist im Alter von 56 Jahren, die man ihm nicht ansah, er sah aus wie 70, schon letzte Woche verstorben. Magenkrebs.

Gut, der hat gesoffen, geraucht und auch ansonsten eher unsolide gelebt, dass der früh stirbt, war irgendwie jedem klar, vermutlich auch ihm selbst.

Heute Vormittag war die Trauerfeier hier bei uns in der Trauerhalle. Jetzt bringen wir den Sarg ins Krematorium, und später kommt die Asche in einen Friedwald.

Die Trauerfeier war schön. Ungefähr achtzig Leute waren gekommen, eher aus der Tattoo-Szene als aus der Rocker-Ecke, obwohl es da Überschneidungen gibt, wie man an den vielen Mopeds und Motorräder, auf unserem Hof erkennen konnte. Pepi hatte zu Lebzeiten gesagt, man solle seinen Abschied feiern und sich drüber freuen, dass man ihn gekannt habe, und nicht flennen, weil er gehen muss.

Also gab es ein Fass Bier.

Der Sarg stand in der Mitte der Trauerhalle, auf dem Deckel ein Krug mit Gerstensaft, und ringsherum standen und saßen die Trauergäste, prosteten sich und Pepi zu, hörten metallische Musik und erzählten sich die Geschichten, die sie mit Pepi verbanden.

Mit einem »Tschüss, Alter, mach's gut!« verabschiedeten

sich die Leute, als das Fass leer war, und selbst seine Witwe machte einen gelösten und zufriedenen Eindruck: »So hat der sich das gewünscht!«

Und genau darauf kommt es in unserem Beruf an, finde ich.

Born to be wild

Ich kenne Motorradclubs oder Bikerclubs, wie das heute so schön heißt, noch unter der Bezeichnung Rockerbande und muss sagen, dass ich jedes Mal ein ganz klein wenig Angst bekomme, wenn mir auf der Landstraße so eine Kolonne schwerer Motorräder begegnet. Die Fahrer und Mitfahrer sehen ja auch wirklich zu martialisch aus mit ihren schwarzen Lederjacken und den Helmen. Wahrscheinlich wollen die mir gar nichts tun, aber ich glaube, die wirken gerne ein bisschen gefährlich und sehen es gar nicht ungern, wenn unsereins ein bisschen vor ihnen bibbert.

EGAL, die zwei die gerade aus meinem Büro raus sind, waren jedenfalls echte Rocker. Wie zwei Messdiener standen sie brav und ehrfürchtig nebeneinander, ganz in Leder. Der eine mit verspiegelter Sonnenbrille, der andere mit einem Piratenkopftuch. »Den Pepi hat's zerbröselt.«

Ich nehme mal an, dass soll bedeuten, dass ein Motorradfahrer namens Josef ums Leben gekommen ist, und so ist es auch. Heuler und Bobo nennen sich die zwei und erzählen mir, dass Pepi (ist das eigentlich ein besonders verbreiteter Name unter Motorradfahrern, oder bringe nur ich reihenweise Biker-Pepis unter die Erde?) von einem Autofahrer geschnitten worden und seine »Mühle« quasi über ihn drübergewalzt sei.

»Kohle hammer genuch«, sagt Heuler und legt zum Beweis ein ganzes Bündel auf den Tisch. »Wir hamm zusammengelecht!«

Bobo nickt zustimmend und zupft an seinem Piratentuch.

»Ne dicke Kiste« wollen sie, und die Beerdigung muss am

Mittwoch sein, das hätte man so mit den anderen Clubs abgesprochen, die alle mit einer Abordnung kommen wollen. Wie viele Leute denn da kämen, will ich wissen.

»So an die dreihundert etwa und alle mit Mühlen«, sagt Heuler, und was macht Bobo? Genau! Der nickt und nestelt am Kopfschmuck.

Sie wollen den »Kennedy«, eine Klapptruhe aus Holz nach amerikanischem Muster. Blumenschmuck ohne Ende, und vorne am Sarg soll ein Emblem mit »Harley Davidson« angenagelt werden.

Die Trauerfeier soll in ihrem Clubhaus stattfinden. Das ist einerseits draußen vor den Toren der Stadt in einer ehemaligen Fabrik, und andererseits stellt uns das vor ein Problem. Trauerfeiern mit Sarg sind in Deutschland nur in der Friedhofskapelle oder in extra dafür zugelassenen Räumen, beispielsweise unserer Hauskapelle, erlaubt.

»Wir woll'n aber die Mühle vom Pepi aufbauen, seinen Sarch davor un dann alle einen auffen Pepi heben.«

Ich überlege hin und her und komme dann zu dem Ergebnis, dass ich bei dreihundert Leuten unmöglich unsere eigene Kapelle vorschlagen kann, die ist mit knapp zweihundert Sitzplätzen zu klein, selbst die Trauerhalle auf dem Friedhof, den die wollen, ist zu klein.

Da kommt mir die rettende Idee.

»Wir machen das so: Sie machen die Trauerfeier in Ihrem Clubhaus, mit Drehbühne und kaputtem Motorrad, genau so, wie Sie das geplant haben. Vor das Moped stellen wir ein großes Foto vom Pepi, und meinetwegen können Sie dort auch auf Ihren Kameraden anstoßen. Wir kommen mit dem Sarg da hin, machen am Bestattungswagen die Gardinen auf, damit der Sarg mit den Blumen sichtbar ist, und dann fahren wir im Konvoi vom Clubhaus zum Friedhof.«

»Jau«, sagt Heuler. Und Bobo? Genau, Bobo nickt und

zupft. Nicht mal gegen das Wort Moped haben die etwas einzuwenden.

»Born to be wild« wollen sie auf dem Friedhof gespielt haben, wenn der Sarg abgelassen wird.

»Alter, das geht alles klar, oder?«

Ja, Heuler, das geht klar!

Die zwei gehen wieder, nachdem Bobo alles unterschrieben hat, der ist nämlich für den Schreibkram zuständig.

Wir müssen jetzt wirken, und zwar heftig! Der Verstorbene muss zweihundert Kilometer weit entfernt abgeholt werden. Und der Bestattungswagen muss umgebaut werden, denn anders als die Leute glauben, haben die keine Gardinen, sondern fest bespannte Tafeln, die zwar herausnehmbar sind, aber dennoch ist das ein Akt. Außerdem muss ich erst einmal mit dem Ordnungsamt und der Polizei telefonieren, wie das mit dem Konvoi aussieht, das dürfte aber klargehen, wahrscheinlich bekommen wir einen Streifenwagen zur Begleitung. Dann einen Pfarrer finden, der die Feier im Clubhaus macht, auch das wird gehen, denke ich, ich habe da schon einen im Auge, der lange in Amerika war. Das größte Problem wird wieder das Friedhofsamt sein. Ich muss einen Termin bekommen, der absolut frei ist, das heißt, dass vor- und hinterher keine anderen Beerdigungen sind.

Ich muss mit dem Landwirt sprechen, dem das Brachgelände am Friedhof gehört, ob die da mit ihren Motorrädern parken dürfen. Unsere Musikanlage muss gecheckt werden, damit wir »Born to be wild« spielen können.

Mal sehen, ob ich ein Grab finde, das nicht in dritter Reihe am engsten Weg liegt, damit auch alle bei der Grablegung etwas sehen.

Ich sehe schon, ich werde Bakschisch brauchen und viel telefonieren müssen.

Der Boden hat regelrecht vibriert, als die Motorräder sich dem Friedhof näherten.

Ein Landwirt hat einen Acker in der Nähe mit Stroh bestreut, und dort können die Mitglieder der diversen Motorradclubs ihre Maschinen abstellen. Schön weit voneinander getrennt die Anhänger der »3-Zimmer-Küche-Bad«-Goldwings und die Harley-Fahrer.

Insgesamt hat man eher den Eindruck, die Leute kommen zu einem Biker-Treffen als zu einer Beerdigung. Aber warum sollte das bei denen anders sein als bei normalen Familien auch, wo die Trauer des Anlasses oft durch die Wiedersehensfreude unter entfernt wohnenden Verwandten überdeckt wird.

Zur vorgesehenen Stunde gibt Sandy, die die Gesamtkoordination innehat, über das Funkgerät das Kommando, und während auf dem Friedhof die Totenglocke geläutet wird, startet unser Bestattungswagen etwa 300 Meter entfernt in einer Seitenstraße seine Fahrt. Die Sichtblenden haben wir entfernt, so dass man einen ungehinderten Blick auf den Sarg mit den Blumen werfen kann.

Langsam nähert sich das Fahrzeug, und als es sichtbar wird, verstummt auch jegliches Palaver. In einer stummen Prozession schließen sich nach und nach über 300 Biker und Bikerinnen dem Bestattungsauto an, angeführt vom Pfarrer, der Familie und den engsten Freunden des Verstorbenen. Einige Bikergruppen tragen Kränze, Blumengestecke in Herz- und Kreuzform, und eine der Abordnungen trägt eine etwas zerfetzte Jeansjacke wie eine Reliquie: die Kutte des Verstorbenen mit den Colors, wie man mir später erklärt, also dem Abzeichen und den Farben seines Clubs.

Während der Bestattungswagen eine Ehrenrunde um das große Rondell mit dem acht Meter großen Jesuskreuz dreht, bekommen die Trauergäste jeweils ein Blumensträußchen und einen Zettel mit Gebetstexten in die Hand gedrückt. Darum hat der Pfarrer gebeten, weil er sich nicht sicher ist, ob alle wohl die gängigen Gebete so genau kennen.

Inzwischen wird die Klappe des Bestattungswagens geöffnet und der Sarg von unseren Mitarbeitern auf einen Katafalk gestellt. Danach fährt der Bestattungswagen langsam weg. Eine Abordnung des Motorradclubs, sechs Mann, nimmt den Sarg auf die Schultern und marschiert über den breiten Mittelweg des Friedhofs zum südlichen Teil, zum Grab. Während des ganzen Weges läutet die Totenglocke und abgesehen vom eintönigen Bimm-Bimm der Glocke und dem Knirschen der Motorradstiefel auf dem Kies des Weges ist es totenstill.

Am Grab angekommen, übernimmt der Pfarrer mit kurzen Handzeichen das Kommando, wir sortieren die Gäste ein, so dass möglichst viele etwas sehen können. Ein bisschen komme ich mir wie ein Einweiser auf einem großen Parkplatz vor. Trotzdem dauert es deutliche zehn Minuten, bis alle ordentlich untergebracht sind.

Die Totenglocke ist inzwischen verstummt, und dann beginnt der Pfarrer seine kurze Ansprache. Vorne am Grab haben wir ein Standmikrofon aufgestellt; ich hasse es, wenn da vorne einer redet und man nichts hört.

Nach dem Pfarrer treten etliche Freunde, auch der Präsident und der »hangman« (was immer das auch ist) seines Clubs vor und sprechen ebenfalls ein paar Worte. Ich sage euch, auch Rocker können weinen!

Dann erst wird der Sarg in die Grube abgelassen, und der Pfarrer spricht die Aussegnungsworte. Dank der ausgeteilten Zettel können dann alle gemeinsam mit ihm beten.

Der nachfolgende Teil ist der ergreifendste. Einer nach dem anderen treten die Anwesenden vor und werfen ihre Blumensträußchen in das Grab. Dreimal muss »Born to be wild« gespielt werden, jeweils mit einer Pause dazwischen, bis alle durch sind.

Insgesamt dauert es deutlich über eine Stunde, bis die Biker den Friedhof wieder verlassen haben. Vor dem Tor warten zwei Polizeimotorräder und ein Streifenwagen. Die Geräuschkulisse, als die ganzen Maschinen anspringen und hinter den Polizeifahrzeugen herfahren, ist unbeschreiblich!

Noch Minuten später hing der typische Benzingeruch von Motorrädern in der Luft.

Ich glaube, es ist eine gute Sache, dass das Vereinsheim dieses Motorradclubs in einer ehemaligen Fabrik weit vor der Stadt liegt, denn das Fest zu Ehren des verstorbenen Bikers sollte bis in die frühen Morgenstunden gehen. Fast habe ich es ein bisschen bedauert, dass ich der Einladung, da teilzunehmen, nicht gefolgt bin. Ich habe zwar auch ein Motorrad, aber die Welt dieser Motorradclubs ist mir doch zu fremd.

Eine Leiche im Keller

Bestatter zu sein, das heißt, dass man 24 Stunden am Tag, sieben Tage die Woche und 365 Tage im Jahr Dienst hat. Zu jeder beliebigen Zeit kann das Telefon klingeln und ein Auftrag hereinkommen. Dann kann man nicht sagen: »Wir kommen Montagmorgen vorbei« oder »Wir haben jetzt schon geschlossen«, sondern dann muss man raus, egal ob es draußen schneit, hagelt, regnet oder ob es 40 Grad im Schatten sind. In früheren Zeiten bedeutete das auch, dass immer jemand zu Hause bleiben musste, damit das Telefon bewacht war. Seit es Handys gibt, haben wir es da leichter. Aber trotzdem: Egal ob Weihnachten oder Ostern, Gevatter Tod kennt keine Dienstzeiten und schlägt zu, wann es ihm beliebt, auch wenn in einer Familie gerade Geburtstag gefeiert wird.

FAMILIE Brondes hatte zur Feier des 70. Geburtstages des Hausherrn geladen. Verwandte, Freunde und Bekannte waren gekommen, das Haus der Brondes war übervoll. Es wurde lange gefeiert, und das gute kalte Buffet von Metzger Schuck war schneller abgeräumt, als es dem Jubilar lieb war. Gegen Mitternacht beschloss er daher, aus dem Keller noch ein Dutzend Dosen guter Gulaschsuppe hochzuholen, damit seine Frau den verbliebenen Gästen noch etwas Warmes machen konnte.

Die Uhr zeigte sicherlich schon gegen vier, als die letzten Gäste das Haus der Brondes verließen. Es waren vornehmlich diejenigen, die nicht so weit entfernt wohnten und zu Fuß nach Hause gehen konnten; fahren konnte keiner mehr, dafür hatte der alte Brondes als guter Gastgeber gesorgt.

Wenig später schlief das Ehepaar Brondes, nicht mehr ganz

nüchtern, aber sehr zufrieden ein. Es war eine schöne Feier gewesen, und man würde noch lange von dem schönen Tag zehren. Der aufmerksame Leser wird sich fragen, wo die übliche Leiche bleibt, denn die meisten Geschichten, die ein Bestatter erzählt, haben etwas mit einem Toten zu tun. Und wer da insgeheim spekuliert, Herrn oder Frau Brondes könnte in dieser Nacht etwas passiert sein, der irrt.

Die beiden haben die Nacht in bester Gesundheit überlebt, und dennoch mussten wir am nächsten Morgen einen Verstorbenen im Hause der Brondes abholen.

Gut, so ganz stimmt das nicht: Es war nicht am Morgen, sondern schon gegen Mittag. Für Frau Brondes war es aber nach der langen Feier vom Vortag wie am frühen Morgen. Ein menschliches Bedürfnis hatte sie gegen zehn Uhr aus dem Bett getrieben, und ursprünglich hatte sie vorgehabt, sich noch ein Stündchen hinzulegen. Doch als gute Hausfrau konnte sie nicht an ihrer unaufgeräumten Küche vorbeigehen, und wenig später war sie voll damit beschäftigt, Ordnung zu schaffen. Die Geschirrspülmaschine war schnell eingeräumt, aber wie es aussah, würde sie die noch drei- oder gar viermal laufen lassen müssen, bis alles weggespült sein würde. Als Nächstes mussten zwei ungeöffnete Dosen von der Gulaschsuppe wieder in den Keller gebracht werden.

Frau Brondes ging zur Kellertür, öffnete sie, tastete links nach dem Lichtschalter, und als die Neonröhren endlich richtig aufflammten, zuckte sie zurück und ließ vor Schreck die beiden Dosen fallen. Am Fuß der Treppe lag in einer großen Blutlache ein Mann. So schnell war der alte Brondes noch nie auf den Beinen gewesen, der Schrei seiner Frau hatte ihn hochgerissen und mit etwas kreislaufschwachen Beinen stakste er die Kellertreppe hinunter, um unten angekommen festzustellen, dass der Mann in der Blutlache Herr Anderle war, ein guter Bekannter aus dem Kleingartenverein. Und Herr Anderle war tot. Es folgte das übliche Programm: Polizei, Kripo, Arzt, dann wir.

»Wie es aussieht, ist der Mann in betrunkenem Zustand einfach die Treppe hinuntergefallen und hat sich das Genick gebrochen und einen Schädelbruch erlitten. Er war sofort tot«, setzt uns ein Polizeibeamter in Kenntnis.

Man diskutierte eine Weile und kam zu dem Ergebnis, dass Herr Anderle die gegenüberliegende Tür zum Gästeklo mit der Kellertür verwechselt haben müsse, und statt vor den Bottich der Erleichterung zu treten, hätte er dann wohl einen Schritt ins Leere der Kellertreppe gemacht. Darauf deutete jedenfalls der Umstand hin, dass er seinen Hosenlatz geöffnet hatte.

»Und was ist mit seiner Frau?«, wollte Frau Brondes wissen. Der Polizist grübelte kurz und sagte: »Da werden wir jetzt hinfahren und es ihr schonend beibringen.«

Das brauchten die Beamten aber gar nicht, denn just in diesem Moment tauchte Frau Anderle am Ort des Geschehens auf und wurde sogleich von den Anwesenden beiseitegeführt und über die Ereignisse informiert. Man kann sich vorstellen, was das für sie und die Brondes für eine Aufregung war.

Es sei ihr zwar aufgefallen, erzählte Frau Anderle dann, dass ihr Mann von der Feier verschwunden sei, aber sie habe angenommen, dass der einfach nach Hause gegangen sei: »Das macht der immer so, wenn er genug hat.« Später sei sie selbst auch aufgebrochen, aber ihr Mann sei dann gar nicht da gewesen.

Da habe sie geglaubt, dass er sich vielleicht mit schwerem Kopf bei den Brondes ins Gästezimmer gelegt habe, auch das sei schon mal vorgekommen.

Bitterer Nebeneffekt: Nie wieder würde Herr Brondes so Geburtstag feiern können, wie er es bisher immer getan hatte, jeder würde sich sofort daran erinnern, dass an diesem Siebzigsten ein Mann die Kellertreppe hinuntergefallen ist.

Damit das nicht so kommt, schlug Herr Brondes vor, das gemeinsame Kaffeetrinken der Trauergäste auch in seinem Haus abzuhalten, was Frau Anderle angenommen hat. Man versuchte so, wenigstens halbwegs einen Schlussstrich unter die Sache zu ziehen.

Trotzdem: Es ist immer besonders bitter, wenn ein geliebter Mensch an einem besonderen Tag verstirbt, an Geburtstagen oder an Weihnachten zum Beispiel.

Oma Gretel

Wie lange hält heutzutage eine Ehe im Durchschnitt? Sind es vier Jahre? Ich kann das nicht verstehen, für mich persönlich ist eine Ehe etwas Bleibendes. Dass Beziehungen sich auch mal schlecht entwickeln und die Menschen auseinandergehen, das kommt vor, aber ich glaube, dass die Leute die Flinte zu früh ins Korn werfen und zu schnell aufgeben. Aber es gibt sie ja noch, die anderen Beispiele ...

GRETEL und Paul Schellinger waren über sechzig Jahre verheiratet, und sicher hatten auch sie schwere Zeiten, aber sie hatten nie aufgegeben und konnten daher im letzten Jahr zur diamantenen Hochzeit ein Gratulationsschreiben vom Landrat in Empfang nehmen, das der Ministerpräsident persönlich unterschrieben hatte.

»Sechzig Jahre, meine Güte, das ist eine verdammt lange Zeit. Und wissen Sie, mein Mann war manchmal schon etwas schwierig, wie Männer eben so sind. Aber er war ein guter Mann. Jeden Morgen hat er mich mit den Worten ›Ich liebe Dich‹ begrüßt und mir einen Handkuss gegeben. Jeden Morgen, sechzig Jahre lang.«

Leicht sei das alles nicht gewesen, und oft genug habe es Zeiten gegeben, da seien das Leben und die Ehe nur so dahingeplätschert, und man sei einfach nur aus Gewohnheit beieinander geblieben.

»Jüngere Leute«, sagt Frau Schellinger zu mir, »hätten da schon lange aufgegeben, aber wir hatten doch nur uns.«

Während sie das sagt, streichelt sie die Hände ihres Mannes, doch ob der davon noch etwas mitbekommt, weiß man nicht wirklich, jedenfalls kann er es uns nicht mehr sagen, denn Paul Schellinger ist tot.

Oma Gretel, so nennt sie sich selbst, sitzt neben dem Bett ihres Mannes, streichelt seine Hände, wischt mit einem Taschentuch über seine Stirn und erzählt mir: »Erst waren wir verliebt, da waren wir noch ganz jung, und Paul musste in den Krieg. Als er zurückkam, haben wir geheiratet und hatten dann einfach keine Zeit mehr, verliebt zu sein. Es gab nichts zu essen, wir waren ausgebombt, und ein kleines Kind hatte ich da auch noch durchzubringen.«

Arbeit, tägliche Besorgungen, der Kampf ums Überleben, das prägte die ersten Jahre der jungen Familie, und als es dann allen wieder ein bisschen besserging, da musste Paul Schicht arbeiten, und wieder war nur wenig Zeit für die Liebe.

»Und trotzdem, wir haben uns geliebt. Dieser Mann ist der Mann meines Lebens«, sagt Oma Gretel, schaut auf ihren toten Paul und verbessert mit zögerlicher Stimme: »War.«

Wieder streichelt sie ihren Mann, und dicke Tränen rollen über ihre Wangen. »Was soll ich denn jetzt ohne ihn machen? Ich hatte doch nur ihn.«

Einen Sohn haben die Schellingers gehabt, doch der ist selbst schon vor drei Jahren gestorben, war unverheiratet und kinderlos geblieben.

Ich sitze neben Oma Gretel, drehe sie etwas beiseite und mahne, dass wir jetzt weitermachen müssen. Schon eine halbe Stunde sind wir da und warten darauf, dass wir Herrn Schellinger mitnehmen können. Wir haben Oma Gretel vorgeschlagen, ihren Mann noch über Nacht bei ihr zu lassen, damit sie Abschied nehmen kann, aber das wollte sie nicht.

Meine beiden Bestattungshelfer treten verlegen von einem Bein auf das andere, doch Oma Gretel macht keine Anstalten, ihren Paul herzugeben. »Wir müssten dann jetzt«, sagt der eine, und Oma Gretel nickt, lässt aber die Hände ihres Mannes nicht los. Die beiden Männer schauen einander an, nicken sich zu und bringen die Leichentrage ins Zimmer. Einer der Männer nimmt Oma Gretel bei den Schultern und führt sie behutsam in den Gang.

Der Rest geht schnell. Paul liegt wenig später auf der Trage, und als die Männer gerade den langen Reißverschluss zuziehen wollen, kommt Gretel noch mal herein, beugt sich über ihren Paul und flüstert ihm zu: »Ich liebe dich, Paul. Warte auf mich, ich komme auch bald!«

Am nächsten Morgen sitzt Oma Gretel Schellinger bei mir im Büro, und ihre erste Frage lautet: »Kann ich später zu meinem Paul ins Grab?«

Das kann sie, wenn sie ein Familien- oder Doppelgrab kauft, aber Oma Gretel zählt mir in bar das wenige Geld auf den Tisch, das sie für die Bestattung übrig hat, und ich sehe sofort, dass das auf keinen Fall für ein Doppelgrab reicht. Egal wie ich auch rechne und wie viel ich ihr auch entgegenkomme, ich schaffe es mit dem wenigen Geld nicht, ihr das gewünschte Familiengrab zu ermöglichen.

»Aber ich will doch zu meinem Paul ins Grab«, protestiert sie.

Ich habe Mitleid mit der Frau und trockne ihre Tränen mit einem Taschentuch, aber ich weiß auch keinen Ausweg. Zu groß ist der Preisunterschied zwischen einem Reihengrab und einem Doppelgrab.

»Und was ist, wenn ich gleich zwei Reihengräber nehme, eins für meinen Paul und eins später für mich, direkt daneben?«

»Das geht nicht. Die Stadtverwaltung vergibt die Reihengräber der Reihe nach, deshalb heißen sie so – der Nächste, der stirbt, bekommt auch das nächste Grab«, kläre ich sie auf.

Ein Reihengrab kostet 800 Euro, das günstigste Doppelgrab fängt bei 2500 Euro an. Außerdem müsste Oma Gretel nachweisen, wer nach ihrem Tod das Grab pflegen würde – man müsste also sogar noch einen Grabpflegevertrag abschließen. Für all das hat sie einfach nicht genug Geld. Ihr Mann war über 80, sie ist 78 und damit gerade noch nicht zu alt, um eine Sterbeversicherung abzuschließen. Dazu rate ich ihr, und wir sprechen lange über alles, denn wenn sie selbst mal stirbt, soll doch wenigstens für ihre eigene Beerdigung genügend Geld da sein, als das sie jetzt schon alles für ihren Paul ausgibt.

So besprechen wir einerseits die Beerdigung von Opa Paul und andererseits ihre eigene Bestattung, doch wie wir es auch drehen und wenden – ein Doppelgrab springt nicht dabei heraus.

Zähneknirschend und sich den Bestimmungen beugend, willigt Oma Gretel endlich ein, ihren Paul in einem Reihengrab bestatten zu lassen und selbst einmal später ein Reihengrab an einer ganz anderen Stelle des Friedhofes zu bekommen.

Bis zum Tag der Beerdigung kommt Oma Gretel jeden Tag, um ihren Paul zu besuchen. Sie sitzt oft eine Stunde lang bei ihm, eine Decke über dem Schoß, damit es ihr nicht zu kalt wird, spricht mit ihm und weint sehr viel.

Nach sechzig Jahren Abschied nehmen zu müssen, das ist schwer.

Die Beerdigung verläuft dann ohne weitere Zwischenfälle und kann von uns abgehakt und verbucht werden. Die Rechnung ist bezahlt, und Oma Schellinger bezahlt auch pünktlich ihre Prämien für die Sterbeversicherung. Ein Jahr lang wird sie die mindestens zahlen müssen, damit die Versicherung überhaupt die komplette Beerdigung bezahlt, sonst gibt es nur die eingezahlten Beiträge oder einen Teil der Summe.

Es sind etwa drei Monate vergangen, als Oma Gretel zu mir ins Büro kommt und mich sprechen will. Sie sitzt mir gegenüber, weint und erzählt mir, dass sie es nicht verkraften kann, nicht eines Tages neben ihrem Paul liegen zu können. Am liebsten würde sie ihn wieder ausgraben lassen und nun doch ein Doppelgrab nehmen.

Das Geld für diese Aktion und für das Doppelgrab hat sie allerdings nicht. Wunschdenken, das unerfüllt bleiben muss, so bitter das auch ist und so leid mir die Frau auch tut.

Ob ich nicht wenigstens mit ihr auf den Friedhof gehen könne, sie sei sich wegen des Grabsteins noch nicht sicher, und ich soll ihr doch beim Aussuchen helfen. Klar, das ist das wenigste, was ich tun kann, und so begleite ich sie.

Das Wetter ist schön, und wir spazieren über den Friedhof. Meinen Arm, den ich ihr angeboten habe, hat Oma Gretel gerne genommen und sich bei mir eingehakt. Wir schauen uns zahlreiche Grabsteine an – bei dem einen gefällt ihr die Form, beim nächsten die Farbe und beim dritten die Schrift; ich notiere das und werde es dem Steinmetz so weiterleiten.

Am Ende unseres Rundgangs über den Friedhof stehen wir vor dem Grab, in dem ihr Paul liegt, und sie beginnt, die wenigen Blumen etwas zurechtzuzupfen. Die Reihen der Gräber in diesem Feld liegen nicht neben-, sondern untereinander. Das bedeutet, dass am Fußende von Pauls Grab ein schmaler Weg ist, dann folgt das nächste Grab und so weiter.

Pauls Reihe ist schon fast voll, bald werden die Friedhofswärter die nächste Reihe rechts daneben anlegen.

Der Friedhofswärter kommt, er will mal sehen, was ich da mache – ständig haben die städtischen Bediensteten Angst, wir Bestatter könnten ihnen irgendwie ins Handwerk pfuschen. Das sagt er natürlich nicht, sondern nur, dass das Grab jetzt genügend gesackt sei und er bald Erde nachfüllen wolle, Frau Schellinger solle also bitte jetzt keine neuen Blumen mehr pflanzen, sondern abwarten, bis das Grab aufgefüllt ist; dann könne man auch den Grabstein stellen und das Grab endgültig bepflanzen. Oma Schellinger nickt und sagt: »Wo Sie jetzt schon mal da sind – wie werden denn hier die Gräber in dieser Reihe vergeben?«

Sehr vornehm kratzt sich der Friedhofswärter am Allerwertesten, zieht die Nase hoch und sagt: »Das sind Reihengräber, die werden der Reihe nach vergeben. Der Nächste, der stirbt, bekommt das nächste freie Grab und so weiter. Sie sehen ja, dass die Gräber am Fußende von Ihrem Grab schon belegt sind. In dieser Reihe kommen noch sechs, dann fange ich eine neue Reihe mit sechzehn Gräbern an.«

»Wann ist denn das Grab direkt neben meinem Paul an der Reihe?«

»Das kann ich nicht genau sagen. Warten Sie mal, ich guck mal in der Reihe im Nachbarfeld.«

Der Friedhofswärter läuft die Reihe auf der anderen Seite des Weges ab, schaut auf die Sterbedaten auf den Grabsteinen und sagt dann, als er wieder bei uns steht: »Wenn ich das richtig sehe, dauert es ungefähr vierzehn Monate, bis das so weit ist. Aber so genau kann das keiner wissen. Manchmal mache ich zwei in der Woche auf. Mal sterben mehr, mal sterben weniger.« Er lacht meckernd, als hätte er etwas besonders Lustiges gesagt, und trollt sich wieder, nicht ohne sich zum Abschied noch mal am Allerwertesten zu kratzen.

Oma Gretel hält ihn auf, ruft ihn zurück und drückt ihm ein Trinkgeld in die Hand. Dann sagt sie: »Halten Sie mir das Grab neben meinem Paul frei, ja?«

»Das kann ich nicht.«

»Ich will aber neben meinem Paul liegen.«

Der Friedhofswärter will wieder lustig sein, lacht schon vorher sein meckerndes Lachen und sagt: »Dann müssen Sie eben in vierzehn Monaten sterben und genau an dem Tag beerdigt werden, an dem dieses Grab an der Reihe ist. Da müssten Sie aber schon Glück haben.«

Nun ja, beim Thema Sterben von Glück zu sprechen ist schon etwas weit hergeholt, aber ich sehe Oma Schellinger an, dass sie das genau richtig verstanden hat und es für sie tatsächlich ein großes Glück bedeuten würde, wenn sie in diesem Grab neben ihrem Paul zu liegen käme.

Allerdings macht die Dame keineswegs einen gebrechlichen Eindruck, und ich habe so meine Zweifel, dass ausgerechnet sie innerhalb der nächsten Monate sterben wird.

Es vergeht ein ganzes Jahr, und ich denke gar nicht mehr an die Geschichte.

Da bekomme ich Besuch von einer Rechtsanwältin. Sie weist sich als Betreuerin von Oma Gretel aus und möchte einen Blick in die Vorsorgeunterlagen werfen. Ich erfahre, dass Oma Gretel vor einigen Monaten in ein Pflegeheim gekommen und mittlerweile schwer erkrankt ist. Die Betreuerin erzählt, dass der Arzt sagt, der Frau fehle eigentlich nichts, aber sie habe ihren Lebenswillen aufgegeben und rede nur davon, dass sie zu ihrem Paul will.

Kurz: Oma Gretel stirbt genau in der Woche, in der die Grabreihe neben ihrem Paul so weit vorgerückt ist. Als ich jedoch den Sterbefall beim Friedhofsamt anmelde, heißt es, das Grab mit der Nummer 76 sei schon vergeben, und Oma Schellinger bekomme sogar erst die Nummer 78 – zwei Reihen weiter unten als ihr Paul.

Das kann ich nicht zulassen, so viel ist klar. Also mache ich mich auf den Weg, fahre zum Friedhof und suche den Pokratzer, der mir bereitwillig Auskunft darüber gibt, welcher Bestatter für die Beerdigung in Grab 76, dem Grab direkt neben Paul, zuständig ist. Schon will ich mich auf den Weg machen und male mir aus, wie ich mit dem Kollegen um das Grab schachere, da fällt mir ein, dass dieser vermutlich überhaupt keine Ahnung hat, welches Grab für seinen Sarg vorgesehen ist. Reihengräber werden eben so vergeben, wie sie an der Reihe sind, da macht sich kaum jemand Gedanken, neben wem man da zu liegen kommt.

Ich kehre um, suche wieder nach dem Pokratzer und finde ihn beim großen Komposthaufen, wo er gerade dabei ist, die unverrottbaren Bestandteile verblühter Kränze abzureißen und in einen Müllcontainer zu werfen.

»Sagen Sie mal, kann man denn da gar nichts machen, dass die Frau Schellinger doch in das Grab Nummer 76 kommt?«

Umständlich steigt der Friedhofswärter vom Komposthaufen, zieht hörbar die Nase hoch und erklärt mir: »Das ist kompliziert und geht gar nicht einfach.«

»Was muss man denn machen?«, frage ich und ziehe einen 20-Euro-Schein aus der Jackentasche. Ganz beiläufig, wie selbstverständlich, nimmt der Mann den Schein und sagt: »Kommen Sie mal mit.«

Ich folge ihm in sein kleines Büro neben der Trauerhalle.

»Sehen Sie, hier ist die Wand mit der Tafel. Auf dieser Tafel sind alle Gräber und Namen eingezeichnet. Da müsste ich jetzt bei 76 den Meier ausradieren und die Frau Schellinger hinschreiben, und bei 78 muss ich die Frau Schellinger ausradieren und den Herrn Meier hinschreiben.«

»Ja, und würden Sie das tun?«

»Kein Problem«, das ist alles, was er sagt. Dann radiert und schmiert er, die Zunge zum Mundwinkel herausgestreckt, so anstrengend ist dieser hoheitliche Verwaltungsakt für ihn. Schon nach knapp zehn Minuten ist er fertig, tupft sich den Schweiß von der Stirn, kratzt sich – man weiß schon, wo – und sagt: »So!«

Ich bin erleichtert und will mich gerade bei ihm bedanken, da zieht er die Augenbrauen hoch und sagt: »Dann müsst ihr die alte Frau aber auch einen Tag früher beerdigen. Das geht ja der Reihe nach.«

Gut, das bekomme ich hin, es kommt ohnehin bloß ein älteres Ehepaar aus der Nachbarschaft, die Betreuerin und der Pfarrer.

Zwei Tage später ist die Beerdigung von Oma Gretel. Auch ich bin gekommen – irgendwie ist sie mir doch ans Herz gewachsen, und ich bin der Einzige, der weiß, dass sie so im Sarg liegt, dass ihr Kopf ganz leicht nach links zeigt. So schaut sie wenigstens zu ihrem Paul, der jetzt genau neben ihr liegt, so wie sie es sich gewünscht hat.

Jäger und Sammler

Die allermeisten Leute sterben heutzutage ja im Krankenhaus oder Pflegeheim. Nur die wenigsten sterben zu Hause. So spielt sich der Bestatteralltag oft zwischen weißen Krankenhauskacheln und in den betonierten Kellern von Altenheimen ab. Kommt man aber mal zu den Familien ins Haus, dann kann man oft einiges erleben und berichten.

FRAU Klemperer kommt und hat Sterbepapiere in der Hand – man muss dann nicht fragen, was sie will, das sehen wir sofort. Ihr Bruder ist verstorben, gestern Abend, in seiner Wohnung. Soweit nichts Ungewöhnliches, doch ich merke gleich von Anfang an, dass da noch irgendetwas ist, aber sie rückt mit der Sprache nicht heraus.

Eine Feuerbestattung soll es werden, keine Trauerfeier, direkt zum Einäschern.

Später dann, wenn die Urne beigesetzt wird, soll ein Pfarrer kommen, es werden eh nur zwei oder drei Leute am Grab sein.

»Mein Bruder hat ganz alleine gelebt.«

Ja und? Nun komm endlich raus mit der Sprache, ich merke doch, dass da noch was ist.

»Seine Lebensumstände waren, sagen wir es mal so, etwas ungewöhnlich.«

Hopp!

»Haben Sie so eine Leichenbahre aus Stoff?«

Ich glaube zu wissen, was sie meint, und nicke nur.

»Das wird nämlich so eine Sache mit dem, wenn Sie den nachher aus der Wohnung holen.«

Mir bleibt nichts anderes übrig, als sie weiterhin erwartungsvoll anzuschauen.

Ja, der Bruder habe im Gartengeschoss gewohnt, was ja für gewöhnlich nichts anderes heißt, als dass die Wohnung im Keller liegt, aber Fenster hat, die Tageslicht hereinlassen. Aber wir sollen bitte auf so einiges gefasst sein, der Bruder sei eine Art Sammler gewesen. Am besten sei es, wenn wir genau um 8 Uhr hinfahren, weil dann auch der Verwalter kommt. Frau Klemperer will später wiederkommen und noch das Stammbuch bringen.

Unsere Männer fahren los, es sind so knapp zehn Kilometer bis zur angegebenen Adresse. Sie haben die Scherentrage, eine Falttrage und einen Tragesack dabei. Normalerweise sollte es nur eine knappe Stunde dauern, bis sie wieder zurück sind, doch nach 45 Minuten rufen sie an und fordern Unterstützung an. »Wir brauchen hier noch zwei Mann.«

Manni, der Fahrer, und ich fahren los; wir gehen davon aus, dass der Verstorbene ziemlich korpulent ist. Doch als wir dort ankommen, erwartet uns etwas ganz anderes. Schon an der Haustüre begrüßt uns ein unfreundlicher Kerl mit den Worten: »Das wird aber auch Zeit! Glauben Sie, ich habe hier ewig Zeit, oder was?«

Wir nicken ihm nur zu und gehen an ihm vorbei. Vier, fünf Stufen sind es, die nach unten führen. Unten gibt es zunächst einmal eine ganze Batterie von Stromzählern an der Wand, links ist eine Wohnungstür, rechts steht eine offen. Wieder ist der Verwalter da, er sprüht uns mit einer Sprayflasche zwischen den Füßen herum und schiebt uns in Richtung Wohnungstür.

Wenn ich schreibe, dass die offen steht, dann ist das nur die halbe Wahrheit, denn sie steht nur halb offen und lässt sich auch keinen Millimeter weiter öffnen. Der Flur hinter der Tür ist mit Stapeln von Zeitungen und Zeitschriften ausgefüllt, die bis unter die Decke reichen. Man kann nur einen guten Meter weit in den Flur vordringen, dann muss man nach rechts in die Küche abbiegen. Der Flur ist regelrecht mit Zeitungsstapeln zugemauert.

Die Küche ist ein Alptraum! Plastikflaschen, Glasflaschen, Hunderte ... Überall Plastiktüten mit Müll, jede Menge Geschirr und Töpfe mit vergammelnden Essensresten, und überall krabbelt es. Man weiß nicht, wo man seine Füße hinsetzen soll. Manni kramt zwei Paar Überzieher für die Schuhe aus der Jackentasche, wir ziehen sie über. Außerdem ziehen wir Gummihandschuhe an. Von der Decke baumelt an einem Draht eine Glühbirne, der Rollladen ist heruntergelassen.

»Was da so knistert, das ist das Ungeziefer«, sagt der Verwalter, der einfach mitgelaufen ist, und sprüht weiter. Links geht es in ein weiteres Zimmer, und ich höre von dort die Stimmen meiner Männer, also müssen wir da entlang. Der Gestank ist unbeschreiblich, moderig, faulig, angebrannt, man kann kaum atmen.

Im Nebenzimmer stehen bis unter die Decke gestapelt auf der einen Seite Bananenkartons und auf der anderen Seite alle Arten von elektrischen Haushaltsgeräten, vom Bügeleisen bis zum Toaster, das wenigste davon gebrauchsfähig, wie man auf den ersten Blick sieht. Zwischen dem Gerümpel bleibt ein Gang von kaum 20 Zentimeter Breite, und man muss sich schon quer hindurchschieben, um in den nächsten Raum zu gelangen. Besonders dick kann der Verstorbene nicht gewesen sein.

Das nächste Zimmer erreicht man wieder über den Flur. Wir befinden uns also hinter der vorher beschriebenen Wand aus deckenhoch gestapelten Zeitschriften. Auf dieser Seite sind Bretter eingezogen und darauf zahlreiche Plastiktüten bis unter die Zimmerdecke gestopft. Man muss den Kopf einziehen, sich quer weiterschieben und wie in einem Labyrinth mehrfach um irgendwelche Türme aus Kartons, Kästen oder Zeitschriften herumlaufen. Da kommt man wirklich mit keiner normalen

Trage durch. In diesem Zimmer, es liegt am Ende des Gangs, sind meine beiden Fahrer, und dort liegt auch der Verstorbene. Es ist nicht sonderlich viel von ihm zu erkennen. Man kann nicht einmal richtig bestimmen, ob das da auf seinem Kopf eine Mütze ist oder ob es seine Haare sind. Ein kleiner Mann, der auf einem Schlafsack am Boden liegt, die Augen totenstarr geöffnet, um ihn herum einige Paare Gummihandschuhe, auf seiner Brust einige aufgeklebte Einwegelektroden, die üblichen Anzeichen dafür, dass ein Notarzt da war. Es riecht, als läge er schon wochenlang in der Wohnung, aber er ist tatsächlich erst gestern verstorben. Ein paar goldmessingfarben glänzende Käfer huschen über den in Fäden liegenden Teppich.

Meine Männer arbeiten mit Stirnlampen, wie Bergleute, das Licht im Zimmer kommt von einer 25-Watt-Birne, wird aber durch von der Decke baumelnde Gegenstände abgeschirmt. An das Fenster kommt man gar nicht heran. Unsere Aufgabe ist es, den Mann da herauszuholen – aber wie? Es würde mindestens zwei Tage dauern, bis eine Entrümpelungsfirma wenigstens so viel von dem angesammelten Zeug weggeräumt hätte, dass wir halbwegs geradeaus mit der Trage herein- und mit dem Verstorbenen darauf wieder hinauskönnen.

Manni meint: »Was ist denn mit dem Fenster?«

»Auch viel Arbeit, bis wir da einen Weg freigeschaufelt haben«, sagt einer der beiden anderen Fahrer.

Von irgendwo vorne am Eingang dringen Stimmen zu uns durch. Sie werden lauter, irgendwer kommt, und dann hören wir: »Endlich kommt der weg, das wird aber auch Zeit, die sollen sich mal beeilen, so ein Gestank, mein Gott, was für eine Sauerei, da kommt ja kein Mensch durch!« Es ist eine Frauenstimme, aber wir bekommen die Frau nicht zu sehen – anscheinend schiebt der Verwalter sie wieder hinaus, denn die Stimme entfernt sich wieder.

Ich muss eine Entscheidung treffen, der Mann muss aus der

Wohnung. Und das Ganze muss schnell gehen, denn es ist niemandem von uns zuzumuten, noch viel länger in diesem Gestank und Gekrabbel zu bleiben.

»Sacktrage!«, lautet mein Kommando. »Wo wir reinkommen, können wir ihn auch rausbekommen.«

Die Männer nicken, und Manni holt die Sacktrage. Grauer, abwaschbarer, plastifizierter Stoff, ein langer Reißverschluss, mehrere Gurte zum Zuschnallen und ringsherum Griffschlaufen zum Tragen. Da hinein betten wir den Verstorbenen, Manni legt einen Rachenverschluss. Das ist ein Spray, das tief in den Hals gesprüht wird und sich dort ausdehnt. Wir werden den Mann möglicherweise im Transportsack auch kopfüber stellen müssen und wollen unangenehme Überschwemmungen im Leichensack vermeiden.

Dann ziehen wir den Reißverschluss zu, und los geht's. Es sind wirklich vier Mann notwendig – nicht etwa weil der Verstorbene so schwer wäre, sondern einfach weil es viel zu eng ist in der Wohnung.

An manchen Stellen sind nur wenige Quadratzentimeter Boden zu sehen, man kann nur die Füße voreinandersetzen, sich seitwärts zwischen den Stapeln hindurchschieben. Der Mann hat zu Lebzeiten so viele Türme aus Gerümpel aufgebaut, dass wir die Sacktrage 15- bis 20-mal senkrecht stellen müssen.

Zwei Mann halten sie hoch, die anderen beiden müssen sich an der Sacktrage vorbeizwängen und sie dann um die Ecke ziehen, was dadurch erschwert wird, dass man nicht nebeneinanderstehen kann.

Gut eine halbe Stunde ziehen, zerren und stemmen wir, manchmal stecken wir regelrecht fest, müssen wieder drei, vier Meter zurück, damit noch ein Mann an der Sacktrage vorbeikann, und durch die rege Tätigkeit in der Wohnung wird allerlei Ungeziefer zu erhöhter Aktivität angeregt. Es krabbelt wirklich überall, an den Wänden, auf dem Boden, ja sogar an der Decke.

Klirrend stürzen Flaschen zu Boden, als wir in der Küche um die Ecke biegen, doch kurz darauf haben wir es geschafft, sind nassgeschwitzt und haben den Verstorbenen endlich im Treppenhaus. Dort empfängt uns Stimmengewirr, die ganzen Hausbewohner scheinen sich versammelt zu haben. Ich bitte die Leute, eine Treppe weiter hochzugehen, damit wir Platz haben. Sie machen das auch, und ich merke, dass man uns Sympathie entgegenbringt – man ist froh, dass wir den Mann abholen, dass der Spuk im Kellergeschoss bald ein Ende hat. Traurig.

Der Rest ist schnell erledigt. Den Verstorbenen in den Bestattungswagen zu legen, die Klappe zu schließen, das dauert nur wenige Minuten. Ein Hausbewohner kommt und bringt ein Tablett mit vollen Schnapsgläsern: »Den werden Sie jetzt brauchen.« Da hat er recht!

Zu Hause ist erst einmal Duschen angesagt. Die Kleider fliegen komplett in den Wäschesack, doch ich habe das Gefühl, als röche ich trotzdem immer noch nach fauligem, muffigem Müll.

Herr Huber macht sich in unserem Versorgungsbereich direkt daran, den Verstorbenen zu waschen und ansehnlich zu machen. Er wird zwar nicht aufgebahrt, aber der Mann ist so schmutzig, das kann man nicht so lassen.

Später am Tag kommt Frau Klemperer, man sieht es ihr an, dass es ihr peinlich ist, wie wir ihren Bruder vorgefunden haben.

Vor zwölf Jahren hat ihn seine Frau verlassen, was der Mann nicht verkraftet hat. Wenige Monate später kam er in die Psychiatrie, blieb dort ein halbes Jahr und bekam dann von der Stadtverwaltung eine kleine Wohnung zugewiesen. Frau Klemperer erzählt, ihr Bruder habe sich von der Regierung verfolgt gefühlt und sei fest davon überzeugt gewesen, dass er alles Mögliche sammeln müsse, um sich für eine Belagerung zu wappnen. Schon die erste Wohnung habe er verwahrlosen lassen und mit Sammelgut vollgestellt.

Damals wurde er wieder in die Psychiatrie eingewiesen, doch das war dann auch das letzte Mal. Eine zweite Wohnung folgte, die verlor er auch wieder und bekam dann die jetzige Wohnung zugewiesen, die der städtischen Wohnungsgenossenschaft gehört. »Da konnte man ihn nicht so einfach rausschmeißen, und in die Psychiatrie kam er ja auch nicht mehr. Die haben gesagt, solange er niemandem was tut, kann man da nichts machen.«

Alle paar Monate habe der Hausverwalter das Gesundheitsamt gerufen und in Abständen von etwa zwei Jahren sei die Wohnung zwangsweise komplett entrümpelt und von einer Hygienefirma »entwest« worden.

»Das, was Sie da heute vorgefunden haben, das ist von den letzten 18 Monaten. Der war den ganzen Tag unterwegs und hat gesammelt. Das Zeug hat er dann irgendwo in der Stadt in Büschen und Unterführungen versteckt und abends im Schutz der Dunkelheit in seine Wohnung geschafft.«

Kontakt habe sie kaum noch zu ihrem Bruder gehabt. Der hatte kein Telefon, meldete sich auch nie, und ihr war es irgendwann so peinlich, dass sie sich bewusst nicht mehr gekümmert hat. »Dem war auch nicht zu helfen.«

Das Schlimme allerdings ist, dass Frau Klemperer kein Scheidungsurteil von ihrem Bruder hat. Das benötigen wir aber zur Beurkundung des Sterbefalls beim Standesamt. »Das muss irgendwo in dem ganzen Zeug sein, das er gesammelt hat. Du meine Güte, was kommt da denn jetzt auf mich zu?«, jammert Frau Klemperer.

Ich beruhige sie und gebe ihr die Telefonnummer eines Bekannten, der eine Spezialfirma für Haushaltsauflösungen und Entrümpelungen hat. Der ist sehr zuverlässig, und normalerweise kommt das die Auftraggeber auch recht günstig, weil verwertbare Gegenstände angerechnet werden. In diesem Fall dürfte das anders aussehen, denn Verwertbares wird es nicht geben.

»Das macht nichts«, sagt Frau Klemperer. »Geld habe ich genug, Hauptsache, ich muss da nicht selbst alles nach Dokumenten durchsuchen.«

Noch am gleichen Tag bringen wir den Mann zum Krematorium, besorgen eine vorläufige Genehmigung, und für uns ist damit alles erledigt. Es gibt keine Anzeige in der Zeitung, keine Trauerfeier, nichts.

Was bleibt, ist ein Haufen Müll. Die Entrümpelungsfirma hat vier Tage benötigt, um alles zu entsorgen, Dokumente wurden nicht gefunden. Danach kamen die Entweser, vernichteten alles Ungeziefer, sprühten Gift in die letzten Ritzen und entfernten alles aus der Wohnung bis auf den blanken Putz. Der Geruch soll angeblich geblieben sein. So wenig bleibt manchmal von einem ganzen Menschenleben …

DER WEIHNACHTSMANN IST TOT

Ich schrieb ja bereits, dass Gevatter Tod keine Dienstzeiten kennt und auch an Festtagen wie Weihnachten keine Pause macht. Manchmal sucht er sich aber auch die ungünstigsten Zeitpunkte aus, die man sich vorstellen kann.

ES ist ein Samstag, kurz vor Weihnachten, die Zeit der Weihnachtsfeiern. An diesem Samstag haben wir aus dem »Sauren Hahn« den Weihnachtsmann abgeholt. Er ist halbnackt vom Tisch gefallen, tot.

Die Belegschaft eines innerstädtischen Friseursalons, alles Frauen, hatte sich dort zu ihrer alljährlichen Weihnachtsfeier eingefunden. Zu vorgerückter Stunde, man hatte das Essen schon nahezu endverdaut und dem reichlich angebotenen Alkohol kräftig zugesprochen, kam die große Stunde des Weihnachtsmannes.

Der kam in rot-weißem Mantel, schwarzer Hose, schwarzen Stiefeln und mit prallgefülltem Sack in den Saal und rief wohl ein paarmal: »Hohoho!«

Dann holte er aus dem Sack einen tragbaren CD-Spieler, schaltete ihn ein und hüpfte zu den Klängen von »It's raining men« auf einen der Tische, um sich zuerst den falschen Rauschebart vom Gesicht und dann die Klamotten vom Leib zu reißen.

Mittlerweile wissen wir, dass der Mann einunddreißig Jahre alt war, Maik mit »ai« hieß, aus Greitz stammte und vermutlich nicht »Hohoho« sondern »Höhöhö« gerufen hat. Er soll gerade dabei gewesen sein, seinen Hosengürtel zu öffnen, um die kreischenden Damen mit der Striptease-Nummer, für die er gebucht war, zu erfreuen, da hat er die Augen verdreht und sich wortlos aus dem Leben verabschiedet.

An dieser Tatsache vermochte auch der eilends herbeigerufene Notarzt nichts mehr zu ändern, weshalb die Ordnungsmacht dann uns mit dem Abtransport und der vorübergehenden Gewährung einer adäquaten Bettstatt betraute.

Die oberste der haareschneidenden Tanten meinte ausgerechnet mich fragen zu müssen, ob ich mich da auskenne und wie das denn so sei. Nun ja, mich fragen ja oft irgendwelche Angehörigen auch zu ungünstigen Zeiten so allerlei Dinge. Manchmal stemmen wir gerade einen zwei Zentner schweren Toten durch ein enges Treppenhaus, und dann fragt mich irgendein Neffe, ob ich schon wisse, wann die Beerdigung stattfinde oder wo man denn einen besonders preiswerten Kranz kaufen könne.

Aber die Meisterin der Frisuren fragte: »Wie issen det nu? Ick har ja schließlich für det Tanzen ooch bezahlt. Kriech ick jetzt Ersatz?«

Es ist kalt

Ob ich manchmal auch weinen muss? Na klar!

GEGEN 20 Uhr klingelt es an der Tür, und ich muss mich von meinem bequemen Sofa erheben. Ein Mann steht draußen und entschuldigt sich höflich für die späte Störung. Ob ich ihm ein Kreuz verkaufen könne, fragt er. Ich ahne, was er meint. Er will ein Kreuz und einen kleinen Karton mit roten Friedhofslichtern. Ich frage nicht viel, denn die Leute fangen immer von alleine an zu erzählen.

»Kaffee?«

Er nickt. Ich deute mit dem Kopf auf das Ledersofa in der Eingangshalle, schalte die Kaffeemaschine ein und hole das Kreuz aus dem Lager.

Der Mann hat seine Jacke ausgezogen, und während ich den Kaffee hinstelle, betrachte ich ihn etwas näher. Er sieht gut aus, ist vielleicht in meinem Alter und trägt gepflegte, nicht ganz billige Kleidung. Ich setze mich neben ihn und deute auf das Kreuz, das ich gegenüber an die Wand gelehnt habe.

Er seufzt: »Mein Sohn.«

»Auto oder Moped?«, frage ich, aber er schüttelt den Kopf und sagt:

»Inlineskater.«

»Wie alt?«

»Fünfzehn.«

Er nimmt einen Schluck vom Kaffee, lehnt sich zurück und erzählt. Sein Sohn hat sich am Nachmittag mit einem Freund getroffen, um im Stadtpark mit diesen modernen Rollschuhen zu fahren. Da gibt es einen steilen Weg, auf dem man besonders viel Tempo bekommt und der am Ende ein Stück bergauf geht. Da kann man tolle Sprünge hinlegen, heißt es. Leider mündet der Weg auf eine Straße. Er ist zu mir gekommen, um ein Kreuz zu kaufen, auf das er mit Edding noch »Sven 1992–2007« schreiben möchte, und das will er am Straßenrand in die Erde stecken.

Ich erkläre ihm, dass ich die Schrift für ihn anbringen werde. Normalerweise drucken wir eine Folie mit dem kompletten Schriftzug aus, aber ich habe im Büro nebenan noch einen Setzkasten mit einzelnen Klebebuchstaben, und den hole ich jetzt. Auf dem Weg nehme ich noch die Flasche Kundencognac mit. Schweigend, wie es vielleicht nur traurige Männer können, sitzen wir nebeneinander und basteln aus den Buchstaben den gewünschten Schriftzug zusammen. Ich hebe die Cognacflasche hoch, und er nickt. Einen kleinen Schluck will ich ihm in den Kaffee geben, doch er trinkt seinen Kaffee leer und deutet auf die Tasse: »Den kann ich jetzt gebrauchen.« Ich trinke nicht viel, und Cognac so gut wie nie, aber in dieser Situation schmeckt sogar der. Mann, was haben wir geheult. Wir kannten uns nicht, keiner von uns musste »gockeln«, sondern jeder durfte einfach nur Mensch sein.

Wenn Kinder verunglücken, ist das immer eine riesengroße Scheiße.

Die Flasche war nicht mehr ganz voll, bald ist sie leer. Manfred heißt der Mann, und ich werde seinen Sohn beerdigen.

Am nächsten Abend kommt meine Frau von irgendwelchen Besorgungen nach Hause und sagt zu mir: »Du, da unten sitzt einer auf der Treppe und hat 'ne Flasche dabei.«

Dass da bei uns jemand vor der Tür sitzt und trinkt, das passt mir nicht, das ist kein gutes Bild. Es ist schon beinahe dunkel, und während ich zum Haupteingang gehe, um den Penner zu verscheuchen, schalte ich die Beleuchtung ein. Im aufflammenden Licht sehe ich, dass es Manfred ist. Er wirft mir einen Blick über die Schulter zu, hebt eine volle Cognacflasche hoch und sagt: »Wollte ich zurückbringen, hab mich aber nicht zu klingeln getraut.«

Ich setze mich zu ihm, klopfe eine Zigarette aus der Packung und gebe sie ihm. Feuer hat er selbst, und dann sitzen wir da auf der Treppe und schweigen wieder. Es vergehen bestimmt 15 Minuten, dann sage ich: »Ist kalt, gehen wir rein?«

»Habt ihr ihn schon geholt?«, fragt er, als wir in der Halle stehen. Ja, haben wir. Am späten Nachmittag haben unsere Männer den Jungen von Manfred aus der Pathologie geholt. Der sehe nicht schlimm aus, haben sie mir gesagt. Also sage ich zu Manfred, dass sein Sohn unten ist.

»Ich wollte nur mal gucken, wie er so untergebracht ist.«

Wir fahren mit dem Aufzug runter, und ich zeige Manfred die unteren Räume und das Sarglager. Dann lasse ich ihn auf einem Ballen mit Hobelspänen Platz nehmen, wo er warten soll, während ich ins Kühlhaus gehe. Er muss ja die anderen Toten nicht auch noch sehen, und außerdem will ich erst mal schauen, wie sein Sohn aussieht.

Da liegt er, »Sven B.« steht auf dem Zettel an der Trage. Ich klappe die Seitenteile runter und bin erstaunt. Da liegt der Junge mit strohblondem Haar und ist, soweit man das auf den ersten Blick sehen kann, vollkommen intakt. Zumindest hat er keine Kopf- oder Gesichtsverletzungen.

Ich ziehe die Trage auf ein Rollgestell und fahre Sven hinaus. Langsam erhebt sich Manfred, kommt näher, bleibt einen guten Meter entfernt kurz stehen, dann tritt er schließlich vor die Trage. So ein versteinertes Gesicht habe ich noch nie gesehen, ehrlich nicht. Manfred schaut mich fragend an. Ich weiß nicht genau, was er will, aber ich nicke. Da nimmt er die Hand seines Sohnes, streichelt sie, schließt die Augen und atmet tief durch.

»Kalt«, sagt er. Ich nicke. »Muss wohl so sein«, sagt Manfred. Ich nicke wieder. Was soll ich auch sagen?
»Soll ich Sachen bringen? Zum Anziehen, meine ich?«
»Ja, mach das.«
»Wie ist denn das, wer zieht den denn an?«
»Unsere Männer.«
»Ich meine, das ist zehn Jahre her.«
»Was ist zehn Jahre her.«
»Na, dass ich Sven angezogen hab.«
»Willst du mithelfen, wenn er angezogen wird?«
Manfred schaut mich aus großen Augen an und nickt heftig, während er wohl Tränen hinunterschluckt.
»Kein Problem«, sage ich, »komm einfach morgen vorbei.«
»Ist so kalt, hast du nicht 'ne Decke für ihn?«
Ich deute auf das Regal mit den ganzen Decken und Kissen, und Manfred drückt und knetet sie fast alle, bis er die dickste gefunden hat. Das ist aber ausgerechnet eine, die sich nie verkaufen ließ, mit komischen rosa Maiglöckchen drauf.
»Die ist doch nicht schön«, sage ich.
»Ist egal, die ist warm!«
Wir schieben Sven, der jetzt unter einer dicken Maiglöckchendecke liegt, gemeinsam in den Kühlraum und fahren dann mit dem Aufzug hinauf. Manfred schweigt, bleibt stehen und zögert.
»Ist was?« frage ich, und er nickt: »Können wir das mit dem Anziehen zusammen machen?«
»Klar.«
»Ich mein jetzt.«
»Jetzt? Auch kein Problem.«
»Gut, dann geh ich jetzt die Sachen holen.«
Keine zwanzig Minuten später ist Manfred wieder da, hat eine Plastiktüte in der Hand, und ich sehe, dass er Angst hat vor dem, was da auf ihn zukommt.

Ich lege einen Arm um ihn und sage: »Komm!«

Wenig später stehen zwei erwachsene Männer im gekachelten Keller eines Bestattungshauses und heulen wie die Schlosshunde. Vor lauter Tränen sehen wir kaum, was wir da machen, und trotzdem tun wir es richtig und in aller Ruhe. Man(n) muss da nichts sagen ...

»Jetzt ist ihm aber wirklich nicht mehr kalt«, sage ich, etwas Besseres ist mir nicht eingefallen.

Manfred nickt und meint: »Ihm nicht, aber mir ...«

Ohne weitere Worte schieben wir den Jungen wieder in die Kühlkammer und fahren mit dem Aufzug hoch.

Ich weiß nicht, wie lange wir in meinem Büro einfach so dagesessen haben, ohne auch nur ein Wort zu wechseln. Dann steht Manfred unvermittelt auf, und ich bringe ihn zur Tür.

Er kommt noch einmal herein, umarmt mich und drückt mich fest an sich, dann geht er hinaus, winkt kurz über die Schulter und schlurft die Straße runter.

Ist wirklich kalt draußen.

Schneewittchen einst im Sarge lag

Ich finde, ein Bestatter hat seine Arbeit dann gut und richtig gemacht, wenn der Verstorbene anständig unter die Erde gekommen ist und die Angehörigen sagen, dass alles richtig gemacht worden ist und sie zufrieden sind. Damit das so ist, müssen wir oft genug über unseren eigenen Schatten springen, denn manchmal unterscheiden sich die Vorstellungen der Angehörigen von Trauer doch schon erheblich von unseren. Schlechte Bestatter wiegeln dann gleich ab und sagen, das gehe alles nicht, gute Bestatter versuchen, die Wünsche auf jeden Fall zu erfüllen. Manchmal ist das aber gar nicht so leicht.

LANGE graue Haare hat er, obwohl er erst um die dreißig Jahre alt ist. Ein bisschen komisch sieht er schon aus mit seinen roten Turnschuhen und der grünen Hose. Ständig fährt er mit einer Hand durch die Haare, die ihm in die Stirn fallen, mit der anderen Hand nestelt er immer in der selbstgestrickten Umhängetasche herum, die an seiner rechten Seite hängt. Der Gurt dieser Tasche läuft quer über seine Brust.

»Diesen hier nehmen wir!«, ruft er sichtlich erfreut aus und lacht meckernd, während er eine Reihe gelber Pferdezähne entblößt. Dabei deutet er auf einen unserer Särge.

Deshalb ist er nämlich gekommen: Seine Mutter ist verstorben, und zwar in einem Altersheim im Siegerland, wo sie die letzten beiden Jahre lebte, ganz in der Nähe ihrer Tochter, also seiner Schwester. Und genau diese Schwester, eine Frau Doktor Hildegard Rabenacker-Sommerloch, hatte bei mir angerufen. Wir möchten doch bitte einen Fahrer losschicken und die Verstorbene aus dem Siegerland hierher überführen; ihr Bruder komme bald vorbei, um einen Sarg auszusuchen, und genau in diesem Sarg müsse die Mutter geholt werden.

Nun hat er also einen Sarg ausgewählt: Modell Kennedy, ein amerikanischer Klappsarg und zugleich die größte Truhe, die wir haben. Die Bezeichnung »Klappsarg« bedeutet nicht etwa, dass man sie zusammenklappen könnte wie ein Klappfahrrad, sondern der zweigeteilte Deckel kann bei der offenen Aufbahrung am oberen Teil aufgeklappt werden.

3000 Euro soll der kosten – für einen solchen Ami-Sarg ist das ein wahres Schnäppchen.

»Nee, nee, so viel wollen wir nicht ausgeben, wir nehmen den da!«

Wieder blitzt das Pferdegebiss auf, er fährt sich durch die Haare, nestelt an seiner Tasche und hibbelt die ganze Zeit von einem Fuß auf den anderen. Jetzt hat er sich für unseren günstigsten Sarg entschieden, der käme auf 278 Euro und sieht für das Geld gar nicht mal schlecht aus. »Pappelholz«, sage ich. Ich sage immer Pappelholz, denn wenn ich nur Pappel sage, verstehen die Leute immer Pappe. Dem Pferdegebiss ist der Sarg nicht teuer genug – als er den Preis hört, sagt er: »Dann nehmen wir den da!«, und deutet auf die Adenauer-Truhe. Die Adenauer-Truhe ist einer jener Särge, die man als Bestatter im Ausstellungsraum stehen hat, aber niemals verkauft. Es ist ein üppig geschmücktes Riesenmodell mit schweren Schnitzereien, goldfarbenen Beschlägen und wiegt vermutlich zweieinhalb Tonnen. Aus dem Holz, das da dran ist, baut man in Kanada ganze Blockhäuser. Wir haben den eigentlich nur als Dekoelement herumstehen, und da wir sowieso an die vierzig verschiedene Modelle ausgestellt haben, können wir es uns erlauben, den absolut übertevert auszuzeichnen.

Er soll quasi das unbezahlbare Spitzenmodell darstellen und den Leuten, die sich ohnehin für eines der teureren Modelle interessieren, ihre Entscheidung erleichtern. Man darf nicht vergessen, wir haben ein kaufmännisches Unternehmen, und man muss sehen, wo man bleibt.

»Der soll es also sein?«, erkundige ich mich, und er nickt heftig. Gut so, ich nehme mein Klemmbrett und will das notieren, da hüpft er durch den Raum, bleibt vor einem grauen Sarg stehen und ruft: »Ha! Ein grauer Sarg muss es sein!«

Eine Stunde später fährt sich der mit dem Pferdegebiss immer noch durch die Haare, tippt zum siebenundvierzigsten Mal auf einen anderen Sarg und freut sich, endlich das passende Modell gefunden zu haben, um zwei Minuten später wieder einen ganz anderen Sarg toll zu finden. Ich habe mich längst hingesetzt und sehe dem Treiben von einem der Beratungstische aus zu. Mimi, die Putzfrau, hat mir inzwischen einen Kaffee gebracht und mal kurz um den Pferdemann herumgewischt. Jetzt muss ich der Sache ein Ende machen, denn wir müssen ja auch noch die Innenausstattung aussuchen und den Rest besprechen.

»Schauen Sie«, frage ich, »wie groß ist denn Ihre Mutter?«
»So eins sechzig etwa.«
»Dann können wir diese Särge in dieser Reihe hier alle nicht nehmen, die sind zu groß, da rutscht sie dann hin und her«, erkläre ich ihm. Das stimmt zwar nicht, denn wir wollen mit der Frau im Sarg ja nicht Achterbahn fahren, aber irgendwas muss jetzt passieren.

»Ach nee, dann nehmen wir die nicht, das will ich nicht, nee, welchen soll ich denn nehmen?«

Ich deute auf eine mittlere Truhe, Nadelholz in Mahagoni gebeizt. Sie sieht sehr edel aus, macht was her und ist gar nicht so teuer. Oh Wunder, er will die, ich stehe schnell auf, nehme den Zettel vom Sarg ab und schiebe den Pferdemann schon fast mit Gewalt zu den Decken und Kissen: »So!«

Es steht zu befürchten, dass er sich wieder nicht entscheiden kann oder will. Mal soll es etwas Geblümtes sein, mal klassisch weiß mit Rüschen, dann was mit Spitze und dann die anthrazitfarbene Ausstattung für Herren. Mir ist das ja egal, aber wenn der noch lange macht, ist die Mutter im Altersheim im Siegerland schon mumifiziert! Ich tippe auf die weiße Ausstattung mit Spitzenrand und sage: »Zu dem Sarg, den Sie ausgesucht haben, passt diese hier am besten.«

»Ja, dann nehmen wir die!«

Zack, schon hab ich ihn aus dem Ausstellungsraum hinausgeschoben, damit wir nebenan den Rest besprechen können und er bloß nicht mehr in die Versuchung kommt, seine Entscheidungen zu ändern. Ich schaue auf die Uhr: Insgesamt anderthalb Stunden bisher, na ja. Über das Telefon rufe ich eine Mitarbeiterin herein und gebe, ganz entgegen dem sonstigen Betriebsablauf, einen Zettel mit dem Namen des Sarges und der Innenausstattung weiter, damit sie diese Sachen richten und nichts mehr geändert werden kann.

Eigentlich brauche ich es zu nichts, aber manchmal frage ich die Leute einfach nach ihrem Beruf. Für das Standesamt muss ich sowieso alles abfragen, Geburtsdaten, Namen, Wohnorte, alles eben. Er sei Dichter von Beruf. Dichter, interessant! Was er denn so dichte, frage ich. Ja, er schreibe Verse aus der Bibel auf kleine Zettel und verteile die an gute Menschen in der Fußgängerzone, manche gäben ihm dann einen Euro oder so. Ah ja!

Der hat einen Schlag, denke ich mir und hoffe inständig, dass er nicht entmündigt ist.

Den angebotenen Kaffee lehnt er ab, er trinke seit fünfundzwanzig Jahren nur abgekochtes Rheinwasser. Davon hole er sich jede Woche zwei, drei Kanister, koche die ab, wasche sich damit und dann trinke er es, wegen der Energie. Jau!

Vom weiteren Ablauf hat er konkrete Vorstellungen. Die Verstorbene sollen wir am nächsten Morgen im Siegerland abholen, hierher auf den Friedhof bringen, wo sie offen aufgebahrt werden solle, damit alle von ihr Abschied nehmen können, auch die Leute von der Kirche. Von welcher Kirche, erkundige ich mich, und er erklärt mir, dass er, seine Mutter und seine Geschwister der Kirche von »Herz Jesu Blut« angehören, die sein verstorbener Vater selbst gegründet habe. Ja, wer denn da dann die Trauerfeier mache, will ich wissen, ein normaler Pfarrer oder wie oder was? Na, das sei ja wohl sonnenklar, das mache er, er sei der Bibelfeste und Intellektuelle in der Familie.

Ich muss sowas abnicken und ganz ernst bleiben, nicht mal mit der Wimper zucken, er nimmt das ja anscheinend alles ganz ernst. Er komme dann morgen, wenn die Mutter hier bei uns sei, nochmals vorbei und bringe das Brautkleid. Denn seine Mutter solle als unbefleckte Braut Jesu in den Himmel auffahren, und da müsse sie ein Brautkleid tragen und einen Schleier und eine Schärpe. Aber das mit der Schärpe könne auch bis zum Nachmittag dauern, weil er da noch was draufsticken will.

Machen wir alles.

Am nächsten Tag ist eingeplant, dass unser Herr Mölbert gegen 5 Uhr morgens losfährt, um spätestens 8 Uhr die Verstorbene aus dem Heim zu holen. Doch daraus wird nichts. Ich liege noch im Tiefschlaf, es ist kaum 3 Uhr, da geht mein ganz geheimes, ganz privates Telefon, das Telefon, von dem jeder meiner Mitarbeiter weiß, dass, wenn er da wegen was Unwichtigem anruft, sofort die standrechtliche Erschießung droht.

Es ist unser Mann, der Telefondienst hat. »Chef, wir müssen sofort ins Siegerland fahren, das Altersheim hat angerufen. Die haben gesagt, wenn wir nicht sofort die Tote da abholen, rufen die die Polizei.«

Ich lasse mir die Nummer vom Heim geben und rufe da an. Eine Schwester Ignatia meldet sich, vom Namen her also offensichtlich eine Nonne. Wir sollen uns doch bitte beeilen, die Angehörigen dieser verstorbenen Frau seien wohl religiöse Eiferer. Man habe die Verstorbene dort im Heim gewaschen und frisiert, und nun säßen etwa zehn Leute um die Tote herum und würden schon seit Stunden lauthals religiöse Erbauungslieder singen. »Die anderen alten Leute hier im Heim wollen doch auch irgendwann mal schlafen!«

Kaum zwanzig Minuten später hat Herr Mölbert, dem das gar nicht passte und den ich erst mit 50 Euro extra versöhnen muss, den Sarg eingeladen und fährt los. Etwa zwei Stunden, vielleicht zweieinhalb wird er brauchen. Während er unterwegs ist, ruft das Heim noch zweimal an, wann denn der Mann endlich käme, das sei nicht auszuhalten, und die Sänger ließen sich nichts sagen. Kurz vor sieben ruft mich Mölbert, der wieder auf der Rückfahrt ist, an und meldet, die Oma liege jetzt endlich im Sarg. Das sei noch ein Kampf gewesen, weil die Angehörigen so abgedreht gewesen seien, die hätten singend den Sarg begleitet und die ganze Nachbarschaft rebellisch gemacht.

Etwa um 10 Uhr ist der Wagen bei uns auf dem Hof, der Sarg wird ausgeladen und in unsere Räume gebracht. Mölbert nimmt den Deckel ab und sagt mir, ich solle mir DAS mal anschauen. Offenbar haben die Angehörigen die Verstorbene gewaschen, gebürstet und ihr die Haare noch gefärbt. Zumindest ist die ganze Stirn mit Haarfarbe verschmiert, auch aus den Haaren ist die Farbe nicht richtig ausgewaschen, dunkelrot.

»Bringt das in Ordnung!«, sage ich, und die Männer in der Werkstatt nehmen sich der Ärmsten an. Auf dem Sektionstisch wird sie nochmals gewaschen, die Haare ausgespült, und nur unter Mühe gelingt es, die Farbe wieder auszuwaschen, die man – wie wir jetzt sehen – auch in den Nacken und in die Ohren geschmiert hat. Nach einer knappen Stunde sieht die Gute ganz annehmbar aus.

Vorne im Büro wartet das Pferdegebiss und bringt mir das

Brautkleid. Das habe er ganz günstig »secondhand« bekommen – und so sieht es auch aus. Es muss irgendwie jahrelang bei einer Raucherfamilie im Schrank gehangen haben, jedenfalls ist es auf einer Seite vollkommen gelb verfärbt. Den Schleier habe er über Nacht aus einer Gardine selbst genäht, und die Schärpe habe er schon in Arbeit, die bringe er am Nachmittag. Jetzt müsse er aber los, weil er noch Handschuhe und Schuhe besorgen müsse. »Moment«, sage ich. »die Verstorbene kommt ja jetzt anschließend auf den Friedhof.« Ja, das mache nichts, er habe schon mit dem Friedhofswärter gesprochen, und man habe ihm gesagt, er könne selbstverständlich der Toten noch Handschuhe und Schuhe anziehen, wenn sie aufgebahrt ist, außerdem bräuchten wir die Verstorbene nicht zu schminken, das mache er ebenfalls selbst.

Meine Güte!

Unsere Männer ziehen der Frau das Brautkleid an, es muss aus den Siebzigern sein, denn es ist eins in Mini-Ausführung, also ganz kurz. Untenrum sieht das nicht schön aus, wirklich nicht, aber da liegt ja die Decke drüber. Der selbstgefertigte Schleier besteht aus einem zwei Meter langen Stück Gardinenstoff, der an einem Ende grob zusammengerafft ist und mit einem blauen Bindfaden zusammengeschnürt wurde. Herr Mölbert und Herr Huber bringen es fertig, dass das gar nicht mal schlecht aussieht.

Nun denn, bringen wir sie auf den Friedhof.

Der Termin steht, Blumen hat man keine gewollt, die Trauerfeier macht das Pferdegebiss selbst, und somit ist für uns nichts mehr zu tun. Trotzdem terminiere ich es so, dass eine Mitarbeiterin am Tag der Trauerfeier zum Friedhof fährt, um alles zu überwachen. Jetzt ist es Dienstag, die Beerdigung soll am Freitag sein.

Am Mittwoch ruft mich einer von den Friedhofswärtern an.

So gehe es nicht! Nein, das sei jetzt zu viel! Man habe ja nichts dagegen, dass die Angehörigen in die Aufbahrungszelle kommen, um die Verstorbene auch mehrfach zu besuchen, aber das hier sei mit der Würde einer Toten nicht vereinbar.

Ich fahre da hin, habe ein paar Zwanziger in der Jackentasche, damit kriegt man von den Friedhofsmännern alles. Der Dicke, der immer nach Schweiß riecht, nimmt wortlos den Schlüssel vom Haken und schließt mir die Kapelle auf, neben der Kapelle sind die Aufbahrungszellen. Gleich in der ersten liegt die »Braut«, und er sagt: »Da liegt unser Faschingsschneewittchen!«

Ich schaue ihn vorwurfsvoll an, wie kann er so respektlos sein! Als die Tür aufschwingt, bekomme ich einen Schreck. So was habe ich auch noch nicht gesehen und »Faschingsschneewittchen« ist noch geschmeichelt.

Das Pferdegebiss hat seiner Mutter einen grünen Stoffschal quer über die Brust gelegt, in den er sehr ungelenk mit Goldfaden eingestickt hat: »Ich komme, ich komme.« Da steht zwar noch hinten dran »Herr Jesus, in Dein Reich«, aber das sieht man nicht, weil dieser Teil des Schals seitlich verschwindet. Mit Lippenstift hat er der armen Toten den Mund angemalt, aber mehr so um die Lippen herum als auf den Lippen selbst.

Es sieht grotesk aus. An den Händen hat die Verstorbene lange weiße Seidenhandschuhe, allerdings hat man an diesen Handschuhen die Fingerspitzen abgeschnitten. Die Fingernägel sind grellrot lackiert und ebenfalls mehr so außen herum als direkt auf den Nägeln. In den Händen hält die Tote einen Blumenstrauß aus Plastik – solche Plastikblumen, wie man sie früher auf dem Rummel an der Schießbude bekommen hat, grauenvoll. Das Fußende der Decke hat man umgeschlagen, und unten schauen die nackten dünnen Beine der Verstorbenen heraus, an den Füßen trägt sie viel zu große rote Stöckelschuhe.

Ich muss mich festhalten und tief durchatmen, so etwas habe ich wirklich noch nicht gesehen. »Ist das denn erlaubt?«, fragt mich der schwitzende Dicke, und ich nicke stumm. Was soll man denn machen?

»Der ist aber noch nicht fertig, der will heute noch ein paarmal kommen, und vielleicht bringt der die Sänger wieder mit, die singen hier immer, das geht doch nicht.«

»Okay«, sage ich, »lassen Sie die heute noch machen und sagen Sie denen, dass der Sarg heute Abend zugemacht werden muss, erfinden Sie irgendwas, sagen Sie, das sei wegen dem Seuchenschutz oder so.«

Ich drücke ihm einen Zwanziger in die Hand, und er nickt. Erleichterung macht sich auf seinem Gesicht breit.

Abgesehen davon, dass der Mann mit dem Pferdegebiss seine Mutter in sehr eigenwilliger Weise zurechtgemacht hat, ist erst mal nichts weiter passiert.

Der Freitag kommt, meine Mitarbeiterin ist am Friedhof und gibt mir via Handy Zwischenberichte. Jetzt sei der Sarg noch einmal geöffnet worden, und die etwa dreißig Anwesenden gingen der Reihe nach in die Aufbahrungszelle. Alle fänden es wunderschön und so natürlich, wie die Tote da liege. Als der Deckel wieder geschlossen wird, weil der Sarg in die Kapelle geschoben wird, sage ich zu meiner Mitarbeiterin, sie solle noch ein paar Minuten der Trauerfeier beiwohnen und könne dann wieder ins Büro kommen. Ab dann kann ja nichts mehr schiefgehen. Zur festgesetzten Zeit, also nach knapp 20 Minuten, werden die Friedhofsmänner den Sargwagen zum Grab schieben, und dann ist es schnell vorbei.

Eine Stunde später – meine Mitarbeiterin ist längst wieder zurück – ruft der schwitzende Dicke an: »Sofort herkommen! Polizei! Unmöglich!«

Ich gebe Gas (für irgendwas müssen die vielen PS in meinem

Wagen ja gut sein). Am Tor erwarten mich schon der Dicke und sein kleiner italienischer Kollege. Der Dicke schwitzt, der Italiener hüpft wie ein Vögelchen im Käfig hin und her. »Misse was mache, nixe gehte merr, die nixe machene Schluss!«

In der Trauerhalle sitzen die Angehörigen. Von irgendwoher haben sie sich lange Palmwedel besorgt. »Von wegen besorgt! Die haben die sich vorne am Haupteingang von der großen Phönixpalme einfach abgerissen!«, wettert der Schwitzdicke.

Mit diesen Palmwedeln wedeln die jetzt schon eine halbe Stunde herum und singen dazu. Mehrfach habe man versucht, den Sarg herauszuschieben, aber immer werfe sich eine der anwesenden Frauen weinend auf den Boden und klammere sich an den Sargwagen.

Ich suche das Pferdegesicht. Der hat sich aus einer weißen Tischdecke oder einem Bettlaken einen Umhang gemacht und sieht aus wie Batman mit weißem Cape. Offenbar glaubt er aber, das sehe aus wie ein würdiges Priestergewand.

Egal, ich hole mir das Bürschen und frage ihn, wie es denn jetzt weitergehe. Ja, noch so ein Stündchen würde das gehen, meint er. Man habe ja noch nicht alle Lieder durch. »Nee, nee, da fängt bald die nächste Trauerfeier an, Sie machen jetzt innerhalb von drei Minuten fertig, und dann geht's zum Grab!«

Ich gehe ans Sprecherpult, wende mich an die Singenden und harre auf eine Sangespause. Als diese eintritt, räuspere ich mich und erkläre, dass wir der Verstorbenen nun genügend gehuldigt haben und die weitere Zeremonie dann am Grab stattfinden würde, und um zu zeigen, wie wichtig uns allen die liebe Verstorbene sei, würde ich nun den Ablauf der weiteren Zeremonie in die Hand nehmen.

Ich sehe und höre keinen Widerspruch, also drücke ich den verborgenen Knopf unter dem Rednerpult, der die Klingel bei den Sargträgern auslöst. So schnell waren die noch nie da! Ruckzuck ist die hintere Tür der Kapelle geöffnet und der Sarg draußen. Würdig laufe ich hinter dem Sarg her, der pferdegesichtige Batman hinter mir und hinter ihm die palmwedelnde Gemeinde.

Am Grab warte ich, bis die Sargträger den Sarg vom Sargwagen gehoben und auf die querliegenden Bretter gestellt haben, dann spreche ich einige Sätze. Ich sage etwas von der Vergänglichkeit des Fleischlichen, dass aber die Seele weiterlebe und die liebe Verstorbene jetzt ganz gewiss zum Herrn Jesus gehen würde. Die Trauergäste weinen und sind sehr ergriffen. Ich nicke dem dicken Schwitzmann zu, und die Männer tun ihre Arbeit, indem sie den Sarg in die Grube hinablassen. Ich bete ein Vaterunser – das kennen die auch und beten mit –, nehme dem Batman seinen Palmwedel ab und werfe ihn ins Grab (den Wedel, nicht den Batman). Ich verneige mich vor dem offenen Grab, trete an die Seite, und alle tun es mir nach, weil sie denken, das gehöre sich jetzt so. Wer weiß, vielleicht habe ich auf diese Weise eine neue Tradition in dieser Kirche ins Leben gerufen.

Um alles zum Abschluss zu bringen, greife ich mir einen Zipfel vom Batman-Gewand, ziehe den Pferdemann mit mir und marschiere langsam zum Ausgang des Friedhofs. Im Augenwinkel sehe ich, dass mir die Trauergemeinde folgt. Prima!

Vor dem Friedhof steht man beisammen, ist sehr ergriffen. Eine Frau steuert auf mich zu, stellt sich als die Tochter Frau Doktor Rabenacker-Sommerloch vor und bedankt sich wortreich und nicht unintelligent für die wunderschöne Zeremonie. So eine tolle Trauerfeier habe sie ja noch nie erlebt, das hätten wir ja alles so perfekt organisiert, und sie habe schon das Geld dabei. Sie drückt mir einen Umschlag in die Hand.

Na denn, ist ja gut gelaufen.

Kennedy und falsche Russen

Ob denn auch schon einmal so richtig etwas schiefgegangen ist, wollen viele Leute wissen, wenn sie mich mal ausfragen können. Ach ja, natürlich. Als Bestatter ist man der Eventmanager des Todes und begleitet die Familie als Organisator durch doch recht umfangreiche Familienfeiern.
Da gibt es nicht nur Dutzende, sondern Hunderte von Fettnäpfchen, in die man treten und in die man hineingeschubst werden kann.
Wenn du zwei Minuten vor der Trauerfeier auf einem eilends vom Gärtner noch herbeigebrachten Kranz den Schleifentext liest: »Linke Seite fett in Liebe und Dankbarkeit, rechts in schmal Anna« dann bist du machtlos, dann hat dich ein stümperhafter Schleifendrucker aber so was von in die Jauche geritten, und alles wird an dir hängenbleiben. Aber manchmal schafft man sich auch selbst Probleme, die man gar nicht hätte zu haben brauchen.

»WIR sollen eine CD mit den Lieblingsliedern des Verstorbenen abspielen«, sage ich am Telefon zum Friedhofsverwalter einer kleinen Gemeinde im Umland.

»CD-Spieler. Hammwer!«, sagt er, und ich höre, wie er beim Notieren meiner Angaben mitspricht: »Zeeeh Deeeeh Spiiiieler, Oooooorgaaaaa-nist ... «

»Nee«, sage ich, »kein Organist, wir bringen eine CD mit.«
»Jaja, CD-Spieler, hammwer da.«
»Dann brauchen wir doch aber keinen Organisten.«
»Und wer soll die CD auflegen?«

»Ich zum Beispiel.«

»Nö nö nö nö nö (fünfmal!), das muss jemand machen, der Ahnung davon hat.«

»Also CDs habe ich schon häufiger eingelegt«, wehre ich alle Zweifel an meiner Kompetenz ab.

»Höhö, aber nicht bei uns!«

»Wieso? Das kann doch nicht so schwer sein.«

Ich beharre absichtlich darauf, die CD selbst abspielen zu können. In großen Städten ist es sinnvoll, das – gegen eine entsprechende Bezahlung – den Organisten machen zu lassen. Es ist ja meist so, dass der morgens um acht Uhr kommt und dann eine Trauerfeier nach der anderen durchorgelt. Wenn jetzt drei oder vier Familien zwischendurch CDs mitbringen, hätte der Organist in dieser Zeit nichts zu tun, wäre umsonst gekommen, und ihm würde natürlich auch die fest einkalkulierte Einnahme fehlen. Das gleicht man behördlicherseits dadurch aus, dass man entweder den Einsatz des Organisten auch beim CD-Abspielen vorschreibt oder für die Benutzung der kommunalen CD-Anlage eine entsprechende Gebühr verlangt.

Aber Obacht! Viele Gemeinden verlangen eine ganz beträchtliche Summe für das Orgelspiel, von der sie aber nur einen Bruchteil an den Organisten weitergeben. Der Organist kann, muss aber nicht, mit der Kirchengemeinde in Verbindung stehen, weshalb man ruhig darüber nachdenken sollte, ihm ein separates Trinkgeld zu geben. Am besten macht man das vor der Trauerfeier über den Bestatter. Dann hat man auch sehr gute Karten, wenn man eigene Liedwünsche hat. Wie bei allen größeren Familienereignissen kommen ja ohnehin durchaus spürbare Kosten auf einen zu, da werden die vielen Helfer mit ihrer teils schlechten Bezahlung oft vergessen oder als vollkommen selbstverständlich hingenommen. In manchen Gemeinden werden dem Organisten gerade einmal 20 oder 30 Euro gezahlt. Dafür muss er zum Friedhof fahren, die gewünschten Noten bereithalten, spielen, zum Teil das jämmerliche Instrument erst zum Spielen überreden und nochmals eine Fahrt nach Hause absolvieren. Wer sich davon überzeugen möchte, wie wenig da 20, 30 oder gar 40 Euro sind, der sollte mal bei irgendeinem Musiker anfragen, was er denn für einen 20-minütigen Auftritt so verlangt.

Aber in diesem aktuellen Fall wusste ich, dass der Organist schon sehr betagt ist und das Orgelspiel auf dem Friedhof als lästige Pflicht empfindet und froh ist, wenn er seine alten Knochen nicht mit seinem altersschwachen Fahrrad durch die Kälte zum Friedhof schaukeln muss.

»Na denn«, lenkt der Friedhofsverwalter ein: »Meinetwegen legen Sie eben die CD ein. Aber die 12 Euro für die Benutzung unseres Abspielgerätes müssen Sie auf jeden Fall bezahlen. Lieber wäre es mir allerdings, wenn das unser Organist machte.«

»Das kriege ich schon hin.«

»Ja, aber der CD-Spieler, der hat so seine Tücken.«

»Dann zeigen Sie mir halt, worauf es bei dem Gerät ankommt.«

»Jau, Meister, det mok ick dann.«

Der Tag der Beerdigung ist gekommen. Ich bin früh da, richte den Sarg, ein paar Tücher und Kerzenständer, achte darauf, dass die Kränze gut plaziert sind, und gehe dann mit der CD zum Friedhofsverwalter. Der führt mich in den Gang mit den Leichenzellen und schließt mir die letzte Zelle, direkt neben der Trauerhalle, auf.

In dieser Zelle hat man einen Durchbruch in der Wand zur Trauerhalle gemacht und auf der Seite der Halle mit einer hölzernen, durchbrochenen Verkleidung versehen. Dahinter steht die betagte Orgel.

»Jau, und hier hammwer das gute Stück«, sagt der Verwalter

und deutet auf einen tragbaren CD-Player mit Radio, Kassettendeck und zwei angehängten Boxen. »Das Ding muss man beim Abspielen rechts ein bisschen hochheben, die Klappe mit der CD müssen Sie festhalten, und den Stecker der linken Box muss man mit einer Hand nach unten drücken, sonst hat der keinen Kontakt, und es krächzt aus beiden Boxen ganz scheußlich.«

Das hatte ich mir anders vorgestellt, und ich ärgere mich, dass ich nicht unseren eigenen Abspieler mitgebracht habe. Manni, unser Fahrer, ist Funkamateur und hat mal eine kleine Kiste zusammengelötet, die hinten alle passenden und unpassenden Anschlüsse aufweist, vorne an unseren Player angeschlossen werden kann und die Brücke zu allen möglichen Hallenverkabelungen darstellt. Wir haben sogar eigene Boxen mit Stativständern. Alles das hätte ich mitbringen können ... hätte ich, habe ich aber nicht ...

Der Pfarrer hüstelt an der Tür und hält mich für einen Organisten. Ich kann zwar Orgel spielen, aber an dem betagten Instrument ist ein Manual mit grauem Klebeband zugeklebt und am verbliebenen stehen mehrere Tasten in einem abenteuerlichen Winkel ab. Darauf werde ich bestimmt nicht spielen, doch der Pfarrer will unbedingt »So nimm denn meine Hände« haben, das bekommt er sonst immer, und ohne dieses Lied kommt seine Ansprache nicht in Fahrt, weil er seit zweiundzwanzig Jahren in seiner Trauerrede auf dieses Lied Bezug nimmt und immer dieses Lied bekommt.

Der Friedhofsverwalter weiß einen Ausweg: »Wir haben eine CD mit dem Lied. Hier ist sie, es ist das elfte Lied.«

So sitze ich da auf einem wackeligen, hölzernen Hocker in einer ehemaligen Leichenzelle, schiele durch die Wandverkleidung und kann vom Pfarrer nur die Füße sehen. Die Trauergäste sitzen bereits, der Pfarrer scharrt mit den Füßen, und ich jongliere mit der friedhofseigenen CD. Wie war das noch mal? Die Klappe muss man festhalten, den Stecker hinten herunterdrücken und das Gerät dabei auf einer Seite anheben. Ich bräuchte unbedingt noch eine dritte Hand!

Es muss bescheuert ausgesehen haben, aber mir blieb keine andere Wahl, als mit der Nase auf die Play-Taste zu drücken.

»So nimm denn meine Hände« klingt eigentlich anders, was in erster Linie daran liegt, dass ich Lied Nummer 10 abspiele und das ist eindeutig der Hochzeitsmarsch. Vor Schreck lasse ich die schiefgehaltene Konstruktion los, die Musik verstummt schlagartig, es krächzt in den Boxen, und ich drücke schnell die Weiter-Taste. »11« steht im Display, wieder die Klappe andrücken, den Stecker hinunterdrücken und dabei das Gerät irgendwie leicht anheben. Das Andrücken der Klappe mache ich dieses Mal mit dem Knie, so habe ich eine Hand frei, um Play zu drücken. Es mag seltsam aussehen, aber mich sieht ja keiner, und endlich spielt auch das Hände-Lied.

Als das vorbei ist, hält der Pfarrer seine Ansprache, und ich nutze die kurze Zeit bis zum nächsten Titel auf der anderen CD, um mich in der Leichenzelle umzusehen. Es muss doch irgendetwas geben, was ich unter das Gerät legen kann, damit ich es nicht immer auf einer Seite anheben muss.

Ich entdecke zwei gläserne Windlichter auf der Fensterbank, befreie diese grob von den Spinnweben der letzten drei Jahrhunderte und bastele sie unter den CD-Player, wunderbar, das passt!

» ... darum lasset uns jetzt Einkehr halten«, endet der erste Teil der Pfarrerrede, und das ist für mich der Moment, das erste Lied von der mitgebrachten CD abzuspielen. Klappe andrücken, Stecker runterdrücken, es klappert, die Windlichter schießen mit Schallgeschwindigkeit gegen die Wand, zerschellen dort, und es klirrt und scheppert fürchterlich. Der CD-Player kracht auf den Tisch, weil nun die Windlichter, die ihn eben noch oben hielten, ihre stützende Funktion gegen eine zerstörerische Flugbahn in Richtung Wand eingetauscht haben. Durch das

Aufschlagen der hochgestellten Seite auf die Tischplatte kommt der CD-Player in Gang und spielt von der mitgebrachten CD »Die bekanntesten Märsche der Welt« nicht den Trauermarsch, den sich die Angehörigen gewünscht haben, sondern »Hail to the Chief«, die Melodie, mit der für gewöhnlich der Präsident der Vereinigten Staaten von Amerika in der Öffentlichkeit begrüßt wird.

Ich füge mich in mein Schicksal, lasse die Präsidentenhymne eine Weile laufen und blende sie dann mit dem Lautstärkeregler aus. Der Pfarrer fährt in seiner Ansprache fort, und ich wechsle die CD. Auf dem Programm steht das »Ave-Maria«, gesungen von Ivan Rebroff. Von der CD-Hülle grinst mich der inzwischen längst verstorbene Russe aus Berlin, der 96 Oktaven alleine schon mit dem Bauchnabel intonieren konnte, grinsend unter seiner überdimensionalen Fellmütze als Ersatz für eigenes Haupthaar an.

Während ich noch überlege, ob da was dran ist, dass mir die Gemüsefrau erzählt hat, der sei in Wirklichkeit schwul gewesen, und ich mich der Frage zuwende, ob mich oder sonstwen das überhaupt etwas angeht, merke ich, dass es in der Trauerhalle ruhig geworden ist. Ui, der Pfarrer ist fertig! Also schnell die Klappe andrücken, den Stecker runterdrücken und das Gerät anheben. Knie an der Klappe und Nase auf die Taste geht zusammen nicht, ich bin zu fett, zu groß, zu unbeweglich! Dennoch schaffe ich es, mit dem Daumen auf Play zu drücken und der Russenimitator singt tatsächlich das »Ave-Maria«! Na endlich! Wenigstens ein Lied klappt!

Ich muss noch ein Lied spielen, ganz am Ende, wenn der Sarg rausgefahren wird. Also schneller CD-Wechsel. Welche Nummer war das noch mal? Ich will wenigstens jetzt den Trauermarsch abspielen. Ach ja, Nummer acht!

Die Totenglocke beginnt dünn zu bimmeln, es rumpelt in der Halle, die Sargträger sind also da. Genau der richtige

Moment um ... na, man ahnt es schon ... die Klappe anzudrücken, den Stecker nach unten zu drücken, das Gerät leicht anzuheben und auf Play zu drücken. Ja und Nummer acht war natürlich exakt die Nummer, die ich vorhin schon mal im Display gesehen habe, und so kommt es, dass an diesem Tag, an dem alles schiefgelaufen ist, nun endlich ... zum zweiten Mal die Präsidentenhymne »Hail to the Chief« gespielt wird.

Der Pfarrer wirft mir nach der Beerdigung einen Blick zu, der töten könnte, ich bin so was von nassgeschwitzt, und der Friedhofverwalter grinst mich an, und seine Blicke sagen: »Tja, ich hab's dir doch gleich gesagt!«

Mir ist danach, irgendwem in den Arsch zu treten, einen unschuldigen Baum zu fällen oder eine Sau zu schlachten, irgendetwas Archaisches muss ich heute unbedingt noch tun!

Da pirscht sich von halbrechts hinten der Sohn des Verstorbenen an mich heran, der Sohn, der mir die CDs gegeben hat und sagt über meine Schulter hinweg leise: »Nur mal so nebenbei: Wenn meine Mutter Sie fragt, also wegen der Musik, meine ich, dann sagen Sie bitte, ich hätte die ausgesucht, das hat ihr nämlich so gut gefallen.«

Und schon steuert die Witwe, eben vom Grab zurückgekehrt, auf mich zu und schüttelt mir mit Tränen in den Augen die Hand: »Mein Mann hat ja die Kennedy-Musik bekommen, ach was schön, so schööööön!«

Tja, man muss halt ein Profi sein, oder?

Daniela und Beat

Die folgende Geschichte erzähle ich immer denjenigen, die meinen, unser Beruf sei vielleicht langweilig, und wir hätten es im Grunde den ganzen Tag nur mit toten alten Leuten zu tun. Die Toten beschäftigen uns dabei in Wirklichkeit nur eine recht kurze Zeit, am meisten haben wir mit den Hinterbliebenen zu tun, und da wir Sterbefälle nicht nur nach Schema F abwickeln, sondern stets auch ein offenes Ohr haben, erleben wir so manches Schicksal mit.

BEAT. Zunächst glaube ich an einen Schreibfehler, doch dann fällt mir ein, dass die Eidgenossen ja die Angewohnheit haben, ihren männlichen Nachkommen etwas andere Namen zu geben als wir.

»War Ihr Mann Schweizer?«, frage ich deshalb die junge Frau, die da vor mir sitzt. Ich will sie nicht so anstarren, aber es fällt mir schwer, den Blick von ihr zu wenden. So eine schöne Frau habe ich selten gesehen. Blond ist ja sonst nicht so meine Farbe, aber sie ist eine von den Blonden, die keine andere Haarfarbe haben dürften. Ein schmales, scharf geschnittenes Gesicht, hohe Wangenknochen und schmale, aber ausdrucksvolle Lippen, zwei kleine Grübchen auf den Wangen und Augen so blau wie das Mittelmeer an einem schönen Sonnentag.

»Nein«, sagt sie, und ihre Stimme klingt einfach phantastisch. »Er ist Deutscher, ich glaube, der Opa war Schweizer.«

Die junge Frau heißt Daniela, ist gerade einmal 29 Jahre alt und angestellte Apothekerin. Ihr Mann Beat ist gestern Abend gestorben, er hat sich nach dem Abendessen in seinen neuen Audi gesetzt, wollte es, wie er sagte »mal richtig krachen lassen«, womit er meinte, dass er versuchen wollte, eine verkehrsarme Stelle auf der Autobahn zu erwischen, um herauszufinden, wie schnell sein Auto fährt.

Das mit dem Krachenlassen hat geklappt.

Als unsere Männer an den Unfallort kamen, war es schon nach 22 Uhr. Die Feuerwehr hat Teile des Daches vom Audi abschneiden müssen und mit Hydraulikstempeln die Karosserie auseinandergedrückt. Das viele Blut an Airbag, Armaturen und Sitz zeigt, dass Schlimmes zu erwarten stand.

Die Retter und der Notarzt müssen vor Ort noch fast eine Stunde um das Leben des Mannes gekämpft haben. Es sei aber ein absehbarer und aussichtsloser Kampf gewesen, den man zwar hat kämpfen müssen, den man aber nicht gewinnen konnte.

Fix und fertig sind die Rettungskräfte, die Polizisten haben versteinerte Gesichter, nur einer überspielt den Schrecken mit Schnoddrigkeit und weist unseren Fahrern mit einer Taschenlampe den Weg.

Der Audi ist als solcher gar nicht mehr zu erkennen, und nicht weit davon entfernt steht der Rettungswagen, in dem der Verstorbene in unseren Transportsarg umgeladen werden kann.

»Also hundertvierzig hat der draufgehabt, eher mehr, dann ist der links auf die Begrenzungslinie gekommen, muss hier drüben an die Leitplanke gekommen sein, hat dann einen Drall nach rechts gekriegt und ist quer über die drei Spuren da hinten erst vor die Schilderbrücke und dann vor den Pfeiler«, erklärt der Schnoddrige und schreibt sich den Namen unseres Institutes in sein Notizbuch.

Sandy schlägt im wahrsten Sinne des Wortes die Hände über dem Kopf zusammen, und wir stehen da und wissen, dass viel Arbeit auf uns zukommt. »Hoffentlich will den keiner mehr sehen«, sagt sie, und ich stimme ihr zu. »Machen wir ihn erst mal sauber«, sage ich, und wir beginnen, den Leichnam zu waschen, erst dann kann man sehen, wie schlimm es wirklich ist.

Es ist wirklich schlimm.

»Hören wir mal, was morgen die Angehörigen sagen, und dann sehen wir weiter«, sage ich, und wir bedecken den Toten mit einem weißen Tuch und schieben ihn in die Kühlkammer.

Die Angehörigen? Es gibt nur Daniela und einen Vater, und ich bin froh, dass sie uns den Auftrag erteilt. Die Pietät Eichenlaub, dieses wenig geliebte Großunternehmen mit seinen vielen Filialen, zieht nämlich seit einigen Monaten durch die Altenheime und Kirchengemeinden und macht sogenannte Vorsorgeberatungen. Das sind reine Reklameveranstaltungen, und die haben eben nicht nur zum Ziel, möglichst viele Bestattungsvorsorgeverträge abzuschließen, sondern auch aktuell Sterbefälle zu bekommen. Wir merken das ein bisschen, und so ist es jetzt schon zweimal vorgekommen, dass wir zwar einen Verstorbenen vom Unfallort abgeholt haben, dann aber am nächsten Tag die Angehörigen zur Pietät Eichenlaub gelaufen sind, weil die derzeit auch mit einem »Komplettpreis von nur Euro 599,-« werben.

Es hat zwar noch keiner so eine billige Bestattung dort bekommen, aber zunächst glauben die Leute das ja.

Aber Daniela bleibt bei uns, das ist gut so, und umso mehr will ich mich bemühen, alles besonders gut zu machen, damit sie zufrieden ist.

»Wir haben gerade erst unser Haus bezogen, und für das kommende Jahr hatten wir das erste Kind geplant. Bis dahin wären wir aus dem Gröbsten raus gewesen. Und jetzt das!«

Sie weint und tut das auf die vornehme Art, mehr so in sich hinein, fast schon verschämt.

»Weinen Sie ruhig, das tut gut«, sage ich und gehe einfach mal nach nebenan, lasse ihr die Zeit, lasse sie ein bisschen alleine.

Nach kurzer Zeit komme ich wieder, schaue sie nur an, und sie putzt sich nochmals die Nase. »Ich kann das alles gar nicht glauben, der ist nicht tot, der kann doch gar nicht tot sein, der kann mich doch jetzt nicht alleine lassen …«

Beats Vater war am Morgen mit einem Polizeibeamten da gewesen, und Sandy hatte den Verstorbenen notdürftig hergerichtet. Der Vater hatte nur stumm genickt und war sogleich wieder verschwunden, der Polizist gab uns den Namen des zuständigen Staatsanwaltes. Der aber wollte den Fall schnell vom Tisch haben; es ist nur ein Unfall, der Mann kann bestattet werden.

Seitdem arbeitet Sandy an dem jungen Mann, und das ist auch gut so, denn unvermittelt richtet sich Daniela auf und sagt: »Ich muss ihn sehen!«

Ich weiß, was in ihr vorgeht, sie kann es einfach nicht glauben, sieht die Welt derzeit wie durch Watte und kommt sich vor, als spiele sie eine Rolle in einem Film, ohne das Drehbuch zu kennen.

So ist das nämlich oft, wenn jemand stirbt. Bestatter, Polizei, Friedhöfe, alle nehmen einem alles aus der Hand, es läuft nach einem festgelegten Schema ab, von dessen Stationen man keine Ahnung hat, es läuft sozusagen an einem vorbei, und man hat nicht die geringste Chance, daran teilzuhaben. Einmal darf man vielleicht kurz in der Zelle auf dem Friedhof einen Blick auf einen Leichnam werfen, der einmal ein Geliebter, ein Mann, ein Vater oder ein guter Freund war. Der Bestatter wird sein Bestes gegeben haben, der Tote sieht anständig aus, aber er sieht nicht aus wie der Mensch, den man gekannt hat, fremd, anders, unecht irgendwie; und das bestärkt einen dann noch darin, dass das alles gar nicht wahr sein kann. Es fehlt auch die Zeit, alles muss schnell gehen, man kommt gar nicht zur Ruhe, bekommt gar nicht die Gelegenheit, ganz langsam loslassen zu können, Abschied zu nehmen und seinen Frieden mit der beschissenen Situation zu machen.

»Kommen Sie!«, sage ich, biete ihr meinen Arm an und führe sie zum Aufzug. Wir fahren hinunter. Ich habe extra nicht unten angerufen, habe den Verstorbenen nicht in eine Aufbahrungszelle legen lassen, ich möchte, dass Daniela mit dem Tod konfrontiert wird. Dann kann der Schrecken sich lösen und dann können wir Schritt für Schritt all das ermöglichen, was nötig ist, um ihr den Abschied wenigstens ein bisschen zu erleichtern, ja um diesen Abschied überhaupt erst zu ermöglichen.

Unten angekommen, stehen wir im großen Sarglager, ich führe die junge Frau zu den Särgen, zeige ihr mal, was es da so gibt, nicht im Detail, mir geht es nur darum, dass sie versteht, dass wir in der Realität sind. Dann geht es an den Regalen mit den Decken und Hemden vorbei in Richtung der Kühlkammern. Manni schließt die Türen, als er uns kommen sieht, und stößt einen leisen Pfiff aus. So ist Sandy vorgewarnt, und als wir um die Ecke biegen, hake ich Daniela unter und führe sie in den gekachelten Raum mit den Edelstahlmöbeln, in dem Sandy gerade noch an Beat gearbeitet hat. Nackt, nur mit einem grünen Tuch bis unters Kinn bedeckt, liegt er da. Die Augen sind geschlossen, und von den schweren Gesichtsverletzungen ist nichts mehr zu sehen. Nein, er liegt nicht da, wie man es von den Leichen aus dem Krimi kennt. Das sind lebende Menschen, die nur so tun, als ob sie tot seien. Ein richtiger Toter sieht anders aus, da sieht man, dass da kein Leben mehr in ihm ist.

Daniela bleibt kurz stehen, sagt: »Beat!«, dann schlägt sie die Hände vor das Gesicht, und ich habe das Gefühl, als ob ihre Knie nachgeben. Manni ist sofort zur Stelle, wir stützen sie, aber es hat nur den Bruchteil einer Sekunde gedauert, dann steht sie wieder fest, geht einen Schritt vor, schaut, geht noch einen Schritt vor und streckt ihre Hand aus, so als ob sie ihren Mann berühren wolle, doch es fehlt ein Zentimeter.

Mit diesem Zentimeter Abstand lässt sie ihre Hand über sein ganzes Gesicht gleiten, dann zieht sie sie zurück, schaut Sandy an und meint: »Ist das nicht ein hübscher Mann? Was meinen Sie?«

Sandy nickt: »Ja, ein klasse Typ.«

Unvermittelt dreht Daniela sich um, und wir gehen wieder, fahren nach oben und sitzen wenig später wieder im Beratungsraum.

»Wie geht es weiter?«, will sie wissen, und ich sage ihr, dass es genau so weitergeht, wie sie es sich wünscht.

»Ich habe doch keine Ahnung«, sagt sie, »ich war als Kind einmal auf der Beerdigung meiner Oma und weiß doch gar nicht, was man da so alles macht.«

Ich schlage ihr vor, dass wir einfach mal einen Sarg aussuchen und dann gemeinsam überlegen, wie der grobe zeitliche Ablauf sein soll. Gerne möchte ich nämlich, dass Daniela nach Hause geht und in aller Ruhe überlegen kann, morgen werden wir dann gemeinsam ein Abschiednehmen erarbeiten.

Sie entscheidet sich spontan für einen großen Sarg in schwarzem Klavierlack. Der sei genauso glänzend und schwarz wie der Audi.

Ein Totenhemd will sie auf keinen Fall. Ich sage: »Dann suchen Sie für ihn aus, was Sie für richtig halten. Bringen Sie morgen einfach alles mit.«

»Soll ich das in einen Koffer tun?«, fragt sie, und ich nicke: »Ja, nehmen Sie einen kleinen Koffer und packen Sie den für Beat, tun Sie da alles rein, was er mitnehmen soll.«

Kurz huscht ein Strahlen über ihr Gesicht, und die schönen blauen Augen leuchten für eine Sekunde auf. Ich habe den richtigen Nerv getroffen.

Mir läuft es kalt den Rücken hinunter. So ist es gut, wir werden den plötzlichen, erzwungenen Abschied in einen langen Abschied verwandeln, in dem wir Daniela ihren Beat auf die letzte große Reise schicken lassen.

Es ist noch viel zu früh, da klingelt es schon, und ich schlüpfe nur in eine schwarze Jogginghose, streife mir ein T-Shirt über und gehe nach unten. Wenn das wieder nur irgendein indischer Pizzazettelverteiler ist, der unseren Briefkasten nicht gefunden hat, bin ich fest entschlossen, Indien durch eine sofortige Handlung davor zu bewahren, China in zwölf Jahren als bevölkerungstärkstes Land zu überholen.

Aber da steht kein schmächtiger Schwarzhaariger, sondern eine zierliche Blonde, Daniela ist gekommen.

Ihr Mantel ist vom Regen ganz durchweicht, ihre Haare sind klitschnass, und in der Hand hält sie einen kleinen, etwas verschossenen Lederkoffer.

»Ich wollte die Sachen für Beat bringen.«

»Kommen Sie herein, Sie sind ja ganz nass«, sage ich und bugsiere Daniela in mein Büro. Dort nehme ich ihr den Mantel ab und hänge ihn nebenan auf den Kleiderständer, den ich vor die Heizung schiebe.

Aus einem Regal greife ich ein Handtuch und bringe es Daniela: »Trocknen Sie sich erst mal die Haare, Sie werden sonst noch krank.«

Dann gehe ich Kaffee machen.

Als ich wieder ins Büro komme, hat sich Daniela aus dem Handtuch eine Art Turban gebunden. Meine Frau macht das auch so, ich werde nie begreifen, wie das hält. Vielleicht stecken sich die Frauen das Handtuch mit Nadeln am Kopf fest, viel kaputtgehen kann da ja nicht, Handtücher sind ja robust.

So sitzen wir da und keiner sagt etwas. Bevor die Stille aber unerträglich wird, sage ich: »Na?«

Daniela zuckt kurz zusammen, sie war mit ihren Gedanken offenbar ganz woanders, obwohl sie mich die ganze Zeit angesehen hat. Ich bilde mir auf so was aber schon lange nichts mehr ein, so viel gebe ich nicht mehr her, als dass sich Frauen mit Blicken an mir festsaugen.

Sie nimmt den Koffer, der neben ihr auf dem Boden gestanden hat, und fragt: »Wollen Sie da mal einen Blick hineinwerfen? Ich weiß nicht, ob ich alles habe. Mir ist so, als hätte ich irgendwas vergessen.«

Ich nehme den Koffer, den die junge Frau für ihren Mann gepackt hat. Diese Sachen sollen ihn also auf der letzten Reise begleiten.

Ich öffne ihn aber nicht, habe ihn auf meinen Knien stehen und überlege, wie es weitergehen soll. Soll ich nun nachschauen, die Sachen kommentieren, oder was soll ich tun?

Besser ist es, beschließe ich, wenn wir das gemeinsam zu Beat bringen, aber ich möchte, dass Daniela zuerst Kaffee trinkt und wenigstens ein paar Kekse isst. Sie macht mir nämlich nicht den Eindruck, als habe sie schon gefrühstückt.

Wenig später sitzen wir vor dampfendem Kaffee, und Daniela kaut brav an einer Puddingschnecke. Die ist zwar von gestern, aber das merkt sie nicht, wiewohl Antonia nachher sicher merken wird, dass da eine Kalorienbombe aus ihrem Arsenal fehlt. Ich hätte Daniela auch trockenes Heu geben können, sie weiß gar nicht, was sie da isst, sie funktioniert wie ein Roboter.

Unvermittelt sagt sie: »Räto hat angerufen.«

»Wer oder was ist ein Räto?«, frage ich, und sie lächelt kurz. »Räto ist mein Schwiegervater.«

»Und zu dem haben Sie kein gutes Verhältnis?«

»Überhaupt keins.«

»Das ist wenig.«

»Pfft, der kann mir gestohlen bleiben.«

»Warum sind Sie sich nicht grün?«

»Ach, das ist eine lange Geschichte«, sagt Daniela, nimmt einen Schluck Kaffee und erzählt dann: »Beat hatte noch einen Bruder, der ist zwei Jahre nach ihm geboren worden und war von Geburt an schwerstbehindert. Er wurde mit offenem Kopf geboren. Wie das aber so ist, bekam er die ganze Aufmerksamkeit der Eltern, die sich praktisch rund um die Uhr um ihn kümmern mussten. Man hatte ihnen gesagt, er würde wohl kaum älter als fünf Jahre werden, so schwer war die Behinderung. Da waren eigentlich alle Organe irgendwie in Mitleidenschaft gezogen. Aber die Eltern schafften es, den behinderten Bruder so gut zu pflegen, dass er nicht starb. Vor drei Jahren, da war der Bruder 25 Jahre alt, versagten die Nieren dann ihren Dienst. Beats Vater hat von Beat verlangt, dass er seinem Bruder eine Niere spendet. Beat wollte zunächst nicht, aber der Alte gab keine Ruhe, und der Druck auf Beat wurde immer größer. Schließlich hat er sich doch bereit erklärt. Beat wollte das nicht, weil der Bruder trotz der Nierenspende nicht mehr sehr lange überlebt hätte. Bauchspeicheldrüse, Magen, Leber, alles versagte allmählich seinen Dienst. Die ganzen Organe waren überhaupt nicht richtig ausgebildet, es ist ein Wunder, dass der Bruder überhaupt so lange gelebt hat. Beat musste dann vor einer Ethikkommission seinen Entschluss zur Organspende begründen. Ja, und die Damen und Herren haben der Lebendspende nicht zugestimmt. Die Bereitschaft dazu sei unter Druck zustande gekommen, und der Spender sei nicht frei von Zweifeln. Beats Vater gab ihm natürlich die Schuld daran, und über den Streit ist der Bruder dann verstorben. Auch daran trug natürlich Beat die Schuld, ist ja klar. Sie können sich vorstellen, dass der Vater von da an mit Beat nichts mehr zu tun haben wollte. Ganz aus war es, als dann kurz darauf auch noch Beats Mutter verstarb. Ein Schicksalsschlag nach dem anderen.«

Das ist heftig. Ich weiß zu wenig von Beats Vater Räto, um

mir ein Urteil erlauben zu können, jedenfalls könnte ich gut verstehen, wenn er verbittert wäre. Für ihn muss die Möglichkeit einer Nierentransplantation so etwas wie ein Strohhalm gewesen sein, nach dem ja sprichwörtlich der Ertrinkende greift. Und wer am Ertrinken ist, wer in einer Notlage, in einer verzweifelten Situation ist, dessen Sinne sind oft getrübt, und der erwartet manchmal von seinen Mitmenschen mehr, als diese leisten können.

»Jedenfalls habe ich von Räto nichts zu erwarten.« Mit diesem Satz reißt mich Daniela aus meinen Gedanken, und sie sagt weiter: »Am Telefon hat er gesagt, dass er die Kosten für die Beerdigung bezahlt, aber dass er nicht kommen wird.«

»Gibt es sonst noch jemanden?«, frage ich, und Daniela schüttelt mit dem Kopf: »Nein, niemanden.«

»Keine Freunde oder Bekannte?«

»Doch natürlich, aber wir sind noch nicht so lange in der Gegend und kennen noch nicht so viele. Sie wissen vielleicht, wie das ist, wenn man heiratet, da gehen so manche Freundschaften den Bach runter.«

»Wenn die Trauerfeier ist, was denken Sie, wie viele Leute kommen werden?«

»Keine Ahnung, vielleicht zehn oder zwölf.«

Mir fällt der Koffer wieder ein, und ich klopfe auf ihn und schaue Daniela fragend an.

»Ja, wir bringen Beat jetzt seine Sachen.«

Ein paar Momente später stehe ich im Gang nebenan; Daniela ist im Damenwaschraum verschwunden, sie will sich die Haare etwas richten und das Geheimnisvolle tun, was Frauen eben in Damenwaschräumen so zu tun pflegen. Es dauert ein wenig, und ich gehe schon mal links den Gang runter zu den Aufbahrungszellen, lasse aber die große Doppeltür offen und stelle den Koffer dorthin, damit Daniela sehen kann, wohin ich gegangen bin.

Seit gestern hat sich ein bisschen was getan. So nackt unter einem grünen Tuch wollten wir der jungen Witwe ihren verstorbenen Mann nicht nochmals präsentieren. Eine Garnitur weiße Unterwäsche haben wir ihm angezogen und ihn in den schwarzglänzenden Sarg gebettet. Mit Kissen und Decke sieht das jetzt schon ganz anders aus als gestern unten im gekachelten Raum.

Aber so wollte ich es haben. Die Frau soll sehen, wie ihr Mann schrittweise auf den letzten Weg vorbereitet wird.

Wenn dann alles fertig und perfekt ist, dann wird sie – so hoffe ich – loslassen können.

Kein Mensch kann ihr die Trauer nehmen, das will auch keiner. Und erst recht will ihr niemand ihre Erinnerungen nehmen. Wir können auch die Leere in ihrem Herzen nicht füllen, und ich kann den leeren Platz an ihrer Seite nicht besetzen. Damit wird sie leben müssen. Was wir aber tun können, ist, dass wir dieses »Mal-eben-kurz-Weggehen-und-nie-Wiederkommen« beseitigen. Jemanden nach einer Krankheit im Krankenhaus sterben zu sehen, oder zu wissen, dass er dort gestorben ist, das ist eine Sache. Viel schrecklicher aber ist es, wenn jemand mal eben nur weggeht und dann nie wiederkommt.

Aber er ist ja da. Beat liegt hier vor mir, und nun werde ich Daniela an die Hand nehmen müssen, damit sie den Prozess des Abschiednehmens mit mir durchlaufen kann. Diesen Schrecken in ihrem Herzen will ich löschen und durch Ersatzhandlungen auffüllen. Handlungen, die vielleicht auf einen Außenstehenden merkwürdig wirken können, die Daniela aber immer in Erinnerung bleiben werden und die so mithelfen, diese Leere wegzufegen.

Ich höre die Tür und drehe mich um, Daniela kommt und hat den Koffer dabei.

Ihr Schritt ist fester als gestern, und sie nähert sich dem Sarg dieses Mal, ohne zu zögern.

Dann bleibt sie stehen, und ich nehme die Sache in die Hand, ergreife den Koffer und lege ihn am Fußende auf die Decke. Das tue ich bewusst, Daniela soll sehen, dass man da keine Berührungsängste haben muss.

»Kommen Sie, packen Sie mal aus!«, sage ich.

Sie lässt die beiden Schnappschlösser des Koffers aufspringen und klappt den Deckel hoch. Zuoberst liegt eine Hose, ich sehe noch Socken und ein Hemd.

»Ist ja gut, dass wir Unterwäsche dahatten«, sage ich, und Daniela ist etwas erschrocken: »Ach Mensch, stimmt ja, Unterwäsche! Daran habe ich gar nicht gedacht.«

»Er hat ja welche«, erwidere ich und beschließe genau in diesem Moment, Beat jetzt anzuziehen.

Ich stelle den Koffer auf den Boden, nehme die Decke weg und ziehe ihm die Socken an. Das kann man ganz gut alleine machen. Aus den Augenwinkeln beobachte ich Daniela. Nein, sie ist nicht abgestoßen, sie schaut eher neugierig. Dann bückt sie sich, nimmt die Hose aus dem Koffer und reicht sie mir. Sie macht also mit, ein bisschen wenigstens, das ist ja schon mal was.

Ich fange an, die Hose über die Beine zu streifen, auch das geht ganz gut alleine. Man muss an den Knien etwas ruckeln, doch dann kommt der Po, und da ist es immer gut, wenn jemand hilft.

Also schaue ich kurz in Danielas Richtung, und die bemerkt meinen Blick sofort.

»'tschuldigung«, sagt sie, und schon ist sie zur Stelle und hilft mir, den Hosenbund über die Hüften zu ziehen.

Für mich ist das nichts Besonderes, ich weiß, wie sich Leichen anfühlen. Aber wie wird Daniela darauf reagieren? Bis jetzt hat sie nur am Stoff gezogen, jetzt aber müssen wir ihm das Hemd anziehen, und dazu muss man den Verstorbenen anfassen.

Sie soll das aber tun, sie soll im wahrsten Sinne des Wortes begreifen, dass Beat tot ist.

Um einem Verstorbenen ein Hemd anzuziehen, gibt es verschiedene Möglichkeiten. Um es jetzt so einfach wie möglich zu halten und Daniela zu ersparen, dass wir Beat komplett aufrichten und ihm die Arme nach hinten biegen müssen, entscheide ich mich dafür, das Hemd hinten aufzuschneiden.

»Ich schneide das Hemd jetzt hinten auf, dann können wir es ihm besser anziehen«, erkläre ich, und Daniela nickt mit großen Augen und meint nur: »Das ist in Ordnung, es ist ja nur zum Liegen.«

Ich knöpfe das Hemd vorne also zu, nur die oberen drei Knöpfe lasse ich offen. Dann schneide ich das Hemd hinten der Länge nach bis unter den Kragen auf. Jetzt kann das Hemd von vorne übergestreift werden. »Stecken Sie ihre Hand durch einen Hemdärmel und dann greifen Sie einfach Beats Hand und ziehen den Arm durch den Ärmel.«

Daniela nickt, und wir tun synchron dasselbe, sie links, ich rechts; und immer beobachte ich sie aus den Augenwinkeln, ich will ihr ja auch nicht zu viel zumuten. Doch sie ist tapfer, zögert nicht einmal in dem Moment, als sie Beats kalte Hand berührt.

Drei Sekunden später sind die Arme durch die Hemdärmel gezogen.

Ich erkläre, wie es weitergeht: »Sie nehmen jetzt beide Hände und heben die Arme von Beat ganz hoch, dadurch bekomme ich hier oben am Kragen genug Spielraum, damit ich ihn über den Kopf ziehen kann.«

Sie hebt, ich ziehe, und ganz kurz darauf hat Beat sein Hemd an. Die Seitenteile stopfe ich an den Seiten etwas fest, Daniela knöpft noch zwei Knöpfe zu und zieht das Hemd glatt. Das hatte ich ihr nicht gesagt, das tut sie aus eigenem Antrieb; gut so.

Wir stecken das Hemd noch in die Hose, zupfen noch mal

hier und noch mal da, dann lege ich die Decke wieder über den Verstorbenen.

»Sollen wir seine Hände falten?«, frage ich, und Daniela überlegt kurz, dann schüttelt sie den Kopf: »Nö, Beat war nicht fromm.«

Ich lege seine Arme auf die Decke, lege die Hände nur ineinander, und dann stehen wir da und schauen ihn an.

Daniela macht einen sehr zufriedenen Eindruck.

»Wollen wir jetzt die restlichen Sachen aus dem Koffer holen?«, frage ich und bin erstaunt, als sie den Kopf schüttelt.

»Nein«, sagt sie, »kann ich das heute Nachmittag machen?«

Sie hat die Regie übernommen, das ist genau das, was ich erreichen wollte!

Ich ziehe mich auf den Gang zurück und lasse sie mit ihrem Mann allein. Sie steht nur da, schaut ihn an, und sie hat begriffen, dass er tot ist. Sie hat ihm seine Sachen gerichtet, so wie eine Frau es tut, wenn ihr Mann auf eine Reise geht.

Es wird seine letzte Reise sein, und ich glaube, dass Daniela das jetzt klargeworden ist.

Räto, Danielas Schwiegervater, sitzt mir gegenüber. Er möchte wissen, was geplant ist, denn er sieht es als Selbstverständlichkeit an, dass er die Beerdigungskosten für seinen Sohn bezahlt.

Ich sage ihm, dass Daniela und ich noch gar nicht näher über den Ablauf gesprochen haben. Das hat auch keine Eile, denn inzwischen hat mir Daniela zu verstehen gegeben, dass es eine Feuerbestattung werden soll. Sie möchte keine Witwe sein, die über zwanzig Jahre einige Quadratmeter Friedhof pflegen muss. Ein kleines Grab für eine Urne tut es auch, hat sie gesagt.

Räto hebt nur die Schultern und lässt sie seufzend wieder sinken: »Soll mir recht sein. Ich gehe da sowieso nicht hin.«

»Nein?«

»Nein, Daniela ist schuld, dass Beat die Organspende verweigert hat. Die mit ihren medizinischen Kenntnissen, das muss von der gekommen sein. Ich hätte mir ja sogar ein Herz herausgerissen, um meinem Sohn zu helfen, aber ich komme ja für Organspenden nicht in Frage, ich hatte vor ein paar Jahren was an der Prostata. Krebs, ist aber nichts mehr nachgekommen. Bei meiner Frau haben die Werte nicht gestimmt, und so blieb nur Beat als möglicher Spender übrig. Weil er nicht gespendet hat, ist mein Sohn gestorben.«

Ich kann dem Mann noch nicht genau sagen, was die Beisetzung kosten wird. Ich weiß noch zu wenig über den Ablauf, das werde ich später erst mit Daniela besprechen. Aber das ist ihm egal: »Ich unterschreibe Ihnen einen Lastschriftauftrag, und Sie buchen einfach die Summe von meinem Konto ab.«

Ich schaue etwas erstaunt, und er versteht das falsch: »Da ist genug Geld drauf!« Er zieht einen Kontoauszug aus der Tasche, streicht ihn glatt und zeigt ihn mir. Es ist eine erstaunlich hohe Summe.

Doch ich sage: »Ich glaube Ihnen, dass Sie über ausreichende Mittel verfügen, aber so eine Blanko-Abbuchung ist eher unüblich. Ich gebe Ihnen unsere Bankverbindung und die Auftragsnummer, und Sie können mir eine Anzahlung überweisen, später bekommen Sie dann die Schlussrechnung.«

Er nickt und steckt den Kontoauszug wieder ein.

Dann unterzeichnet er mir die Kostenübernahmeerklärung und eine Vollmacht.

Ob er seinen Sohn noch einmal sehen will, frage ich, und er schüttelt energisch den Kopf.

So gehen wir also gemeinsam in die Halle, und ich merke an seinem Schritt, dass er noch etwas auf dem Herzen hat.

Fast schon lenkt er seinen Schritt in Richtung der Aufbahrungszellen, dann geht aber ein Ruck durch seine Figur, und er geht zum Ausgang und verabschiedet sich.

Eine Stunde später kommt Daniela, sie scheint mir fast etwas zu gut gelaunt zu sein, jedenfalls lächelt sie mehrmals kurz und spricht auch mehr als bei den vorherigen Besuchen. Sie hat eine kleine Plastiktüte dabei, das seien Sachen, die sie noch vergessen habe und die Beat unbedingt noch mitnehmen müsse.

Bevor wir aber zu ihm gehen können, möchte ich die Bestattung unter Dach und Fach bringen und den weiteren Ablauf besprechen.

Es bleibt dabei: In drei Tagen gibt es eine Trauerfeier in unserem Haus, danach kommt der Sarg zum Krematorium, und in etwa einer Woche setzen wir die Urne in einem Urneneinzelgrab bei.

Wir sprechen über alle Details, und ich bohre und frage immer wieder nach, ich will das jetzt erledigt haben. Denn Frau Büser sitzt mir im Nacken, ohne genauere Termine kann sie nicht planen, und es kommt zu einem Erledigungsstau in diesem Fall. Wenn alles besprochen ist, kann hinter den Kulissen die Organisationsmaschinerie anlaufen. So eine Bestattung ist wie eine kleine Show, vorne passiert das, was die Angehörigen sehen, und damit das perfekt ablaufen kann, geschieht hinter den Kulissen so einiges, und das ist oft mit einem Aufwand verbunden, den die Angehörigen nicht mal ahnen.

Eben habe ich die Endsumme ausgerechnet und hat Daniela den Auftrag unterschrieben, da knistert sie mit ihrer Tüte, und ich merke, dass sie zu ihrem Mann will.

Kaum haben wir den Abschiedsraum betreten, beachtet mich Daniela gar nicht mehr. Es ist so, als besuche sie jemanden im Krankenhaus, den sie schon sehr oft besucht hat. Sie redet mit Beat, setzt sich auf einen der Sessel und packt die Sachen aus der Tüte aus.

Ich bin überflüssig und gehe. Wieder lasse ich die Tür am Gang auf, damit sich Daniela bei den vielen Türen in unserem Haus nicht verläuft.

Frau Büser ist froh, dass sie endlich mehr Informationen hat, kann sie doch nun endlich anfangen, Termine zu machen und alles in die Wege zu leiten. In drei Tagen soll die Trauerfeier stattfinden, bis dahin muss alles unter Dach und Fach sein. Auch das ist eine Kunst, die der Bestatter beherrschen muss. Man darf ja nicht vergessen, dass Beerdigungen oft die größten Familienfeiern überhaupt sind. Allenfalls noch die Hochzeit oder große runde Geburtstage finden die gleiche Beachtung. In manchen Familien sieht man sich überhaupt nur noch auf Beerdigungen.

Ja, und dann denke man doch einmal daran, wie lange im Voraus man andere große Familienfeste plant und wie viel Zeit man auf die Organisation verwendet.

Ein Bestatter organisiert eine zwar traurige, aber doch große Familienfeier für manchmal hundert oder mehr Personen binnen weniger Stunden, denn es kommt ja auch vor, dass nur knapp achtundvierzig Stunden zwischen Eintritt des Todes und der Beerdigung liegen. Damit das aber immer auch reibungslos funktionieren kann, müssen alle Beteiligten oft auf standardisierte Versatzstücke zurückgreifen. Es sind oft die immer wieder gleichen Elemente, die nur neu gruppiert werden, die den Eindruck erwecken, Beerdigungen würden nach Schema F abgewickelt. Der Bestatter kann nicht für jeden Angehörigen das Rad neu erfinden.

Wer mehr haben will, wer es anders haben will, ja, der muss sich auch darüber im Klaren sein, dass dann hinter den Kulissen sozusagen eine ganze Eventagentur zum Einsatz kommt, die Evenagentur des Todes und des Trauerns.

Bei Daniela und Beat habe ich so meine Vorstellungen, wie wir die Trauerfeier gestalten, und ich bin fest davon überzeugt, dass wir es schaffen werden, der jungen Frau einen eindrucksvollen Abschied zu ermöglichen. Ich habe mit ihr besprochen, dass wir die Trauergäste bitten werden, in Reisemänteln oder Ähnlichem zu kommen, jedenfalls nicht in Schwarz. Dann werden wir die Leute auffordern, aufzustehen und nach vorne zu kommen, um »tschüss« zu sagen. Wenn dann alle vorne stehen und sich verabschiedet haben, wollen wir den Sarg zu den Klängen einer passenden Musik hinausfahren, und alle sollen Beat hinterherwinken.

So habe ich es mit Daniela besprochen, und so wird es sicherlich ein richtiger Abschied werden.

Wir werden das gut und richtig machen.

Doch es kommt anders. Während ich im Kopf schon Details der Trauerfeier plane, piepst der Alarm durch unser Haus. Jemand hat in einer der Aufbahrungszellen den Notknopf gedrückt.

In der Halle stoße ich fast mit Frau Büser und Sandy zusammen, und so schnell waren wir selten bei den Abschiedsräumen. Dort treffen wir auf eine heulende Antonia, die in Beats Aufbahrungszelle deutet.

Ich schiebe meine Angestellte beiseite, schaue hinein und mir bleibt beinahe das Herz stehen: Blut, alles ist voller Blut.

Daniela hat sich die Handgelenke aufgeschnitten und liegt leblos am Boden.

Antonia ruft: »Ich glaub, die ist tot!«

Der Notarzt ist erstaunlich schnell da, und dennoch kommt es uns vor, als habe er Stunden gebraucht. Sandy hat Mullbinden um Danielas Handgelenke gebunden, während Antonia draußen auf dem Gang jammert: »Die ist bestimmt tot, die ist bestimmt tot!« Dann bringt Frau Büser sie weg.

Ganz kurz nach dem Notarzt kommt auch ein Rettungswagen, und zu viert arbeiten die Retter im Gang vor den Aufbahrungsräumen an Daniela. Sie haben sie dorthin getragen, die Örtlichkeit mit dem aufgebahrten Beat war ihnen dann doch zu viel.

»Gerade noch rechtzeitig«, hat mir der Arzt zugenickt, und mir fällt ein Stein vom Herzen.

»Wird sie durchkommen?«, will ich wissen, und der Arzt gibt sich hoffnungsvoll: »Ja, ich denke schon, sie hat zwar viel Blut verloren, aber das wird schon. Sie muss jetzt schleunigst ins Krankenhaus.«

Draußen auf der Straße sind dutzendweise Rentner und Hausfrauen zusammengelaufen. Es kommt selten vor, dass in unserer Straße ein Krankenwagen und ein Notarztwagen stehen, und dann noch ausgerechnet vor unserem Haus.

Es sieht gefährlich aus, wie Daniela da abtransportiert wird. Festgeschnallt auf einer Fahrtrage, einer der Retter hält eine Infusionsflasche hoch, und alle beeilen sich sehr.

»Was ist denn da passiert?«, ruft mir eine Nachbarin neugierig zu.

Eine andere fragt noch etwas blöder: »Ist bei Ihnen was passiert?«

Doch den Vogel schießt ein älterer Mann ab, der da fragt: »Na, ist einer Eurer Patienten doch nicht ganz tot gewesen?«

Er lacht meckernd, schaut sich beifallheischend um, und der eine oder andere grinst breit.

Uns ist nicht nach Lachen zumute.

Wir sind alle fassungslos.

Mit dieser Entwicklung hatte niemand gerechnet, konnte niemand rechnen. Die Signale der vorherigen Tage waren doch eindeutig, und es gab keinerlei Anzeichen, dass sie suizidgefährdet sein könnte. Für mich war sie auf dem besten Weg, die Abschiednahme in einer sehr persönlichen Weise zu vollziehen. Ich hatte mir alles so sorgfältig überlegt und war der festen Überzeugung, genau das Richtige zu tun.

Jetzt mache ich mir Vorwürfe.

»Chef, Sie brauchen sich doch wirklich keine Vorwürfe machen, wer hätte das denn ahnen können?«, versucht Frau Büser mich zu beruhigen.

Aber vielleicht hätte ich Daniela nicht alleine lassen sollen.

Doch das tun wir immer, ich empfinde es als unhöflich, bei den Angehörigen wie ein Aufpasser stehen zu bleiben. Vielmehr ist es so, dass sie erst dann richtig Abschied nehmen können, wenn keiner dabeisteht.

Sicher, wir hatten es schon hin und wieder, dass jemand den Anblick dann doch nicht ertragen konnte oder sich in eine so starke emotionale Ausnahmesituation hineinsteigerte, dass wir eingreifen mussten. Wir erinnern uns alle noch an eine Frau, die sich aus lauter Verzweiflung zu ihrem toten Mann in den Sarg gelegt hatte, und wir vergessen auch den Mann nicht, der sich weigerte, die Aufbahrungszelle wieder zu verlassen.

Für solche Fälle haben wir ja die Aufbahrungsräume mit kleinen, unauffälligen Kameras, Gegensprechanlagen und einem Alarmknopf ausgestattet.

»Wenn irgendwas ist, drücken Sie einfach hier auf diesen Knopf«, sagen wir immer und zeigen den Leuten dann die grüne Taste der Gegensprechanlage. »Im Notfall betätigen Sie einfach die rote Taste hier.«

Es kommt selten vor, dass das passiert, aber als Antonia Daniela leblos vorgefunden hat, war es mal wieder so weit.

Zwei Stunden später rufe ich im Krankenhaus an, man will mir aber keine Auskunft geben. Dabei will ich doch nur wissen, wie es Daniela geht.

Ich lasse Sandy noch mal dort anrufen, und Sandy sagt einfach, sie sei die Schwester von Daniela, und bekommt erstaunlicherweise sofort Auskunft: Daniela sei noch nicht wieder zu sich gekommen, aber ihr Zustand sei stabil.

Wenigstens etwas, wir sind alle ein bisschen beruhigt, aber ich mache mir natürlich immer noch Vorwürfe.

Den ganzen Tag über kann ich mich nicht richtig konzentrieren und bin mit den Gedanken bei Daniela. Die junge Frau tut mir so leid. Ich habe ja von Berufs wegen mit dem Tod und mit der Trauer zu tun, da bleibt es natürlich auch nicht aus, dass man über das eigene Ableben nachdenkt. Damit komme ich ganz gut klar, aber wenn ich darüber nachdenke, dass meine Frau sterben könnte oder gar eines der Kinder – nein, daran mag auch ich nicht denken.

Daniela ist erst Ende zwanzig und schon Witwe. Sie und Beat waren in einem Alter, in dem man beginnt, Pläne für die Zukunft zu machen. All diese Pläne sind nun über den Haufen geworfen, nichts davon ist mehr real.

Der Tag geht zu Ende, und im ganzen Haus herrscht eher eine gedrückte Stimmung. Es ist so, wie sich Außenstehende ein Bestattungshaus vorstellen, dabei geht es doch sonst bei uns immer ganz lustig zu.

Am nächsten Tag muss ich mir Gedanken machen, wie es nun weitergeht. Beat liegt mittlerweile in einem anderen Abschiedsraum, denn die Kammer, in der er ursprünglich stand, muss renoviert werden. Das macht Manni mit seinem Schwager Helmut, und auch Carlos Gastro-Poda, der langsamste Handwerker, den ich kenne, will dabei helfen.

Im vorderen Teil muss der Teppichboden raus, er ist hellgrau und nun voller Blut. Es ist erstaunlich, wie viel Blut ein Mensch verlieren kann, ohne zu sterben. Das müsste mal einer meiner kleinen Tochter sagen, die stirbt schon fast, wenn nur ein Tropfen Blut aus einer kleinen Fingerwunde austritt.

Unsere Aufbahrungräume sind im hinteren rechten Teil des Gebäudes neben der Trauerhalle untergebracht. Von der Trauerhalle gibt es zwei Türen, die zum Gang vor den Zellen führen, so können die Angehörigen vor einer Trauerfeier hin und her gehen und Abschied nehmen.

Jeder Aufbahrungsraum ist etwa 2,20 Meter breit und ungefähr doppelt so lang. Die hintere Hälfte hat einen Steinfußboden und kann durch eine herunterfahrbare Trennwand abgeteilt werden. Das muss so sein, denn der hintere Teil kann gekühlt werden, wobei sich immer Kondenswasser niederschlägt. Im vorderen Teil herrschen warme Farben, Teppichboden und bequeme Sitzmöbel vor.

Dort würde ohne die Trennwand alles feucht und klamm, und es wäre dort auch bitterkalt. Natürlich schalten wir die Kühlung vor dem Besuch von Angehörigen ab, zünden Kerzen an und spielen auch manchmal leise Musik über die Lautsprecher ein.

Im hinteren Teil, wo der Sarg steht, können wir wegen der Kälte leider nur künstliche Pflanzen aufstellen, aber die kleinen Lebensbäume sind fast schöner als echte.

Solche Aufbahrungsräume gibt es mittlerweile in vielen Bestattungshäusern, das ist auch notwendig, denn die Abschiednahme auf öffentlichen Friedhöfen kann niemals so intensiv und persönlich sein wie bei uns. Auf einem Friedhof hier in der Nähe ist es sogar so, dass man den Verstorbenen nur durch eine Glasscheibe hindurch anschauen darf. Die Angehörigen nennen die verglasten Zellen abschätzig Aquarium. Und sie haben recht. Viel anders als im zoologischen Schauhaus sieht das nicht aus. Man hat keine Gelegenheit, an den Sarg heranzutreten, den Verstorbenen zu berühren oder ihm ein paar Blümchen oder Abschiedsgeschenke in den Sarg zu legen.

Bei einem Bestatter sieht das dann doch ganz anders aus. Wir versuchen immer herauszufinden, was den Angehörigen guttun würde.

Die einen wollen einen schnellen Abschied, ihr Besuch beim Verstorbenen ist ein schneller Blick, um ihn noch einmal gesehen zu haben, dann ist für sie die Sache erledigt. Andere jedoch wollen mehr, sie möchten Zeit dort verbringen können, sich die Last von der Seele reden, vielleicht noch einmal die kalten Hände streicheln oder dem Verstorbenen einen letzten Kuss geben.

Ja, darf man das denn?

Ja, man darf. Keiner muss, aber jeder kann, wie er mag.

Es ist klar, auf einem öffentlichen Friedhof geht eine individuelle Abschiednahme kaum, da kann man meistens eben nur mal schauen, fertig.

Frau Sauerbrey, an die wir uns hier sehr gut erinnern, kam drei Tage lang täglich und erzählte ihrem Mann wenigstens jeweils zwei Stunden lang irgendwelche Geschichten. Sie trank Kaffee, saß da, schimpfte auch mit ihm, kämmte ihn jeden Tag, und dann am dritten Tag kam sie und sagte, dass sie ihm nun alles mal gesagt habe, was ihr noch auf dem Herzen gelegen hätte: »Nun können Sie den Deckel zumachen!«

Andere Leute kommen und bringen die Enkel mit, manchmal recht kleine Kinder, die dürfen dann ihrem Opa oder ihrer Oma noch einmal ein selbstgemaltes Bild oder ein kleines Briefchen in den Sarg legen, und manchmal hat nach dem Besuch der Angehörigen der Verstorbene auch ein Kuscheltier im Arm oder ein anderes schönes Andenken in den Händen.

Ob der Verstorbene davon etwas hat oder etwas davon mitbekommt, das werden wir selbst alle eines Tages erfahren. Aber eins ist sicher, die Überlebenden, die haben etwas davon. Die gehen von hier mit dem Gefühl weg, etwas getan zu haben, etwas erledigt zu haben, einen Schlusspunkt gesetzt zu haben. Und das ist gut so.

Daniela wollte ich genau auf diesen Weg führen, wollte ihr das plötzliche Wegreißen des geliebten Mannes nehmen und in eine langsame Abschiednahme umwandeln. Mir schien sie genau auf diesem Weg zu sein, und dann versucht sie sich hier das Leben zu nehmen. Unfassbar!

Was soll ich nun tun? Sollen wir die Trauerfeier verschieben? Wird Daniela daran teilnehmen können? Wird Räto, der Schwiegervater, jetzt das Ruder in die Hand nehmen?

Ich kann unmöglich viel länger warten, irgendetwas muss passieren, jemand muss eine Entscheidung fällen.

Die Situation belastet uns alle. In der Kühlkammer liegt Beat und wartet auf seine Verabschiedung, und die beiden einzigen Personen auf dieser Welt, die diese wichtige Arbeit leisten können, stehen dafür nicht zur Verfügung.

Seine Frau Daniela ist im Institut für psychische Gesundheit von Professor Vogelsang, und sein Vater Räto will mit ihm nichts zu tun haben.

Jetzt steht es in den Sternen, wann wir die Trauerfeier für Beat machen können.

Räto ist heute Morgen hier bei uns erschienen und brachte völlig überraschend ein Paar Schuhe für seinen Sohn.

Nur schnell abgeben und schnell wieder verschwinden ...

Doch ich lasse ihn nicht gehen, sondern bitte ihn freundlich zu mir ins Büro, lasse mir die Schuhe aushändigen und betrachte sie. Es sind nagelneue und sicherlich nicht billige Herrenschuhe.

»Er muss ja was an den Füßen haben«, sagt Räto, und ich nicke und sage: »Sicher.«

Dann schaue ich Beats Vater in die Augen und schweige einfach. Der Mann ist ja nicht einfach so über Nacht auf die Idee gekommen, seinem toten Sohn ein paar Schuhe zu kaufen. Warum nur Schuhe? Warum kein Anzug? Nein, das ist eine Art Ersatzhandlung, die zeigt, dass er doch ein gewisses Interesse für den Verstorbenen hat.

Mir kommt eine Idee, eine einfache Idee, die es aber wert ist, ausprobiert zu werden: »Kommen Sie, dann schauen wir mal, ob sie ihm passen!«

Ich achte gar nicht darauf, ob Räto etwas sagt oder etwas sagen will, schon bin ich an ihm vorbei und schaue mich auch nicht um, ob er mir folgt. Ich weiß, dass er ganz verdutzt geschaut hat, und ich höre ihn hinter mir schwer atmen, aber ich gehe deshalb nicht langsamer; bloß jetzt den Sog nicht schwächer werden lassen.

Tür auf, Licht an, und während die Trennwand der Kühlung hochfährt und die Kälteanlage etwas klappernd abschaltet, trete ich einfach beiseite, stelle die Schuhe vor Beats Sarg am Fußende auf den Boden und gehe am Sarg vorbei nach hinten, schiebe den Vorhang etwas weg, der die hintere Tür verdeckt, und gehe hinaus. Ich überlege kurz, was ich jetzt machen soll. Vielleicht nehme ich einfach ein Set mit Schminkutensilien und pudere Beat noch einmal. Irgendetwas Unverfängliches, Alltägliches sollte ich tun, damit Räto warten und so bei seinem Sohn sein muss.

So nehme ich die kleine Schminkmappe, öffne die schwere Kühlraumtür, die in der hinteren Aufbahrungsraumwand ist, und bleibe wie angewurzelt stehen: Räto kniet neben dem Sarg seines Sohnes, beide Hände auf der Kante des Sarges, den Kopf auf die Brust herabgesunken, und ich glaube, er weint leise.

Ich gehe zwei Schritte rückwärts, ziehe den Vorhang zu, schließe die schwere Tür und gehe durch den hinteren Gang und eine andere Aufbahrungszelle wieder in die Halle.

Es vergeht eine Viertelstunde, und ich will gerade nach Räto sehen, da kommt er auch schon langsamen Schrittes aus dem Seitentrakt. Ich stehe auf, will den Mann in mein Büro führen und ihm ein heißes Getränk anbieten, es war ziemlich kalt im Aufbahrungsraum.

Doch wie ich Räto entgegengehe, breitet er plötzlich seine Arme aus, ergreift mich, drückt mich an sich und weint mir in den Kragen.

»Danke«, ist alles, was er sagt, dann gewinnt die Contenance Oberhand, und er löst sich von mir, nimmt meine Hand, schüttelt sie mit festem Druck und sagt wieder: »Danke, vielen Dank!«

Eine Stunde lang sitzen wir dann beieinander, und Räto ist gelöst, so wie ich ihn zuvor noch nicht erlebt habe. Der wichtigste Satz, den er sagt, ist: »Ich habe doch nur noch ihn gehabt und jetzt muss ich auch ihn gehen lassen, ohne ihm alles sagen zu können.«

Ich rede mit ihm, und es gelingt mir, ihn dazu zu bringen, zu sagen: »Nun ist Daniela das Einzige, was mir geblieben ist. Ich fahre jetzt sofort zu ihr. Ich glaube, ich habe viel wiedergutzumachen.«

Dass er zu dieser Erkenntnis gekommen ist, darauf brauche ich mir nichts einzubilden. Der Knoten muss irgendwann im Verlaufe des vorherigen Tages geplatzt sein, die Schuhe waren ein Zeichen dafür. Ich habe ihm nur die goldene Brücke gebaut, und jetzt muss er über diese Brücke gehen. Die ersten Schritte hat er jedenfalls gemacht.

Da wir nicht weiterwussten, hat Sandy Beat in der Zwischenzeit einbalsamiert, Räto hatte dazu sein Einverständnis gegeben. Diese Maßnahme wurde dringend wichtiger, denn die Zeit schritt voran, und mit ihr setzen langsam auch Veränderungen am Verstorbenen ein, die dringend aufgehalten werden mussten.

Es wäre sonst auch kaum möglich gewesen, den Termin für die Trauerfeier mit dem Sarg noch länger hinauszuzögern.

Morgen, am Karfreitag, soll sie nun stattfinden. Ein ungewöhnlicher Termin, aber in der privaten Trauerhalle eines Bestatters geht auch das, und großartig kirchlich orientiert ist die Familie auch nicht.

Ganz früh heute Morgen hat Räto seine Schwiegertochter am psychiatrischen Institut abgeholt, und sie sind, so erzählte er mir später, schweigend nebeneinanderher zum Auto gelaufen. Dass es überhaupt so weit kommen konnte, dass Räto und

Daniela zusammengekommen sind, das bedurfte allerdings einiger beiderseitiger Überwindung.

Daniela ist nicht irre, sie war auch nicht weggesperrt, und man hatte ihr außer leichten Beruhigungsmitteln auch keine Medikamente verabreicht. Der Aufenthalt im Institut diente der Feststellung, inwieweit sie wieder gefestigt ist, um möglichst ausschließen zu können, dass sie wieder Hand an sich legt.

Gegen elf Uhr sitzen mir beide gegenüber, Daniela schön wie eh und je und Räto sehr gelöst. Wie anders Menschen aussehen, wenn sie lächeln.

Keineswegs macht Daniela einen gestörten Eindruck, sie entschuldigt sich bei uns für die Unannehmlichkeiten, für den Schrecken, den sie uns eingejagt hat, und begründet ihre Handlung so: »Ich wollte ihn einfach nicht alleine gehen lassen. Ihn einfach nur zu verabschieden, das wäre in diesem Moment für mich zu wenig gewesen, ich wollte ihn auf seiner letzten Reise begleiten.«

Vorsichtig erkundige ich mich: »Und dann wollen Sie ihn heute wieder besuchen?«

»Ja unbedingt! Sie brauchen keine Angst zu haben, ich werde nichts dergleichen wieder tun. Die Trauer war da noch so frisch, ich war nicht ganz bei Sinnen. Irgendwie erschien mir das als einziger Ausweg, ich fühlte mich so allein. Räto, verzeih mir, aber vor allem weil ich auch von deiner Seite keine Hilfe zu erwarten hatte, fühlte ich mich besonders allein.«

Räto hebt die Schultern und lässt sie wieder fallen, dann breitet er etwas theatralisch die Arme aus und sagt: »Wir haben ja schon darüber gesprochen, es war halt, wie es war, und jetzt ist es anders. Lass uns das Gewesene vergessen.«

Daniela nickt und erzählt mir, wie ihr Schwiegervater mit einer einzelnen Rose zu ihr gekommen ist. Das sei die Rose der Versöhnung, habe er gesagt, und dann habe er den Finger auf den Mund gelegt, um ihr zu bedeuten, dass sie nichts sagen soll, und hat dann gesagt: »Wir können alle die Uhr nicht mehr zurückdrehen. Was geschehen ist, ist geschehen. Wir können unser ganzes Leben damit verbringen, dem jeweils anderen die Schuld zu geben. Vermutlich wirst du genau so viele und genau so gute Argumente haben wie ich, aber wäre es nicht klüger, wenn wir jetzt einfach nur noch nach vorne schauen?«

»Und dann bin ich ihm um den Hals gefallen, so habe ich mich gefreut«, strahlt Daniela, und Räto hebt in gespieltem Vorwurf seinen Finger: »Und die Rose hast du abgeknickt.«

Die Zeit ist gekommen, Beat steht wieder im Aufbahrungsraum. Er ist nur für dieses eine Mal nochmals hergerichtet worden und sieht sehr gut aus. Um die Augen herum wirkt er etwas eingefallener, aber das ist nicht dramatisch. Räto und Daniela haben sich an den Händen gefasst wie einst Hänsel und Gretel und folgen mir in den Aufbahrungsraum. An der Tür bleiben beide stehen, schauen sich an, und Daniela legt ihren Kopf an die Schulter ihres Schwiegervaters.

Beide treten vor, und Daniela nimmt die Sachen auf, die sie beim letzten Mal mitgebracht hat. Wir haben sie ordentlich auf einen der Sessel gelegt. So, als ob nichts wäre, plappert sie auf Räto ein und erklärt ihm und vor allem ihrem toten Mann, was sie da alles mitgebracht hat. Ein Buch, sein Lieblingsbuch, eine CD mit seiner liebsten Musik und eine Lok von einer Modelleisenbahn, ein paar Schmetterlinge aus Papier, Fotos, einen Brief, eine Zeitschrift …

Ich gehe.

Eine gute halbe Stunde später schaue ich nach, Räto und Daniela sitzen Hand in Hand im Abschiedsraum, und mir fällt auf, dass der Sargdeckel geschlossen ist. Räto nickt mit dem Kopf in Richtung Sarg: »Hab ihn zugemacht, jetzt kann er auf die letzte Reise gehen.« Daniela nickt und wischt sich ein paar Tränen aus den Augen.

»Jetzt bin ich fertig«, sagt sie, »jetzt weiß ich, dass er alles hat, und kann beruhigt sein.«

Ich sage: »In der Trauerhalle ist auch schon alles gerichtet, morgen liefert ja sowieso keiner was. Alles ist schon fertig.«

»Dürfen wir das sehen?«, will Räto wissen, und ich nicke: »Ja selbstverständlich.«

Dann kommt mir eine Idee, und ich schlage vor, dass wir den Sarg gemeinsam rüberschieben und ohne weitere Worte fassen beide mit an. Langsam schieben wir Beats Sarg die etwa acht bis zehn Meter und dann steht er da, inmitten eines Meeres aus weißen Blüten. Das war der Wunsch von Daniela, und der Gärtner hat das genial umgesetzt. Kaum weiße Blumen, vielmehr große Vasen mit langen, weißblühenden Zweigen irgendeines Baumes. Es sieht einfach toll aus. Für den Sarg hat Daniela ein Herz aus weißen Blüten bestellt, und daran befindet sich eine schmale Schleife mit dem Aufdruck:

»Gute Reise, mein Schatz!«

Räto hilft mir noch, ein paar Gestecke vor den Sarg zu stellen, dann bleiben wir einfach eine kurze Zeit vor dem Sarg stehen. Daniela nickt auf einmal, sagt »So!« und dreht sich um, Räto tut es ihr nach, und wir gehen.

»Wissen Sie«, sagt Daniela, »jetzt weiß ich, dass Beat auf seine Reise gehen muss, manchmal kann man es sich nicht aussuchen, wann und wohin man reist. Ich habe den Fehler gemacht, dass ich gedacht habe, er würde einfach ohne mich weggehen. Aber ich bin inzwischen dahintergekommen, dass er mein Mann geworden ist, in guten wie in schlechten Zeiten. Jetzt ist es vielleicht eine schlechte Zeit, und er kann jetzt nicht mehr mein Mann sein, aber vielleicht treffen wir uns eines Tages irgendwo, irgendwie wieder, das weiß doch keiner. Die Wahrscheinlichkeit, dass man sich im Jenseits wiedersieht, ist zumindest genauso groß wie die, dass man sich nicht wiedersieht, also hoffe ich mal das Beste. Hier und jetzt ist er weg und für mich unerreichbar, das Leben geht aber weiter, und hier in dieser Welt muss ich ohne ihn klarkommen. Es hat keinen Zweck, jetzt erzwingen zu wollen, gemeinsam irgendwohin zu gehen.«

»Vor allem«, sage ich, »beträgt die Wahrscheinlichkeit, Ihrer Theorie nach 50 Prozent, und es wäre Dummheit, hätten Sie Ihr Leben für eine fünfzigprozentige Chance weggeworfen. Wenn es im Jenseits ein Wiedersehen gibt, dann gibt es das in vierzig Jahren auch noch.«

Danielas Schwiegervater klopft mir auf den Rücken, nennt mich einen Pfundskerl und bewundert Daniela, weil sie sich so viele Gedanken gemacht hat. »Morgen geht Beat dann?«, sagt er mehr, als dass er es fragt, und ich nicke.

»Gut, dann gehen wir jetzt nach Hause, damit wir morgen fit sind für den allerletzten Abschied«, sagt er.

Daniela tritt vor, streichelt noch einmal über den Sarg, dreht sich dann abrupt um und geht mit Räto hinaus. Über die Schulter wirft sie nochmals einen Blick auf den Sarg und ruft leise: »Tschüss!«

Stoffel und
die Autonummern

Einer meiner Cousins hat einen Sohn, der das Down-Syndrom hat, früher sagte man, diese Menschen seien mongoloid. Ich liebe diesen jungen Mann, der – wenngleich nach Jahren schon erwachsen – immer einen total abgegriffenen Teddybären mit sich herumschleppt und zu jedermann lieb und freundlich ist. Ihm fehlt die Fähigkeit zu abstrahieren, und so kommt es, dass manchmal kleine Ereignisse des Tages für ihn zu einer Katastrophe werden können, etwa wenn sein Löffel beim Essen auf der falschen Seite des Tellers liegt. Aber, man mag es glauben oder nicht, das sind auch schon seine größten Sorgen. Ansonsten hat er keine, macht sich keine, und sein Vater sagte mir einmal: »Manchmal beneide ich ihn, der steht jeden Morgen frohgelaunt auf, und ihm scheint die Sonne aus dem Arsch.«

DEN Stoffel kennt in unserem Stadtteil jeder. Stoffel heißt eigentlich Herbert und ist behindert. Wie man diese Behinderung nennt, weiß ich nicht, aber offensichtlich ist er mit etwa 14 Jahren im körperlichen Wachstum stehengeblieben und nur noch gealtert. Seine geistige Entwicklung entspricht wohl der eines Vier- oder Fünfjährigen. Ich kenne Stoffel seit mindestens zwanzig Jahren, er muss jetzt ungefähr 40 sein, vielleicht auch etwas älter, so genau kann man das nicht einschätzen. Stoffel ist also geistig behindert, kann etwas sprechen, kurze Sätze, aber keine längeren Unterhaltungen führen.

Am allerliebsten schreibt er Autonummern auf und hat zu diesem Zweck immer ein Notizbuch und einen Bleistift dabei. An einer Schnur um seinen Hals hängt ein Anspitzer, und ab und zu spricht er wildfremde Leute an: »Onkel, kannst du mal schreiben?« Dann deutet er auf das Kennzeichen eines Autos und freut sich ein Loch in den Bauch, wenn man ihm das Kennzeichen in sein Buch schreibt. Er selbst schreibt natürlich auch, doch das ist nur Gekritzel. Man tut aber gut daran, seine Schreibkünste immer zu loben, wenn er sie einem zeigt, denn sonst ist Stoffel traurig, und das will ja keiner.

Ich muss zugeben, an Stoffel habe ich einen kleinen Narren gefressen. Vor Monaten gab es nämlich einen hässlichen Zwischenfall mit und um Stoffel, der ihn und seine Mutter beinahe umgebracht hätte.

Die in unserer Gemeinde recht bekannte Frau Birnbaumer-Nüsselschweif, die mir schon mehrfach unangenehm aufgefallen ist, ging an einem Oktobertag auf den Friedhof, um ein Grab für Allerheiligen vorzubereiten. Dabei sei ihr der Stoffel gefolgt und habe ihr über den ganzen Friedhof nachgestellt. Das kann ich durchaus nachvollziehen, denn so was macht Stoffel hin und wieder. Wenn ihm jemand gut gefällt, läuft er demjenigen auch gerne mal bis zur Haustür nach und freut sich einfach, einen netten Menschen getroffen zu haben. Mehr als ein paar nette Worte oder eben eine Autonummer will er ja gar nicht von einem. Mit mir hat er das auch schon gemacht, und als ich ihm einen Schokoriegel schenkte, hat er sogar eine Seite mit Autonummern aus seinem Buch herausgerissen und sie mir voller Stolz als Gegengeschenk überreicht.

Dass Stoffel so ist, weiß hier jeder, und auch die Birnbaumer-Nüsselschweif muss es gewusst haben. Stoffel sitzt oft ganze Nachmittage mit den kleinen Kindern im Sandkasten auf dem großen Spielplatz und backt Kuchen aus Sand. An anderen Tagen fragt er auch schon mal Passanten nach einer Zigarette. Stoffel raucht nicht, weiß vermutlich gar nicht, wie das geht, aber es macht ihm Freude, mit der Zigarette im Mund herumzulaufen, und er ist dann immer ganz stolz.

Ganz besonders mag Stoffel alte Frauen, die er durchweg Omama nennt und denen er einfach die Einkaufstaschen abnimmt und nach Hause trägt. Selbstverständlich erwartet er dafür auch eine Bezahlung: ein Bonbon, ein Kaugummi oder auch einen alten Knopf – egal. Hauptsache, er bekommt seine Bezahlung. »Viel Arbeit«, sagt er dann und beeilt sich, damit er schnell wieder zur Hauptstraße kommt, um ja keine neue Autonummer zu verpassen.

Aber wie gesagt, manchmal läuft er auch Leuten, die er interessant findet, einfach hinterher, bohrt dabei ungeniert in der Nase und freut sich. Genau das muss er mit der Birnbaumer-Nüsselschweif an jenem Oktobertag gemacht haben.

Jedoch wäre das allein als Grundlage der dauernden Entrüstung der Birnbaumer-Nüsselschweif wohl nicht ausreichend gewesen, weshalb sie wenig später bei der Polizei behauptete, der Stoffel habe sich vor ihr entblößt. Daraufhin griff eine Streife den Stoffel auf und brachte ihn auf die Wache, von wo aus man seine Mutter verständigte. Frau Weiß, Stoffels Mutter, kam auch sofort und hörte sich an, was die Beamten und die ebenfalls anwesende Birnbaumer-Nüsselschweif zu berichten hatten.

Stoffel begriff gar nicht, was los war. Er hatte nur ganz rote Ohren vor Freude, weil er in einem Polizeiauto mitfahren durfte. »Lalülala«, sang er leise vor sich hin. Frau Weiß sah die Beamten skeptisch an.

»Sagen Sie, Herr Wachtmeister, haben Sie vielleicht Herberts Hose zugemacht?«

Der Beamte schaute verdutzt, schüttelte langsam den Kopf und sagte: »Nein, wieso? Die war doch gar nicht auf.«

»Na, sehen Sie, dann hat sich Stoffel auch nicht entblößt. Der kann sich die Hose nämlich gar nicht selbst zumachen.«

Dann drehte sich Frau Weiß zur Beschwerdeführerin um und fragte: »Oder haben Sie, Frau Birnbaumer-Nüsselschweif, meinem Sohn seine Hose wieder ordentlich mit der Sicherheitsnadel zugemacht, nachdem er sich vor Ihnen angeblich entblößt haben soll?«

»Ich werde diesen Exhibitionisten doch nicht noch anfassen«, entrüstete sich die Missbrauchte.

Die Beamten ließen die ganze Sache einfach auf sich beruhen. Stoffel durfte mit seiner Mutter nach Hause, und die Birnbaumer-Nüsselschweif tat, als sei die Sache damit für sie erledigt, unterließ es aber nicht, die Geschichte im Stadtteil breitzutreten.

In den ersten Tagen sprach man überall davon, die Mehrzahl der Leute glaubte die Geschichte jedoch nicht. Aber einige wenige meinten, man wisse »bei so einem« ja nie … Nein, weiß man wirklich nicht. Auch geistig Behinderte haben sexuelle Bedürfnisse, und möglich ist alles, aber in diesem Fall war die Sicherheitsnadel ein unüberwindbares Hindernis und Stoffels Freispruch.

Für Frau Weiß war die folgende Zeit aber die Hölle. Die Birnbaumer-Nüsselschweif sprach ungefragt die Mütter kleiner Kinder an und warnte sie vor dem Sexverbrecher; außerdem ermittelte sie auf eigene Faust, indem sie auf dem Friedhof andere Frauen befragte, ob nicht auch diese von Stoffel beinahe vergewaltigt worden wären.

So trug sie dazu bei, dass sich trotz anfänglicher Zweifel in der Bevölkerung der Gedanke breitmachte, dieser Stoffel sei vielleicht doch nicht so harmlos, wie man immer geglaubt hatte. Wenn Stoffel mal aufs Klo musste, ging er zu seiner Mutter. Frau Weiß war nämlich Klo- und Putzfrau. An den Markttagen hielt sie das Toilettengebäude am Marktplatz sauber und saß dort geduldig an einem Tischchen mit einem Teller, auf den die Leute ein paar Münzen warfen, wenn sie austreten waren. An den übrigen Tagen hatte Frau Weiß an die zwanzig Putzstellen.

So konnte sie nach dem frühen Tod ihres Mannes sich, den Stoffel und Stoffels Bruder Herrmann durchbringen und Letzterem sogar ein Studium finanzieren. Alles in allem hatte man Respekt vor dieser einfachen, vielleicht etwas gewöhnlichen, aber doch sehr fleißigen Frau.

Der strategisch günstige Platz der Markttoilette gab Frau Weiß die Gelegenheit, die Menschen langsam wieder davon zu überzeugen, dass ihr Stoffel ein ganz lieber Junge ist. Das gelang ihr auch ganz gut, jedoch blieb ihr der durchschlagende Erfolg verwehrt. Das änderte sich, als eines Tages Frau Schipanski aufs öffentliche Klo musste. Die Schipanski ist die größte Klatschtante im ganzen Ort und konnte es sich natürlich nicht verkneifen, Frau Weiß auf ihren »pornografisch veranlagten« Sohn anzusprechen. Doch Frau Weiß nutzte die Chance und fütterte die Schipanski mit einer ganz entscheidenden Information. Sie behauptete nämlich, der Stoffel habe gar keinen Schniedelwutz; das sei bei seiner Behinderung so, und deshalb könne die Behauptung der Birnbaumer-Nüsselschweif auch nicht wahr sein.

Ob Stoffel nun einen Schniedelwutz hat oder nicht, ist im Grunde vollkommen ohne Belang. Es muss auch stark angezweifelt werden, dass ihm dieses wichtige Teil fehlt, aber bei der Schipanski verfehlte diese – natürlich unter dem Siegel der Verschwiegenheit zugetragene – Information ihre Wirkung nicht. Sie schwor beim Grab ihrer Mutter und den sieben Geißlein, dass sie niemals ein Sterbenswörtchen darüber verlieren werde, und verließ aufgeregt die Markttoilette; kaum eine Stunde später machte die Geschichte in der ganzen Ortschaft ihre Runde.

Es heißt, am nächsten Sonntag habe die Birnbaumer-Nüsselschweif eine ganze Kirchenbank für sich allein gehabt, weil sie von allen geschnitten wurde. Stoffel jedenfalls war rehabilitiert, und die Geschichte konnte allmählich in Vergessenheit geraten.

Jetzt sitzt mir Stoffel im Bestattungsinstitut gegenüber und schaut mich mit großen Orang-Utan-Augen an. Er ist traurig, seine Mama ist tot. Neben ihm sitzt sein Bruder Herrmann, ein großgewachsener, gutaussehender Mann. Ich wusste, dass es eines Tages passieren würde, denn Frau Weiß war vor Jahren schon bei uns, um eine Bestattungsvorsorge abzuschließen.

Normalerweise suchen sich die Menschen dann alles aus, ich rechne zusammen, und es wird ein Sparbuch über den nötigen Betrag angelegt. Frau Weiß hat mir allerdings nur Vollmachten und einen Auftrag unterschrieben, den Rest hat sie in zwei großen braunen Umschlägen festgelegt. Dazu hatte sie mir eingeschärft, unter welchen Bedingungen ich welchen Umschlag öffnen soll. Der jeweils andere soll dann unverzüglich und ungeöffnet vernichtet werden. Nun denn, es ist zwar außergewöhnlich, aber es kommt immer wieder mal vor, dass ältere Menschen ganz detaillierte Anweisungen geben.

Meine Aufgabe soll es nun sein, herauszufinden, wie es mit Stoffel weitergeht. »Wenn mein Sohn Herrmann seinen Bruder zu sich nimmt, öffnen Sie bitte Umschlag Nummer 1. Sollte er das aber nicht tun, vernichten Sie diesen Umschlag und öffnen Sie Umschlag Nummer 2«, hatte Frau Weiß gesagt und mir die beiden Umschläge über den Tisch geschoben.

Auftragsgemäß frage ich Herrmann: »Was wird denn nun aus Ihrem Bruder?«

Herrmann zuckt mit den Achseln. »Keine Ahnung, aber ich denke, es wird das Beste für ihn sein, wenn er in ein schönes Pflegeheim kommt.«

Um ganz sicherzugehen, frage ich nach: »Und Sie haben nicht darüber nachgedacht, Herbert zu sich zu nehmen?«

Herrmann schüttelt den Kopf. »Das kann ich gar nicht, wir haben überhaupt keinen Platz, und finanziell geht es uns auch nicht so gut.«

Ich nehme den Brieföffner und will gerade den Umschlag

Nummer 2 öffnen, da dreht sich Stoffel zu seinem Bruder um und sagt: »Herrmann, Stoffel hat Herrmann lieb, ganz lieb«, lehnt seinen Kopf an die Schulter seines Bruders und lächelt ihn an.

Herrmann schaut auf Stoffel, reibt sich die schweißnassen Hände und sagt mit leiser Stimme: »Ach, wenn ich ihn so anschaue ... Ich mein, der hat noch nie jemandem was getan ... Vielleicht ist es doch besser, wenn ich ihn mitnehme. Der wird doch todunglücklich, wenn er kein vertrautes Gesicht um sich hat.« Ich nicke, und Herrmann überlegt weiter: »Eigentlich sollte unsere Große ja das eine Zimmer bekommen, aber da kann genauso gut mein Bruder einziehen.«

Den Umschlag mit der Nummer 2 schiebe ich also wieder beiseite und nehme den anderen. Zwei Sekunden später liegen die vormals darin enthaltenen Unterlagen vor mir auf dem Tisch. Es handelt sich um zwei Policen. Frau Weiß hat zwei Lebensversicherungen abgeschlossen. Eine über 80 000 Euro und die andere – selbst ich muss schlucken – über 370 000 Euro. Begünstigter ist in beiden Fällen Herrmann. Außerdem befindet sich ein kleinerer Umschlag dabei, auf dem handschriftlich Herrmann steht.

Ich überreiche Herrmann den Umschlag, und er öffnet ihn. Eine ganze Weile liest er die Zeilen seiner Mutter, dann steckt er den Brief in die Innentasche seines Jacketts, streichelt Stoffel über den Kopf und sagt: »Es ist unglaublich. Meine Mutter hat Tag und Nacht gearbeitet, und ich dachte immer, sie käme mit Stoffel gerade so über die Runden und habe ihr sogar hin und wieder etwas zugesteckt. Jetzt stellt sich heraus, dass sie für Stoffel und mich sogar vorgesorgt hat ...«

Drei Tage später bringen wir den Sarg mit Frau Weiß zum Krematorium. Am Fußende, ganz unten am Sargboden, liegt ein brauner Umschlag und wird mit eingeäschert. Herrmann hat für seine Familie und Stoffel ein Haus gekauft, und man sieht Stoffel heute noch, wie er seine geliebten Autonummern aufschreibt. Wenn ich ihm begegne, muss ich immer an den Umschlag Nummer 2 denken. Es hätte mich schon interessiert, was seine Mutter für den Fall, dass Herrmann seinen Bruder nicht zu sich nimmt, vorgesehen hatte.

Die Messerdora

Manchmal steht man den Wünschen seiner Kunden etwas hilflos gegenüber. Einmal bestellte eine Frau Bommerlanden für ihren Mann: »Der Kranz muss richtig dick mit Bommerlanden besteckt sein.« Kein Mensch weiß bis heute, wie Bommerlanden aussehen und was Bommerlanden sind. »Na, wenn Sie keine haben, dann nehmen wir Nelken.« Es ist mir auch bislang nicht gelungen, Zerbenholz zu finden. Ob wir nicht auch einen Sarg in Zerbenholz hätten, wollte einmal ein Mann wissen. Er nahm dann Buche, das sehe zwar ganz anders aus, sei aber auch sehr schön.

DIESE Kundin steht in Witwenschwarz vor mir, guckt mich mit großen Augen an und fragt: »Können Sie bitte dafür sorgen, dass am Sarg das Lied von der Messerdora gespielt wird?«

Messerdora? Das kenne ich nicht, klingt ein bisschen nach einer Figur aus der Dreigroschenoper, aber ich bin mir sicher, dass da keine Messerdora vorkommt. Jetzt will ich natürlich nicht als Kulturbanause dastehen und frage ganz vorsichtig nach: »Messerdora, ja sicher, und in welcher Version hätten Sie das gerne?«

Ha! Ist das nicht clever von mir? So kriege ich vielleicht noch etwas Input, ohne zugeben zu müssen, dass ich nicht den blassesten Schimmer habe, wer oder was die Messerdora ist.

Sie antwortet: »Mein Mann hat immer geweint, wenn die Messerdora gespielt wurde. Der dicke Tenor, der neulich gestorben ist, der hat das immer gesungen.«

Sie muss Pavarotti meinen, und war der nicht bekannt für seine Interpretation von »Nessun dorma«?

Die unheimliche Besucherin

Wenn man Tag und Nacht dienstbereit ist, dann erwartet man ja auch, dass jemand mit einem Auftrag zu einem kommt, wenn es spätabends noch klopft oder klingelt. Aber manchmal kommt es eben anders.

HEUTE habe ich einen dicken Kopf und rote Ränder um die Augen – aber ich schwöre: Ich habe gestern nichts getrunken! Wie es dazu gekommen ist?

Losgegangen ist es gestern Abend um kurz vor Mitternacht. Ich war ganz allein im Haus, meine Frau ist mit den Kindern verreist. Ursprünglich wollte ich mir ja eine Flasche Wein aufmachen und bei etwas lauterer Musik den Abend ausklingen lassen.

Ich mache das gerne in unserer Trauerhalle, da haben wir nämlich die beste Beschallungsanlage und die beste Akustik. Es war also so gegen 23.45 Uhr, ich ging mit einer Flasche Rotwein die Treppe hinunter und wollte gerade nach links abbiegen, als es gegen die Haustür hämmerte. Ich habe mir zwar nichts vorzuwerfen, aber es war so laut, dass ich unwillkürlich an Polizei, Steuerfahndung oder einen Gerichtsvollzieher im Kuckuckswahn gedacht habe. Also stellte ich die Weinflasche und das Glas unten neben der Treppe auf eine Holzsäule und ging zur großen Eingangstür. Die hat oben Buntglas, und ihr Hersteller war so freundlich, eines dieser Glasfelder aufklappbar zu machen, so dass man hinausschauen und -sprechen kann, ohne die ganze Tür öffnen zu müssen.

Der Riegel klemmte etwas – wir brauchen ihn nicht oft, denn vom Büro aus sehen wir auf einem Monitor, wer draußen steht. Als ich das Fensterchen endlich aufbekommen hatte, polterte es schon wieder vor der Tür.

»Was ist denn?«, fragte ich, wohl etwas unwirsch.

Draußen stand eine Frau von etwa 30 Jahren mit klitschnassen Haaren – obwohl es gar nicht regnete.

»Bitte lassen Sie mich doch herein, bitte!«, flehte sie mich an, und weil sie kein bisschen aussah wie ein ruppiger Finanzfahnder, öffnete ich die Tür und ließ sie herein. Sie ging mit zwei, drei großen Schritten an mir vorbei bis zur großen Palme und sagte: »Machen Sie schnell zu, machen Sie zu!«

Was denkt ein Bestatter, wenn um diese Zeit jemand kommt? Na klar, er macht sich Hoffnung auf einen Auftrag. Es wäre ja nicht das erste Mal, dass irgendjemand kommt und einfach klopft oder klingelt, um einen Sterbefall anzumelden. Doch warum um alles in der Welt hat sie nasse Haare?

»Sind alle Türen zu?«, fragte sie mich mit weit aufgerissenen Augen, und ich nickte. »Sind wir hier sicher?« Ich nickte abermals: »Wie in Abrahams Schoß!«

»Kommen Sie«, sagte ich, knipste das Licht im rechten Gang an und deutete auf die Tür eines unserer Beratungszimmer – sie machte jedoch keine Anstalten, ihre Position bei der großen Palme zu verlassen.

»Was ist denn da hinter der Tür?«, wollte sie wissen.

»Ein gemütliches Zimmer, wo wir uns bequem hinsetzen können«, sagte ich und fügte noch hinzu: »Ganz sicher, da kommt keiner rein.« Mit zögernden Schritten folgte sie mir, und ich führte sie in unser Beratungszimmer. Wir haben mehrere solcher Räume, von denen jeder völlig anders eingerichtet ist.

Einer ist in nüchternem Office-Grau gehalten, ein anderes ist eher auf Chefbüro getrimmt, und dieses Zimmer ist mit Holz getäfelt, hat einen dicken Teppichboden und schweres dunkles Mobiliar sowie breite, sehr bequeme Ledersessel. Meine Leute sagen immer »das Herrenzimmer vom Chef« dazu, weil ich mir diese Möbel ausgesucht hatte.

Ich deutete auf einen der Sessel, und die junge Frau nahm Platz.

Ich schloss die Tür, setzte mich ebenfalls und hatte das erste Mal Gelegenheit, mir die Frau näher anzuschauen. Sie sah nicht schlecht aus, fand ich. Ein bisschen wie Sandra Bullock, nur irgendwie ungepflegter. Doch noch während ich das dachte, ging mir durch den Kopf, dass »ungepflegt« nicht der richtige Ausdruck war, eher würde »mitgenommen« passen. Ränder unter den Augen, bebende Lippen, die Finger ständig nervös an den unteren Zipfeln ihrer Bluse nestelnd. Auffallend lange braune Haare und wunderschöne schlanke Hände mit ebenfalls auffallend langen Fingern. Keine Schminke, aber ein leichter Duft. Nein, nicht ungepflegt, sondern gehetzt und mitgenommen.

»Was kann ich denn für Sie tun?«

»Hier kann keiner rein, nicht wahr?«

»Nein, niemand. Was ist denn mit Ihnen?«

Jetzt müsste sie mir sagen, dass irgendjemand gestorben ist, dass sie vollkommen durch den Wind ist und dass wir uns um den Sterbefall kümmern sollen. Das hoffte ich zumindest insgeheim, aber eigentlich wusste ich schon die ganze Zeit, dass es nicht so kommen würde.

»Ich habe solche Angst«, begann sie stockend, »die sind hinter mir her!«

»Wer ist hinter Ihnen her?«

»Die Männchen aus dem Fernseher«, sagte sie, schaute mich mit großen Augen an und nickte bestätigend.

»Eine Verrückte«, schoss es mir durch den Kopf, und ich ertappte mich dabei, wie ich sie musterte, um festzustellen, ob sie vielleicht irgendwo ein langes Messer versteckt haben könnte.

Verrückten soll man ja möglichst nicht widersprechen, und deshalb sagte ich nur langsam nickend: »Ach die.«

»Sie kennen das?«, fragte sie, und in ihrer Stimme schwang Erleichterung mit. Ich nickte und schaute sie auffordernd und ermunternd an. »Kaffee?«, fragte ich, und sie nickte heftig.

Es dauerte drei Minuten, bis der Kaffeeautomat auf Betriebstemperatur war. Wir schwiegen, und als die Maschine nach fünf Minuten endlich zwei Tassen mühselig und laut zischend mit Kaffee befüllt hatte, stellte ich eine davon vor sie auf das Tischchen und eine auf eine Ablage neben meinem Sessel. Aus der Brusttasche zog ich mein Päckchen Zigaretten und hielt es ihr hin. Während sie sich eine Zigarette herauszog, sagte sie: »Das geht heute schon den ganzen Tag so, das ist ein schlimmer Tag. Das hat schon heute Morgen mit der Zeitung angefangen.«

Ich gab ihr Feuer und steckte mir auch eine Zigarette an, während sie gierig an ihrer zog, und ich hatte den Eindruck, als ob sie etwas auftauen würde.

»Warum haben Sie denn nasse Haare? Wollen Sie ein Handtuch oder so etwas?«, fragte ich, doch sie schüttelte den Kopf und sagte: »Das ist kein Wasser, das ist Schutzgel.«

»Ach ja, natürlich«, sagte ich und überlegte insgeheim, ob ich mich für einen Augenblick nach nebenan begeben sollte, um die Männer mit den weißen Kitteln anzurufen. Aber eigentlich war sie ja ganz nett und machte nicht den Eindruck, als wolle sie mir die Kehle durchbeißen.

Nachdem sie ein paarmal am heißen Kaffee genippt hatte, lehnte sie sich zurück, und es schien, als entspannte sie sich noch mehr. Ich holte zwei Aschenbecher und setzte mich wieder. »Los, jetzt erzählen Sie doch mal der Reihe nach!«

»Also gut: Ich bin aufgestanden und habe die Sonntagszeitung reingeholt, und da habe ich es gesehen. Die haben wieder nur Sachen in die Zeitung geschrieben, um mich zu manipulieren. Seit fünfzehn Jahren sind die hinter mir her.«

»Wer ist hinter Ihnen her?«
»Der KGB und die CIA, alles Agenten, überall!«
»Und was machen die so?«

»Die haben die ganze Stadt ausgehöhlt, überall Tunnel gegraben, und bei Nacht kommen sie heraus und holen die Menschen. Die Straßen sind gerade wieder vollkommen leer, alle weggeholt. Morgen früh sind die alle wieder da – nach der Gehirnwäsche. Mit mir können sie das nicht machen, ich habe ja das Schutzgel.«

Ich erfuhr, dass die Frau älter war, als ich angenommen hatte: Sie war schon 38, und die ganze Geschichte hatte vor fünfzehn Jahren begonnen. Seitdem, so berichtete sie mir, werde sie verfolgt, ausspioniert und manipuliert. Über das Trinkwasser habe man Gift in ihre Wohnung eingeschleust, um sie willenlos zu machen, und in den Supermärkten tauschten die Geheimdienste alle Lebensmittel aus, um die Menschen mit Drogen unter Kontrolle zu bekommen. Das Ziel sei es, alle »Sehenden« blind zu machen für die Wahrheit. Die Welt würde nämlich von Außerirdischen regiert, und die Geheimdienste hätten die Aufgabe, dafür zu sorgen, dass das keiner merkt. Allerdings funktioniere der Plan der Geheimdienste nicht bei allen Menschen, und deshalb seien die Agenten hinter diesen »Sehenden« her.

Auweia, ist die aber heftig vom Bus gestreift, dachte ich und fragte vorsichtig: »Und weshalb sind Sie zu mir gekommen?«

»Bei Ihnen war noch Licht, und Ihr Haus hat dicke Mauern, da kommen die Strahlen nicht durch.«

Das leuchtete ein. Sie sprach weiter: Schon über 40-mal sei sie in die Psychiatrie eingeliefert worden und müsse eigentlich permanent schwere Medikamente nehmen, das tue sie aber nicht, weil dann die Stimmen in ihrem Kopf weggingen. Sie hört einundzwanzig verschiedene Stimmen, die ihr Befehle geben, und nur eine Stimme davon sagt ihr die Wahrheit und wie

189

das wirkliche Leben ist. Wenn sie die Tabletten nimmt, verstumme auch diese Stimme, und sie sei »denen« ausgeliefert.

»Ist es Ihnen nicht schon mal komisch vorgekommen, dass wir jahrhundertelang nichts hatten, keine Technik, gar nichts, und wie lange wir gebraucht haben, um von der Erfindung des Rades über den Bau der ersten mechanischen Uhren bis hin zur ersten Dampfmaschine zu kommen? Und dann hatten wir auf einmal den Transistor, die Taschenrechner, die Raumfahrt, die Computer, alles, einfach alles.«

»Und das kommt alles von denen?«, fragte ich, und sie nickte heftig: »Genau, ich sehe, Sie verstehen mich!«

Ganz offensichtlich hatte ich es mit einer schwer psychisch gestörten Frau zu tun, die jemanden gesucht und gefunden hatte, um ihre Geschichte zu erzählen. Unsere Tante Hedwig hatte auch im festen Glauben gelebt, ihr Gartennachbar sei in Wirklichkeit Adolf Hitler, und nur sie merke das. Aber Tante Hedwig war im Krieg auch zu lange im Bunker gewesen, und jeder wusste, dass die einen Schatten hatte; vor allem ist sie nie nachts mit einem »Schutzgel« in den Haaren durch die Straßen gelaufen ...

Was macht man in so einer Situation? Würde die Frau wieder gehen, oder würde ich jemanden anrufen müssen? Und wo ruft man da an? Die Polizei, die Feuerwehr? Die Frau tat mir nichts, und es brannte ja auch nicht ...

Am besten würde es sein, sie dazu zu bewegen, einfach wieder nach Hause zu gehen.

»Wo wohnen Sie denn?«

»Dort hinten, Nummer 29 am Ende der Straße.«

»Wohnen Sie da allein?«

»Nein, wo denken Sie hin, da wohnt auch mein Mann.«

Aha, einen Mann hatte sie auch.

Das beruhigte mich ungemein, jetzt musste ich nämlich nur noch herausbekommen, wie sie heißt oder wie ihre Telefonnummer ist, und dann könnte ich den anrufen, damit er sie abholt.

»Der ist aber gehirngewaschen! Mit dem gehe ich nicht mit, der bringt mich nur wieder weg.«

»Es wäre doch aber besser, wenn Sie jetzt wieder nach Hause gingen. Sie können doch nicht die ganze Nacht hierbleiben.«

»Nur ein bisschen noch, ja?«

»Und dann?«

»Nach eins ist die Gefahr vorbei.«

Ich sah auf die Uhr – und obwohl es mir vorkam, als seien Stunden vergangen, seit die Frau in mein Haus gekommen war, sah ich, dass sie in Wirklichkeit erst eine knappe Stunde hier war. Bis eins waren es noch mehr als 30 Minuten. »Und dann, nach eins, was machen wir dann?«

»Dann bringen Sie mich nach Hause und passen auf, dass die mich nicht in die Kanalisation ziehen, ja?«

»Das kann ich machen«, sagte ich und nickte.

Sie nahm sich noch eine Zigarette aus der Packung, ich gab ihr wieder Feuer, und sie paffte, nun wirklich sehr entspannt, vor sich hin. Einzig an den nervösen Bewegungen ihrer Hände sah man, dass etwas nicht stimmte mit dieser Frau.

»Das Schlimmste für mich ist, dass mir keiner glaubt. Was meinen Sie, wie viele Leute ich schon kontaktiert habe. Sie sind einer der wenigen, die mir glauben.«

Sie berichtete von ihren Erlebnissen mit der Psychiatrie. Wie sie mit Gurten gefesselt abgeführt und dann ruhiggespritzt worden war. Die Therapeuten gehörten ihrer Meinung nach zu »denen«, und ich dachte mir, dass ihr wohl niemand wirklich helfen könnte, solange sie das glaubte.

Noch eine Stunde lang erzählte sie, und ich hatte den Eindruck, dass ihr das guttat. Dann mahnte ich zum Aufbruch, und sie nickte nur. Ich wollte sie nicht alleine lassen, weshalb ich mir keine Jacke von oben holte, sondern eine unserer

Dienstjacken von der Garderobe im Flur nahm. Sie war mir etwas zu groß, aber es war ja späte Nacht, kurz vor zwei.

Vor dem Haus hängte sich die Frau einfach bei mir ein, und ich hatte den Eindruck, dass sie fröhlich war; das Gehetzte war völlig von ihr gewichen. Ich sagte zu ihr: »Kommen Sie, wir gehen da drüben, da gibt es keine Kanaldeckel.« Sie strahlte mich an.

Bis zur Hausnummer 29 war es nicht besonders weit, etwa zehn Minuten. Es war ein Mietshaus mit vier Klingeln. »Wo muss ich da klingeln?«, fragte ich: »Oder haben Sie einen Schlüssel?«

Sie klingelte, und ich schaute auf den Namen an der Klingel. Den Namen kannte ich, wusste aber im Moment nicht, woher. Wenige Sekunden später ging das Licht im Treppenhaus an, und jemand kam herunter. Die Tür ging auf – und jetzt wusste ich auch, woher ich den Namen kannte: Der Mann war ein bekannter Stadtrat und ehemaliger Bürgermeisterkandidat. Mit einem Blick hatte er die Situation erfasst, nahm seine Frau und führte sie ins Haus. Mit einer Kopfbewegung bedeutete er mir, ihnen zu folgen. In der Wohnung sagte er: »Gehen Sie doch bitte geradeaus durch und nehmen Sie Platz, ich komme gleich.«

Etwa fünfzehn Minuten dauerte es, bis er wiederkam: »Sie wird gleich einschlafen. Wenn sie ihre Mittel nimmt, dann geht es. Ich hoffe, sie hat Ihnen keine Umstände gemacht?«

Ich verneinte, und er setzte sich mir gegenüber. Bis um halb vier erzählte er mir von seiner Frau und ihrer Erkrankung – eine leidvolle Geschichte voller Kummer und Aufregung. Sie hatte einmal Medizin studiert, und kurz vor dem Examen war das losgegangen mit den Wahnvorstellungen, nicht schleichend, sondern Knall auf Fall in voller Stärke. Seitdem gebe es nur zwei Zustände, berichtete mir der Mann. Entweder dämmere sie unter Medikamenteneinfluss wie ein Zombie dahin, oder sie lasse die Medikamente weg, dann habe sie einige Tage, an denen sie völlig normal scheint, bis es wieder so ist wie heute Nacht.

»Aber was soll ich machen, ich liebe Katja eben«, sagte der Mann, und in diesem Moment hörte ich zum ersten Mal ihren Namen.

Er tat mir leid.

Schwanenhals

Wenn ich etwas nicht ausstehen kann, dann ist das, wenn jemand über einen Toten despektierlich spricht. Das gilt umso mehr, wenn dieser Jemand in einem Bestattungshaus beschäftigt ist. Würde da einer meiner Angestellten über einen Verstorbenen scherzen, bekäme er es mit mir zu tun. Jeder hat es verdient, dass wir uns seiner mit Würde und Achtung annehmen. Deshalb erntete Fahrer Manni auch ein Stirnrunzeln von mir, als er eine Verstorbene als Giraffe bezeichnete. Aber er hatte recht.

»CHEF, das ist 'ne Giraffe.«

Das sagt Manni und meint es wirklich nicht despektierlich. Die Verstorbene hat wirklich einen ausgesprochen langen Hals, der darüber hinaus auch noch recht dünn ist. Ich glaube, man nennt das auch Schwanenhals. Ich weiß nicht, was sie zu Lebzeiten getragen hat, um das möglicherweise zu kaschieren, aber die Angehörigen haben uns ein etwas weiter ausgeschnittenes Nachthemd mitgebracht, und ich muss Manni zustimmen, das sieht unmöglich aus.

Also ruft Sandy bei den Angehörigen an und erklärt vorsichtig die Situation, da muss man feinfühlig sein, schnell wird da auch was falsch verstanden.

Ja, die habe immer Rollkragenpullis und Schals oder Tücher getragen, sagt der Witwer.

Wir sollen halt irgendwas nehmen, Hauptsache sie sieht gut aus.

»Ich habe bestimmt zehn Jahre nicht an der Nähmaschine gesessen«, brubbelt Frau Büser vor sich hin, Sandy ist sofort stiften gegangen, Nadel und Faden sind Fremdwörter für sie, und Antonia winkt nur ab, sie hasst Nähen. Dabei kam die Idee von unserem Dickerchen, Antonia hatte nämlich vorgeschlagen, einfach von einem preiswerten Totenhemd den Spitzenkragen mit den Rüschen abzutrennen und noch oben an den Rüschenkragen eines anderen Talars sozusagen als Verlängerung anzunähen.

Bis Frau Büser den Faden in die Nähmaschine eingespannt hat, vergeht fast eine Viertelstunde, und dann sitzt sie verwirrt vor den vielen Schaltern und fragt nach der Bedienungsanleitung.

Antonia legt ihr Schinken-Käse-Croissant aus der Hand, leckt sich die Finger ab, wischt sie an der Jeans trocken und übernimmt kurzerhand das Kommando:

»Das kann man ja nicht mit ansehen!«

Und dann geschieht etwas, was uns andere mit offenem Mund dastehen lässt, ruckzuck hat Antonia die Stoffstücke in die Maschine gespannt, drückt hier, klemmt da, tritt auf das Pedal und das Maschinchen rattert, und nur wenige Sekunden später zückt Antonia die Schere, schneidet den Faden ab und sagt: »Bitte schön! Ich hasse zwar Nähen, aber das heißt ja nicht, dass ich das nicht kann.«

Tatsächlich, mit den zusätzlichen Rüschen und dem neuen Totenhemd sieht die Frau mit dem langen Hals eigentlich ganz normal aus.

Und endlich weiß ich auch, wofür ich vor Jahren mal diese Nähmaschine gekauft habe, als sie beim Discounter im Angebot war.

Die Brücke

Eine alte Frau von über 80 Jahren, ein alter Mann von fast 90 ...
Das sind Sterbefälle, die wickelt man ab, gibt sich redlich
Mühe, den Angehörigen alles recht zu machen, und hat dabei
meistens leichtes Spiel. Sie nehmen das und wollen das, was
alle nehmen und alle wollen. So wie man es kennt, bloß nichts
Neues, nichts anderes. Solche Sterbefälle bleiben einem selten
lange in Erinnerung. Die Hinterbliebenen haben meist auch
nicht viel zu erzählen, der Mensch war alt, seine Zeit war ge-
kommen. Ganz anders ist das immer, wenn jemand durch
einen Unfall aus dem Leben gerissen wird, und besonders
schlimm ist das natürlich, wenn dieser Mensch auch noch jung
war. Doch noch ganz anders ist es, wenn sich jemand selbst das
Leben nimmt.

MANNI kommt an meiner offenen Bürotür vorbei, ich sehe, dass er sich im Laufen seine Krawatte anzieht, und weiß, dass er sich jetzt im Büro die letzten Instruktionen für einen bevorstehenden Einsatz holt. Auch Sandy hat sich in Schale geschmissen, im Grunde trägt sie dasselbe wie Manni, nur statt der Krawatte hat sie ein schwarzes Bäffchen an.

Sie kommt zu mir ins Büro und sagt nur diese zwei Worte, die uns immer einen Schauer über den Rücken jagen: »Die Talbrücke.«

Bei der Brücke handelt es sich um eine Autobahnbrücke, die sich an der höchsten Stelle weit mehr als 50 Meter über den Grund spannt und die immer wieder Menschen anzieht, die sich das Leben nehmen wollen. Selbst eine Erhöhung des Geländers vor einigen Jahren hat nur wenig gebracht, etwa drei- bis fünfmal im Jahr muss irgendein Bestatter in die kleine Ortschaft unterhalb der Brücke, um einen Körper dort aufzulesen.

Es gibt sogar einen Bestatter in dieser Ortschaft, aber der weigert sich seit über vierzig Jahren, diese Opfer zu bergen, und so fällt diese traurige Arbeit neben den Rettungskräften immer dem Bestatter anheim, der gerade turnusmäßig Polizeidienst hat. Uns erwischt es etwa alle zwei Jahre, meistens haben wir Glück …

… heute aber nicht.

Ich will es dem geneigten Leser ersparen, näher darauf einzugehen, was unsere Leute an solchen Einsatzorten erwartet. Jedenfalls hat es mit der friedlich eingeschlafenen Großmutter, die mit einem Lächeln auf den Lippen ihrem Schöpfer gegenübertritt, nicht das Geringste zu tun.

Nach solchen Einsätzen kommt es immer mal wieder vor, dass selbst hartgesottene Bestattungshelfer einen freien Tag benötigen, und ich habe auch schon von Kollegen gehört, dass Männer wortlos ihre Sachen packten und nie wiederkamen.

Als Sandy und Manni gut zweieinhalb Stunden später zurückkommen, sind sie einsilbig und tun beide so, als wären sie ganze Kerle. Das gehört wohl dazu, man will wenigstens nach außen hin nicht schwächlich erscheinen, und manchmal retten sich die Bestattungshelfer auch in Scherze und ein Vokabular, das Angehörige besser nicht zu Ohren kommen sollte.

Ich will nicht sagen, dass meine Leute da ganz anders sind, aber zumindest habe ich so ein Verhalten in meinem Stall noch nicht beobachtet. Allerdings brauchen die Erlebnisse halt doch irgendwo ein Ventil …

Manni legt mir den Ausweis des Verstorbenen auf den Tisch, ich muss schlucken, es ist ein junger Mann, geboren 1990. Sandy tippt auf das Foto und sagt: »So sieht der aber nicht mehr aus.« Dann schauen sich Manni und Sandy an, ich mache die Schreibtischschublade auf, schiebe jedem einen Fünfziger über den Tisch, und wir wechseln kein weiteres Wort darüber.

Manni ist das Geld wichtiger als Sandy, er will seinem Sohn ein Fahrrad kaufen, Sandy schiebt mir das Geld wieder rüber, bedankt sich und meint, ich solle es bis Freitag aufheben, dann wolle sie mit Freunden nach Holland, Pilze kaufen. (Ich bin ja so doof. Man glaube mir bitte, dass ich ernsthaft annahm, das blöde Teufelsweib kaufe wirklich Champignons oder so was ...)

»Wo ist der Verstorbene jetzt?«, will ich wissen, Manni sagt: »Unten bei Huber, die Freigabe können wir heute wohl noch holen, die [männlichen Kühe] sagen, der hätte einen Abschiedsbrief hinterlassen, und ein Brummifahrer hat gesehen, dass der ohne fremde Hilfe den Abgang gemacht hat.«

Als Manni sieht, wie ich ihn über meine Brille hinweg ansehe, verbessert er sich und sagt: »... wie der Mann in die Tiefe gesprungen ist.«

Jetzt können wir warten, ob sich jemand von den Angehörigen bei uns meldet oder ob die einen anderen Bestatter beauftragen, der dann den Verstorbenen bei uns wieder abholt. Ich jedenfalls rufe jetzt nicht bei den Angehörigen an, es kann nämlich durchaus sein, dass sich die Behörden, wie schon einmal, sehr üppig Zeit lassen und viele Stunden vergehen, bis da jemand bei der Familie vorbeigeht, um denen zu sagen, was passiert ist.

Ich erinnere mich da an einen Fall, bei dem ich nach fast vier Stunden wegen einer dringenden Frage bei einer Familie anrief und sofort merkte, dass die noch gar nicht Bescheid wussten. Glücklicherweise hatte ich mich nur mit meinem Nachnamen und nicht mit der Firmenbezeichnung gemeldet. Damals tat ich so, als hätte ich mich geirrt, und habe dann viel später nochmals angerufen.

Einer jungen, vielleicht auch etwas unerfahrenen Kollegin

ist es aber passiert, dass sie im Auftrag der Polizei einen Verstorbenen abholen musste und man ihr sagte, dass man jetzt sogleich zu der Familie fahre und es wegen der Umstände am besten wäre, wenn sie kurz darauf direkt zu denen hinfahre. Das hat sie dann auch gemacht und stand dann da, mit ihrem Beratungskoffer bei der Mutter der Familie vor der Tür und stellte sich als Bestatterin vor, die wegen der Beerdigung ihres Mannes und Vaters der Familie hergekommen sei. Leider wusste die Frau noch gar nicht, dass sie Witwe war, und es ergab sich eine äußerst peinliche Situation.

Jetzt ist es natürlich nicht üblich oder die Regel, dass die Bestatter sich sofort mit den Angehörigen einer »Polizeileiche« in Verbindung setzen. Selbstverständlich wartet man normalerweise darauf, dass sich die Familie nach einigen Stunden von selbst meldet. Aber manchmal sind die Beamten, die die Todesnachricht überbringen, sagen wir es mal vorsichtig, etwas überfordert. Man darf nicht vergessen, dass sie oft kurz zuvor noch die teils dramatischen Bilder an der Unfallstelle sehen mussten und nun vor Menschen stehen, die mit nichts Bösem rechnen. Die Situation ist für alle nicht sehr einfach. Ja, und da kann es eben vorkommen, dass die einen falschen Bestatter nennen oder vergessen, den Bestatter zu nennen, oder sonst was schiefläuft. Wir haben dann einen Verstorbenen in der Kühlung, und die Angehörigen haben keinen blassen Schimmer, wo der ist.

Wenn sich also so überhaupt gar keiner bei uns meldet, dann müssen wir die Leute irgendwann mal anrufen und fragen, was denn jetzt sei.

In diesem Fall hier habe ich aber überhaupt keine Lust, bei den Leuten anzurufen. Ich hoffe einfach nur, dass die sich bei uns melden, das ist für mich wesentlich einfacher.

Jens heißt der junge Mann, der von der Brücke gesprungen ist, und seine Eltern heißen Dieter und Carola. Wir brauchten gar nicht bei ihnen anrufen, sie kommen gegen Abend von selbst vorbei, bringen eine Mappe voller Dokumente mit und sitzen einfach nur fassungslos da.

Muss ich sagen, dass Dieter und Carola unisono berichten, es gäbe auch nicht den geringsten Anlass für Jens' Todessprung?

»Wir sind doch eine ganz normale Familie, so was hat es bei uns noch nie gegeben«, sagt Vater Dieter, und Mutter Carola schüttelt nur immer wieder den Kopf, wischt sich ihre Tränen ab und beteuert: »Wir haben doch alles für ihn getan.«

Einmal mehr zeigt sich, dass man niemanden so wirklich kennt, niemanden, manchmal nicht mal sich selbst ...

Dieter und Carola Eisner sind leer. Welche Eltern machen sich schon Gedanken darüber, was mal sein wird, wenn sie eines ihrer Kinder beerdigen müssen? Es gibt genügend ältere Menschen, die sich keine Gedanken über ihr Ableben machen, und sie hinterlassen oft Angehörige, die hilflos beim Bestatter sitzen und noch nicht einmal wissen, ob der Verstorbene verbrannt werden wollte oder nicht.

Bei Älteren denke ich dann manchmal, dass die sich ja nun wirklich schon mal mit dem Thema hätten beschäftigen können, schließlich sehen sie, das sich um sie herum der Bekannten- und Verwandtenkreis immer mehr ausdünnt.

Zunächst einmal kann ich den Eisners nur helfen, indem ich sie durch die Vorbereitungen der Trauerfeier leite und sie berate. Ich frage also nach der Bestattungsart, und Frau Eisner und Herr Eisner antworten gleichzeitig, sie sagt: »Jens soll verbrannt werden«, und er sagt: »Auf keinen Fall einäschern.«

Das Ehepaar schaut sich an, er fasst ihre Hand, sie zuckt mit den Achseln.

Ich versuche zu beraten, weise auf die Laufzeiten der Gräber und die Ruhezeiten hin, erkläre den Ablauf der Trauerfeier und zeige die Unterschiede zwischen einer Erd- und einer Feuerbestattung auf. Vielleicht ergibt sich daraus eine Entscheidungshilfe für die Eisners.

Sie sind immer noch unschlüssig, diskutieren miteinander, und jeder von ihnen erinnert sich daran, dass ihr Sohn bei irgendwelchen Gelegenheiten mal das eine, mal das andere gesagt haben soll.

»Was für ein Grab soll es denn sein?«, erkundige ich mich.

Herr Eisner sagt: »So ein großes, für die ganze Familie.«

Ich rechne ihnen vor, was so ein Familiengrab kostet, weise auf ihr junges Alter hin und zeige ihnen auf, dass sie dreißig Jahre oder länger ein großes Familiengrab bezahlen und pflegen müssten, obwohl da nur ein Verstorbener bestattet wäre.

»Das wäre ja auch Quatsch, oder was meinst du«, fragt Herr Eisner seine Frau, doch die zuckt wieder nur mit den Achseln und schüttelt den Kopf.

»Wer soll denn noch alles in das Grab?«, frage ich nochmals nach, und Herr Eisner sagt: »Na, der Opa, also der Vater meiner Frau. Die Oma ist ja schon vor zehn Jahren gestorben, und ihre Urne ist in so einem kleinen Minigrab, so was wollen wir auf keinen Fall.«

»Wenn das so ist, dann könnte man doch ein Familiengrab nehmen. Ich wusste ja nicht, dass es da noch Eltern gibt. Also würde man jetzt den Jens dort beisetzen, dann den Großvater, wenn man mal von der normalerweise zu erwartenden Reihenfolge ausgeht, und wenn Sie das so wollen, können wir in ein paar Jahren auch die Urne der Oma noch dort mit hineingeben.«

Frau Eisner fasst sich etwas, nickt heftig und sagt: »Das wäre schön, so habe ich mir das eigentlich immer gewünscht.«

»Ja, dann ...«, sagt Herr Eisner, bricht ab und schaut seine Frau an, während er ihre Hände hält. Sie sagt mit fragendem Ton: »Kevin?«, und er nickt. Dann wendet er sich an mich: »Es ist nämlich so, dass wir vor dreiundzwanzig Jahren schon einmal ein Kind hatten. Kevin ist mit vier Monaten gestorben, das Grab ist auch noch da.«

»Hm, dreiundzwanzig Jahre ist aber an der Grenze, normalerweise sind Kindergräber da schon abgelaufen.«

»Das wissen wir. Das ganze Feld ist schon vor ein paar Jahren abgelaufen, aber es sind da noch ein paar Gräber am Rand, die laufen noch bis nächstes Jahr, und dann wird das ganze Feld plattgemacht. Offiziell sind die anderen Gräber schon abgelaufen, aber wir können das Grab noch pflegen, bis es dann so weit ist. Meine Frau würde das Grab am liebsten gar nicht hergeben, aber da die Ruhezeit für Kinder so kurz ist, sagen die von der Verwaltung, dass da jetzt alles vorbei ist.«

»Ich bezweifle auch, dass da noch wirklich viel in der Erde ist. Ob man da überhaupt an eine Umbettung denken sollte ... Man müsste mal mit der Verwaltung sprechen. Was aber auf jeden Fall geht und machbar ist, wir können dann entweder auf den Grabstein am neuen Familiengrab Kevin mit aufführen oder noch einen kleineren Gedenkstein auf das Grab legen.«

Frau Eisner macht große Augen, tippt mit dem Finger auf meinen Notizblock und sagt: »Schreiben Sie das bitte so auf! Ich will nicht, dass da was ausgegraben wird, aber wenn wir schon ein Grab für die ganze Familie bekommen, dann soll der Kevin wenigstens mit auf dem Stein stehen.«

So diskutieren wir fast eine halbe Stunde über Gräber, Grablaufzeiten, Ruhefristen, und unten im Keller liegt ein junger Mann in der Kühlung, der von einer Brücke gesprungen ist. Über ihn verlieren die Eisners kaum ein Wort, sagen nur das Notwendigste. Offenbar hilft es ihnen momentan, sich mit dem anderen Drumherum zu beschäftigen, dann müssen sie nicht an diesen Fall denken.

Es führt aber kein Weg daran vorbei, auch für Jens müssen jetzt Entscheidungen getroffen werden.

Ich lege unser Formular wieder zuoberst auf meinen Stapel

und fordere die beiden nochmals auf: »So, jetzt müssen wir aber entscheiden, ob Jens eingeäschert wird oder nicht.«

Herr Eisner ergreift das Wort: »Sie haben da vorhin so was gesagt, dass man auch eine Urnentrauerfeier machen kann. Wie war das noch mal ganz genau? Ich glaube, das wäre genau das Richtige für uns. Dann käme doch eine Feuerbestattung in Frage.«

»Nun, bei einer normalen Beerdigung steht ja der Sarg in der Trauerhalle, alle Trauergäste nehmen dort an der Trauerfeier teil, und anschließend begleiten sie den Sarg zum Grab, wo dann die Beerdigung stattfindet. Ein gemeinsamer Gang, ein Weg. Bei einer Feuerbestattung sieht das in den meisten Fällen anders aus. Da steht auch der Sarg in der Halle, es gibt ebenfalls eine Trauerfeier, aber dann ist alles ziemlich abgeschnitten. Die Trauerfeier endet, der Sarg bleibt stehen und wird später ins Krematorium gebracht. Eine oder zwei Wochen später ist dann erst die Beisetzung der Urne. Man muss wieder auf den Friedhof, geht zum Grab, hat also zwei schwere Gänge auf den Friedhof. Besser finde ich persönlich die Urnentrauerfeier. Wir würden Jens, wenn Sie sich dann für eine Feuerbestattung entscheiden würden, schon sehr bald ins Krematorium bringen und dafür sorgen, dass die Urne recht zügig zur Verfügung steht. In etwa acht bis zehn Tagen könnte dann auf dem Friedhof eine Trauerfeier stattfinden. Vorne steht dann statt des Sarges die Urne, alle Trauergäste nehmen an der Trauerfeier teil und begleiten dann die Urne zum Grab und nehmen an der Beisetzung teil. Das hat mehrere Vorteile: Zum einen braucht man für die Einäscherung keinen besonderen Sarg nehmen, das einfachste Modell genügt, denn den Sarg sieht ja niemand. Zum anderen hat man nur einen schweren Gang auf den Friedhof, weil alles zusammen passiert, diese einsame Urnenbeisetzung entfällt.«

»So machen wir das!«, sagt Frau Eisner, blickt ihren Mann

an und sagt: »Dieter, ich will da vorne keinen Sarg stehen haben, ich könnte den Gedanken nicht ertragen, dass da Jens drinliegt. Bei einer Urne ist das irgendwie was anderes.«

Er nickt, und ich mache das Kreuz bei »Feuer«.

»Ich muss dann jetzt auch keinen Sarg raussuchen, oder?«, will Frau Eisner wissen, und ich schüttele den Kopf: »Nein, müssen Sie nicht. Vielleicht die Urne ...«

»Jens liebte alles was silbern ist, haben sie so was?«, fragt Jens' Vater, und ich schlage im Katalog die Seite mit der glänzenden Messingurne auf. Die beiden schauen sich an, nicken sich zu, und Herr Eisner sagt: »Exakt, genau die ist es.«

Ich finde die Messingurne auch sehr schön, aber leider wollen die wenigsten Kunden sie kaufen. Wegen ihrer glänzenden Oberfläche sagen die Leute im Ausstellungsraum immer, sie sähe aus wie ein Sportpokal. Und bevor die Eisners hinterher dann enttäuscht sind, gehe ich nach nebenan und hole die Urne, um sie ihnen zu zeigen.

Da steht sie nun auf dem Sideboard, die Eisners betrachten sie und sind beide der Meinung, dass es genau die richtige Urne für ihren Sohn ist. Herr Eisner sagt: »Dass da ein ganzer Mensch reinpasst ...«

Seine Frau weint und fügt hinzu: »... ein ganzes Leben.«

»Wir haben keine Ahnung, warum Jens das gemacht hat«, sagt er, und das ist alles, was er über Jens sagen will. Er wischt die Gedanken an ihn mit einem Ruck, der durch seinen Körper geht, einfach fort und fragt: »Was ist denn jetzt an Formalitäten zu erledigen?«

Ich erkläre ihnen alles, wir besprechen den Termin, das mit dem Pfarrer und den Blumenschmuck. Eine Anzeige wollen die Eisners auf gar keinen Fall in der Zeitung haben, da würde bestimmt ab morgen genug in der Zeitung stehen, und sie wollen keinen Wirbel. »Die paar Leute, die das was angeht, die ruf ich selber an«, bestimmt Herr Eisner.

Mein Formular ist noch halb leer, und ich frage die einzelnen Positionen ab.

Schließlich komme ich an die Stelle, an der ich eintrage, welchen Beruf der Verstorbene hatte, und das ist die entscheidende Stelle.

»Warum müssen Sie das denn wissen?«, fragt Dieter Eisner und klingt aufgebracht.

»Also, wir wollen auf keinen Fall, dass da von der Arbeit jemand kommt«, sagt seine Frau, und ich merke, dass es da etwas gibt, was die beiden sehr aufregt.

Ich versuche sie zu beruhigen und erkläre ihnen, dass ich diese Angabe für das Standesamt benötige und sie sich keine Gedanken zu machen brauchen.

»Jens war gerade dabei, sich auf die Verwaltungsprüfung vorzubereiten. Er wäre Verwaltungsfachangestellter bei der Stadtverwaltung geworden. Aber bitte, von der Arbeit soll einer kommen.« Herr Eisner macht eine abwehrende Handbewegung und pocht mit dem Finger dann auf den Tisch.

»Warum soll denn da keiner kommen?«

Frau Eisner sagt nur: »Weil er sich da nicht wohl gefühlt hat.«

Mehr nicht. Das ist alles.

Ich will sie auch nicht quälen oder ausfragen, stattdessen erkläre ich ihnen, wie es weitergeht, dass sie jetzt zum Friedhof gehen sollten, um ein passendes Grab herauszusuchen. Ein paar Sachen sind noch zu besprechen, das machen wir, und dann lasse ich mir noch die Unterlagen unterschreiben, und wir vereinbaren, dass die Eisners am nächsten Tag wiederkommen, um mir ein Foto von Jens zu bringen, das wir vergrößern und bei der Trauerfeier vor der Urne aufstellen können.

Herr Eisner zückt die Brieftasche und will alles gleich bezahlen, ich winke ab und weise ihn darauf hin, dass wir die Endsumme erst wissen, wenn das Grab ausgesucht wurde. Er besteht aber darauf, wenigstens schon mal tausend Euro dazulassen, und ich schreibe ihm eine Quittung. Dann gehen sie.

Zehn Tage später. Inzwischen hat die Beisetzung von Jens stattgefunden.

Am Tag der Urnentrauerfeier stand die Messingurne vorne in der Trauerhalle des Friedhofs auf einer blumengeschmückten Säule.

Im Laufe des Morgens waren noch etliche Blumenspenden eingetroffen, deutlich mehr, als das Ehepaar Eisner erwartet hatte. So deutete sich für uns schon an, dass da mehr Leute kommen würden als ursprünglich angenommen.

Etwa zehn Leute standen etwas abseits in einer Gruppe und hatten einen Kranz dabei. Die Kranzschleife wies sie als Arbeitskollegen von der Stadtverwaltung aus. Das waren also die Leute, die Herr Eisner auf keinen Fall bei der Trauerfeier dabeihaben wollte.

Wir hatten keine entsprechenden Instruktionen, und deshalb bestand für uns keine Veranlassung, die Leute wegzuschicken. Ich blickte ein paarmal zu Herrn Eisner hinüber und bemerkte, dass er die Leute angeschaut und wahrgenommen hatte. Wenn er nichts unternahm, warum sollten wir uns einmischen?

Mich haben schon häufiger Leute gefragt, wie es sich denn der Bestatter anmaßen könne, über die Teilnahme an der Trauerfeier zu entscheiden.

Macht er ja gar nicht. Jeder Bestatter ist froh, wenn die Feierlichkeiten reibungslos und ohne größere Störung ablaufen. Schon deshalb wird es ihm immer fernliegen, in unmittelbarer zeitlicher Nähe zur Trauerfeier große Streitereien und Diskussionen auszulösen. Aber manchmal gibt es eben so Fälle, da möchte man bestimmte Leute nicht dabeihaben, weil von ihrer

Teilnahme eben die Störung der Feierlichkeiten zu erwarten wäre.

In unserer eigenen Feierhalle habe ich sowieso das Hausrecht. In den Trauerhallen auf den Friedhöfen ist es so, dass wir notfalls stellvertretend für den Auftraggeber das Hausrecht wahrnehmen und erforderlichenfalls auch mit Polizeigewalt durchsetzen.

Anders als viele glauben, sind Trauerhallen keine öffentlichen Gebäude, sondern Zweckgebäude, die den Betroffenen gegen Bezahlung für einen bestimmten Zweck zur Verfügung gestellt werden. Und Trauerfeiern sind schon gar nicht öffentlich, als dass jeder das Recht hätte oder einen Anspruch darauf, da einfach teilzunehmen.

Normalerweise wird man aber selbst dann als Angehöriger kein Theater machen, wenn zur Trauerfeier auch unliebsame Gäste kommen. Das nimmt man hin, ärgert sich vielleicht darüber, dass »ausgerechnet der die Stirn hatte, da aufzutauchen«, macht aber weiter keinen Wirbel. Besser ist das so.

Am allerbesten ist es aber, wenn die Hinterbliebenen solche Erwartungen vorher ansprechen. Dann kann ein umsichtiger Bestatter schon viel tun, um die Konfliktparteien zu trennen, etwa durch geschickte Plazierung in der Trauerhalle oder das Reservieren von Sitzreihen.

Die Gäste hatten Platz genommen, und die Trauerfeier stand kurz vor dem Beginn, da stand einer der Männer aus dem Kreis der Arbeitskollegen von seinem Platz in der vordersten Reihe der linken Seite auf, knöpfte sich sein Jackett zu, zückte ein kleines weißes Zettelchen und ging zu Herrn Eisner. Dann stellte er sich steif vor diesem auf und sprach kurz mit ihm.

Aha, dachte ich, das wird wohl einer der Kollegen oder eventuell sogar einer der Vorgesetzten sein, der nun anfragt, ob er eine kurze Rede halten darf. Ich wusste ja, dass die Eisners ein gespanntes Verhältnis zur Arbeitsstätte ihres Sohnes hatten, und schaute neugierig hinüber. Was würde Herr Eisner tun?

Nun, ich hatte damit gerechnet, dass Eisner kurz und heftig den Kopf schüttelt, immerhin hatte er von der Stadtverwaltung überhaupt niemanden bei der Trauerfeier sehen wollen, und so konnte ich mir nicht vorstellen, dass er es gerne gesehen hätte, wenn einer von denen auch noch Teil der Trauerzeremonie geworden wäre. Was dann aber geschah, ja, damit hatte selbst ich nicht gerechnet. Herr Eisner stand ebenfalls auf, knöpfte sich in Seelenruhe einen Knopf seiner Anzugjacke zu, und dann, man konnte es kaum sehen, so schnell ging das, zuckte sein rechter Arm vor, und der Arbeitskollege des Verstorbenen bekam einen stumpfen Fausthieb auf die empfindliche Stelle zwischen Brust und Bauch und sackte innerhalb von Sekundenbruchteilen mit verdrehten Augen nach hinten, setzte sich auf den Hosenboden, kullerte dann fast wie in Zeitlupe auf die Seite und blieb kurz vor einem der Kränze regungslos liegen.

Die Trauergäste waren aufgesprungen, kaum einer hatte richtig mitbekommen, was passiert war, und alle tuschelten. Von halblinks hörte ich, da sei einer ohnmächtig geworden, von rechts hieß es, ein Betrunkener sei umgefallen, und von hinten fragte eine ältere Dame: »Ist der jetzt auch tot?«

Ich eilte nach vorne, einer der Friedhofsangestellten kam ebenfalls dazu, und gemeinsam kümmerten wir uns um den »Gefallenen«, der nach ein par Sekunden der Orientierungslosigkeit wieder zu sich kam und stöhnend in die Runde blinzelte. Wir brachten den Mann raus in den Gang bei den Leichenzellen und setzten ihn dort auf einen Stuhl. Währenddessen drang tumultartiges Rufen und Schreien aus der Trauerhalle an mein Ohr, und mein Herz begann wie wild zu klopfen, Schweiß trat auf meine Stirn. Was, um alles in der Welt, war denn da los?

Als ich wieder in die Trauerhalle kam, sah ich folgendes Bild: Herr Eisner hatte sich eine der großen Wachskerzen, die unangezündet am Rand der Halle in Reserve standen, geschnappt und war dabei, diese wie einen Prügel drohend über seinem Haupt zu schwingen und damit die Kollegen und Kolleginnen des Verstorbenen aus der Trauerhalle zu vertreiben: »Verschwindet bloß, heimtückisches Pack, scheinheilige Bande, ihr habt meinen Sohn in den Tod getrieben, ihr Mobber, ihr Menschenverächter, Schweine, Banditen …!«

Frau Eisner weinte, die übrigen Trauergäste tuschelten, aber keiner griff ein, und so lang einem das Ganze im Nachhinein vorkommt, es hat nur ein paar wenige Sekunden gedauert, dann waren die Leute von der Stadtverwaltung aus der Trauerhalle verschwunden. Wortlos, ohne Widerworte, mit eingezogenem Kopf und hastig waren sie hinausgelaufen. Herr Eisner stellte die lange, dünne Kerze neben die Eingangstür, klopfte sich sinnbildlich den Staub von den Händen und nahm, seine schwarze Krawatte richtend, neben seiner Frau Platz und begann diese zu beruhigen.

»Es kann losgehen!«, gab ich dem hinter mir inzwischen aufgetauchten Friedhofsleiter das Kommando, und er drückte auf einen Schalter an der Wand, woraufhin vom Band das erste Lied abgespielt wurde, und Pfarrer Diepenholz, der von alledem vor lauter Vorbereitungsstress nichts mitbekommen hatte, zog in die Feierhalle ein.

Als sei nichts gewesen, ließen die Eisners die Trauerfeier vorübergehen, und anschließend soll weder von anderen noch von ihm das Thema angeschnitten worden sein. Und trotzdem wurde natürlich überall heftig getuschelt und diskutiert.

Tage vergingen, und mir war der Spott der städtischen Friedhofsangestellten sicher. Ob das Ernst-August von Hannover gewesen sei, wollte einer wissen, und ein anderer forderte im Scherz eine Gefahrenzulage, wenn wir wieder so gefährliche Leute mitbringen …

Doch es kam der Tag, an dem die Eisners zu uns kamen, um die letzten Angelegenheiten zu besprechen, und bei dieser Gelegenheit überreichte mir Herr Eisner eine Schachtel mit Pralinen (Antonia, wo sind die eigentlich?), um sich zu entschuldigen. Das sei sonst gar nicht seine Art, er habe noch nie jemanden geschlagen, und trotzdem tue ihm der Vorfall an sich kein bisschen leid, nur dass wir vielleicht Ärger deswegen hätten.

»Was war denn da überhaupt los?«, wollte ich wissen, und dann erzählten die Eisners abwechselnd folgende Geschichte:

»Unser Sohn Jens ist etwas zurückgeblieben gewesen, aber verstehen Sie uns bitte nicht falsch, der war nicht behindert oder eingeschränkt, um Himmels willen. Nein, der war als 18-Jähriger noch so ein 15-Jähriger, nicht von der Intelligenz her, sondern so von seinem kindlichen Wesen. Ein ganz Lieber, wissen Sie, das war der Jens.«

»Zurückgeblieben ist vielleicht auch nicht das richtige Wort, eher könnte man sagen, dass er dem ganzen Rummel, den junge Leute oft so machen, eher skeptisch gegenüberstand und sich lieber mit Büchern beschäftigte und viel mit seinem Fotoapparat in der Natur unterwegs war. Wenn die anderen sich samstags verabredeten, zog er lieber durch den Wald und knipste Spechte und Eichhörnchen. Manchmal haben wir uns sogar Sorgen gemacht und uns gefragt, ob mit ihm was nicht stimmt, aber im Grunde war uns das so lieber. Er hat ja keinem was getan und niemandem geschadet, und ihm hat es ja an und für sich auch nicht geschadet.«

»Auf der Arbeit bei der Stadtverwaltung war er damit aber ein Außenseiter, da heißt es ja jeden Tag ›hoch die Tassen‹ und es gibt ja immer was zu feiern. Mal hat einer Geburtstag, mal wird jemand Vater, und dann wird einer versetzt und am nächsten Tag muss ein Neuer seinen Einstand geben. Die saufen da wie die Löcher, das ist fürchterlich. Auch nach Feierabend gibt es für viele nichts anderes, als noch eben mit den Kollegen auf ein Bier in die Pinte zu gehen.«

»Ja, und da hat Jens nie mitgemacht. Gut, seinen Einstand hat er gegeben, und wenn für einen Geburtstag oder so gesammelt wurde, gab er auch immer was, aber diese Feierei, nee, das war nicht sein Ding. Und so kam es, dass es nicht lange dauerte, bis die anderen anfingen, ihn zu mobben. Was die mit Jens gemacht haben, das war unter aller Kanone! Die haben ihn bei jeder Gelegenheit aufgezogen, haben ihn lächerlich gemacht und ständig über ihn gewitzelt. Das mag sich nicht so schlimm anhören, aber wenn das den ganzen Tag so geht, dann kann einen das schon mürbe machen.«

»Dann haben die angefangen, ihn auch vor den Bürgern lächerlich zu machen. ›Dafür ist Kollege Nichtraucher zuständig‹ oder ›Gehen Sie mal zu Herrn Muttersohn‹ haben die gesagt und sich schimmelig gelacht. Dass die ihm die Luft aus den Autoreifen gelassen haben, das war nur der Auftakt für eine ganze Serie von üblen Streichen. An seinem Bürostuhl haben sie eine Rolle abgemacht, ihm Kaffee mit fauligem Blumenwasser gebracht, und einen Tag haben sie Jens in der Herrentoilette in einer der Kabinen eingesperrt. Drei Stunden war er da drin, und erst dann ist der Hausmeister gekommen und hat ihn befreit.«

»So ist das viele Monate gegangen, und Jens ist daran kaputtgegangen. Sie glauben nicht, wie gerne der zur Arbeit gegangen ist, am Anfang wenigstens, aber dann … Erst wurde er krank, richtig krank, Bauchschmerzen, Magenprobleme, Durchfälle, alles nur psychosomatisch wegen seiner Kollegen. Dann hat er mit dem Personalrat gesprochen, und ein Vorgesetzter hat ein Rundschreiben gemacht. Aber das hat die Sache nur verschlimmert. Schließlich musste Jens sogar zum Psychotherapeuten, so haben die den fertiggemacht. Und wir glauben, dass er uns die wirklich schlimmen Sachen noch gar nicht erzählt hat. Ganze Wochen lang soll die ganze Abteilung ihn vollkommen ignoriert haben, die haben einfach so getan, als sei er Luft. So was kann einen Menschen fertigmachen.«

»Unentwegt hat das Telefon in seinem Zimmer geklingelt, und immer wenn er dranging, wurde schnell aufgelegt. Immer wieder bekam er über das Intranet der Stadtverwaltung Mails, in denen ihm damit gedroht wurde, man würde sein ›Geheimnis‹ verraten. Wir haben keine Ahnung, was das für ein Geheimnis hätte sein sollen, auch Jens wusste das nicht. Aber man kommt ja dann doch ins Grübeln und fängt an zu überlegen, was da gewesen sein könnte, was die anderen da wissen könnten ... Aber uns ist nichts eingefallen.«

»Tja, und dann war auf einmal wieder alles in Ordnung, die Kollegen taten so, als würden sie Jens voll integrieren, waren ein paar Tage freundlich und nett zu ihm, nur um ihn dann, als er wieder Vertrauen gefasst hatte, wieder auflaufen zu lassen. Bei einem Ausflug, an dem er extra teilnahm, um seinen guten Willen zu zeigen, ließen sie ihn einfach an einer Autobahnraststätte stehen und lachten sich kaputt. Wir mussten dann 150 Kilometer fahren, um ihn da abzuholen.«

Und noch an viele Beispiele mehr errinnerten sie sich. So ging das wohl die ganze Zeit, und Jens ist daran kaputtgegangen ...

NARHALLA

Nicht nur zur fünften Jahreszeit sind auch bei uns hin und wieder die Narren los ...

GLEICH vier Männer kommen am Silvestertag zu mir ins Büro und wollen einen toten Freund beerdigen. Einen von denen kenne ich, er ist vorsitzender Richter oder leitender Präsident, oder wie immer das auch heißen mag, bei den örtlichen Karnevalsveranstaltungen. Jedenfalls sitzt er vorne in der Mitte, mit dem Gesicht zum Publikum, und alle machen, was er sagt.

Doch, doch, die anderen müsste ich doch auch kennen, die seien doch aus seinem Elferrat, meint Herr Pöschl, ebenjener vorsitzende Dompfaff der Karnevalsgesellschaft »Ranzige Ortsfassel«. Na ja, vielleicht würde ich sie kennen, wenn sie ihre dunklen Anzüge und diese Mützen mit den Fasanenfedern anhätten, haben sie aber nicht.

Das wär' ja jetzt voll dumm gelaufen, dass der Hugo gestorben sei. Gott sei Dank bräuchte man den nicht für den Aufbau und die Bütt', der wäre ja letztes Jahr schon ausgerechnet in der Kampagne im Krankenhaus gewesen.

»In der Champagne?«, frage ich verwundert. »Zahlt das denn die Kasse?«

»In der Kampagne, K, mit K!«

Da wollte ich auch mal lustig sein, sind doch schließlich Karnevalisten, und ausgerechnet die verstehen meinen geschliffenen Wortwitz nicht. Besonders traurig scheinen die über das Hinweggleiten der Seele ihres Fastnachtsbruders nicht zu sein und kommen relativ schnell zum Kern ihres Anliegens.

»Also wir würden vom Verein aus die ganze Beerdigung und alles bezahlen, wenn die Beerdigung erst nach Aschermittwoch ist«, sagt der Vorsitzende, und einer von seinen Kampfesbrüdern, der aussieht wie Hein Blöd, beeilt sich schnell zu sagen: »Sie müssten den Hugo vielleicht einfach einfrieren.«

»Warum sollen wir denn die Beerdigung nicht nächste Woche machen?«

Diese Frage trägt mir wieder einige unverständliche Blicke ein. Das ginge ja wohl gar nicht! Die ganze Session, also die Kampagne, gehe immer vom 11.11. bis zum Aschermittwoch. Und das Blöde an der Sache sei ja in jedem Jahr, dass direkt nach dem 11.11. die Adventszeit vollkommen überflüssigerweise und absolut störend dazwischenkomme und jede weitere ernsthafte karnevalistische Betätigung vorübergehend zum Erliegen bringe.

Der Gipfel sei ja, dass dann auch noch Weihnachten und Silvester in die Quere kommen, schließlich sei die Zeit ja kurz bemessen, denn unsinnigerweise stehe ja das Osterfest mit der vorangehenden Fastenzeit einer ganzjährigen Belustigung noch viel störender im Wege.

Außer der vereinsinternen Weihnachtsfeier im »Goldenen Schwan« könne man bis Neujahr so gar nichts machen und stehe quasi mit den Hufen scharrend in den Startlöchern, um dann im jeweils neuen Jahr mit Karracho und Tschingderassabum loslegen zu können.

»In diesem Jahr ist aber schon am 8. Februar Schluss, Ostern ist so früh, und je früher Ostern ist, umso früher sind auch Aschermittwoch, Rosenmontag und der Rest der närrischen Tage, die ja alle damit zusammenhängen«, erklärt mir einer der Elferräte.

Ich erkenne das Problem. Die Karnevalsgesellschaft hat in die kurze Session, die so richtig erst jetzt am 1. Januar ins

Laufen kommt und nur gut einen Monat dauern kann, alle närrischen Termine gepackt, und der Trauerfall mit allen Vorbereitungen, Versammlung auf dem Friedhof und einer anstandshalber zu gewährenden Trauerzeit würde den Verein vor große Probleme stellen.

Da zahlen die lieber die ganze Beerdigung und erwarten, dass ich den Mann einen Monat lang einfriere. So doof und abwegig ist die Idee gar nicht. In Kanada wird das auch gemacht. Der Frost macht Erdbestattungen in den nördlichen Gebieten im Winter nahezu unmöglich, da hilft dann auch ein Auftauen des Bodens mit Gasbrennern nicht. Man lagert die Verstorbenen ein, und sobald es taut, gibt es eine Beerdigung nach der anderen.

Aber wir sind nicht in Kanada, haben keinen Frost, und nur die gestörte Terminlage eines Karnevalsvereins ist kein ausreichender Grund, dem werten Hugo ein anständiges und zeitnahes Begräbnis zu verweigern.

Das sage ich den Herren auch, und sie schmollen sichtlich. Sie hatten sich das so schön ausgetüftelt, und jetzt mache ich ihnen einen Strich durch die Rechnung.

»Was sagt denn überhaupt die Witwe dazu, der Mann war doch verheiratet, oder?«, erkundige ich mich, und der Vorsitzende Pöschl beeilt sich zu sagen: »Ich bin bevollmächtigt, alles zu regeln, wir haben das alles mit der Hannelore schon geklärt.«

Und Hein Blöd fügt hinzu: »Die Hannelore ist die Frau vom Hugo!«

»Wann?«, frage ich.

»Na heute Morgen, wir waren vorhin bei ihr.«

»Dann rufe ich die Frau jetzt mal an, okay?«

»Das brauchen Sie nicht, wir haben alles besprochen, die ist bestimmt jetzt müde oder ganz in Trauer oder hat jetzt keine Zeit …«

»Ich ruf die jetzt an.«

Während ich den Hörer ans Ohr nehme, schmollen die Herren wieder. Ich muss zugeben, dass sie sehr freundlich und höflich sind, ich vermute mal, die haben sich gestern, als sie die Todesnachricht erhalten haben, zusammengesetzt und das mit dem Einfrieren gemeinsam ausgetüftelt. Dann haben sie es heute Morgen der Witwe beigebracht, und die arme Frau hat ob der männlich-karnevalistischen Übermacht kapituliert. Böse haben sie es nicht gemeint, doch durch meinen Anruf könnte ihr ganzer schöner Plan ins Wanken geraten. Wenn es schlecht läuft, ist die Beerdigung erst nächste Woche, und da hat man eigentlich schon so allerhand an Terminen.

Die Frau meldet sich, ich stelle mich vor, und sie will gleich wissen, wann die Beerdigung ist und wie das denn mit dem Sarg sei, den wolle sie doch selbst aussuchen, und den guten Anzug vom Hugo, den müsse sie doch auch vorbeibringen.

Na, das soll sie dann doch machen, schlage ich vor, und wenn es geht gleich. Ja, das macht sie doch.

Die vier Narhallesen bekommen Kaffee und nutzen die Zeit, mich den üblichen Blödsinn zu fragen, den alle Leute fragen, wenn sie mal in etwas entspannterer Stimmung bei uns sind.

Ob man denn mal probeliegen könne, ob wir Grüne und Müslis auch kompostieren, ob wir eventuell auch die noch lebende, böse Schwiegermutter holen und einäschern können, ob nicht manchmal auch einer wieder aufsteht, ob ich keine Angst im Keller habe, ob wir schon mal einen ganz dicken Mann dabeihatten, ob wir Särge auch zweimal nehmen ...

Das Übliche eben.

Kaum eine Viertelstunde später ist die Frau da. Eine kleine, aber sehr resolute Frau, die keineswegs den Eindruck macht, als ließe sie sich von den närrischen Elferräten überrumpeln. Trotzdem bringe ich sie nach nebenan in ein anderes Beratungszimmer, schließe die Tür und will erst mal hören, was sie zu sagen hat.

»Na, hören Sie mal! Wir können den Hugo jetzt nicht beerdigen. Das macht die ganze Kampagne kaputt, das hätte der Hugo auch nicht gewollt.«

Damit hatte ich, ehrlich gesagt, nicht gerechnet.

Nein, sie selbst sei seit dreißig Jahren als Putzfrau »Frau Silberblick« auf der Bühne, und der Karneval sei für sie und ihren Mann immer das Größte gewesen.

Ich hatte erwartet, dass sie jetzt voller Trauer auf einer baldigen Beerdigung beharrt und die Karnevalisten sie eigentlich mehr oder weniger zu einer Verschiebung gedrängt hatten, ich muss aber erkennen, dass das nicht der Fall ist.

Was kann man tun? Einfrieren geht nicht, aber mir fällt eine andere Lösung ein.

»Wir könnten Ihren Mann abholen und ins Krematorium bringen, dort wird er dann eingeäschert, und wann wir die Urnenbeisetzung machen, das ist völlig egal, das kann auch erst in einem oder zwei Monaten sein.«

»So machen wir das! Genau so machen wir das!«

Sie ist offensichtlich sehr erleichtert, und ich denke, jetzt wäre ein guter Zeitpunkt, sie mit den übrigen Karnevalisten zusammenzuführen. Auch die nehmen den Vorschlag mit der späteren Urnenbeisetzung begeistert auf. Der Rest geht zügig, Sarg und Wäsche sind schnell ausgesucht, eine schöne Überurne und damit sind wir auch schon durch. Ich nehme noch die üblichen Daten auf, die Rechnung, so beschließt man kurzerhand, wird zwischen der Frau und dem Verein aufgeteilt. Alles andere, die Terminabsprachen, das mit dem Pfarrer und die Anzeigen und Blumen, das machen wir erst in ein paar Wochen.

»Sie müssen wissen«, sagt der Vorsitzende, »Dutzende von Leuten arbeiten das ganze Jahr auf die paar Tage hin …«

Ich nicke nur, was soll ich auch sagen? Auf der einen Seite kann ich die Karnevalisten ja schon verstehen, auf der anderen Seite gehört das Sterben nun mal zum Leben dazu, und man muss sich damit auseinandersetzen.

Ich denke, wir haben einen guten Kompromiss gefunden.

HALLOWEEN

Wenden wir uns den meistgestellten Fragen zu: Haben Sie schon einmal etwas Unheimliches erlebt? Gibt es Gespenster in den Leichenhallen? Ich kann den Leser beruhigen, es gibt keine Gespenster, zumindest nicht nach meiner Erkenntnis. Aber unheimliche Sachen passieren doch hin und wieder.

LETZTES Jahr zu Halloween:

Es ist neblig, sehr neblig. Das hatte der Wettermann im Radio ja schon so angekündigt, aber bis zu uns in die Stadt kommt der Nebel ja sowieso nie. Der einzige Nebel, den ich dort in den letzten Jahren erlebt habe, sind die stinkenden Schwaden, die ab und zu aus der Kanalisation emporsteigen.

Wir sind ja Nachtwanderer, Bestatter müssen sehr oft nachts raus und fahren dann durch die Einsamkeit der Städte. Ich finde, nachts sieht alles ganz anders aus. Vor allem in der Innenstadt. Tagsüber pulsiert hier das Leben, eine Straßenbahn jagt die andere, die Händler haben vor ihren Läden allerhand Ständer und Schilder aufgestellt, und Tausende kaufwilliger Menschen schieben sich durch die Fußgängerzonen.

Wie anders sieht das mitten in der Nacht aus. Leergefegte Straßen, Tristesse allenthalben. Für uns ist das gut, so können wir ohne Hunderte von Gaffern direkt in der Fußgängerzone parken und unsere Arbeit erledigen.

Aber jetzt bin ich nicht in der Großstadt, sondern ein Anruf hat uns tief in die waldreiche Region weit vor den Toren der Stadt geführt. Schwester Klara ist verstorben, eine Ordensfrau. Ich weiß gar nicht, seit wann die Nonnen dieses Klosters ihre Toten durch unser Haus bestatten lassen, und ich kann mich auch nicht daran erinnern, dass das jemals anders war, vermutlich ist das schon seit Generationen so.

Verdienen können wir an so einem Auftrag nicht viel, aber diese Aufträge haben etwas Besonderes. Denn sie finden nach einem mittelalterlich anmutenden Bestattungsritus statt, der so gar nichts mit unserer normalen Arbeit zu tun hat. Hier ist noch der ganze Bestatter gefordert.

Bevor jedoch mein Mitarbeiter, Herr Flensen, und ich zur Tat schreiten können, müssen wir das vermaledeite Kloster finden. Es liegt auf einer kleinen Anhöhe mitten im Wald, wenigstens fünf Kilometer entfernt von der nächsten Ortschaft. Selbst bei Tageslicht und guter Sicht hätte ich Mühe, das Kloster zu finden, aber jetzt ist es neblig.

Abzweigungen, die ich weit voneinander entfernt vermute, tauchen urplötzlich direkt nacheinander aus dem Nebel auf, andere die direkt beieinanderliegen müssen, sind jetzt weit voneinander entfernt. Im Nebel sieht alles anders aus.

Das Navigationssystem hat schon vor drei Kilometern jeglichen Versuch, diese Adresse zu finden, entnervt eingestellt, und nachdem die blöde Tussi 22-mal »Wenn möglich, bitte wenden!« gekräht hat, habe ich es abgeschaltet.

Langsam tasten sich die Nebelscheinwerfer wie zwei helle Finger durch das weiße Gewaber, und Flensen neben mir meint: »Sie sind vorbeigefahren, Sie sind ganz bestimmt vorbeigefahren, die Abzweigung da hinten hätten wir nehmen müssen.«

Ich brumme nur, vielleicht hat er ja recht, aber zugeben will ich das jetzt noch nicht. Zumindest ist noch nichts am Wegesrand aufgetaucht, was mir vollkommen fremd gewesen wäre, aber ehrlich gesagt sind da auch nur Bäume, und die stehen erschreckend nahe an der Straße, näher als sonst.

»Der Weg wird immer enger«, sagt Flensen, »da kommen wir gleich nicht mehr weiter.«

Ich entgegne: »Wir sind schon richtig, da müsste jetzt

irgendwo das kleine blaue Schild mit dem Pfeil kommen, und da müssen wir dann rechts ab.«

»Bei dem Nebel haben wir nicht die geringste Chance, diesen kleinen blauen Pfeil zu finden«, gibt Flensen zu bedenken, und ich weiß, dass er recht hat.

In diesem Moment holpert es, der Wagen wird durchgeschüttelt, und irgendetwas schlägt von unten gegen den Wagenboden. Ich bremse scharf, zu scharf. Das Auto rutscht mir nach links weg, wie auf weichem Pudding. Instinktiv schließe ich die Augen und sehe uns vor meinem geistigen Auge schon mit dem schweren langen Volvo einen Baum rammen. Aber wir rutschen nur einen halben, vielleicht einen ganzen Meter, was mir aber im nächtlichen Nebel viel länger vorkommt. Dann steht der Wagen, und wir steigen aus.

»Schöne Scheiße«, meint Flensen, und ich sehe, was er meint. Die Hinterräder stecken bis zur Hälfte im matschigen Untergrund fest. Ich muss über einen dicken Ast gefahren sein.

»Ich geh mal gucken, über was wir da …«, sagt Flensen, mehr verstehe ich nicht, denn dann ist er verschwunden, und seine Stimme wird vom Nebel verschluckt.

So stehe ich kurz vor Mitternacht völlig allein im Wald, neben mir der brummende Volvo, dessen Scheinwerfer den dichten Nebel grell beleuchten. Irgendwo in dieser Suppe liegt ein Kloster, in dem die Schwestern darauf warten, dass wir ihre Mitschwester Klara beerdigen, und ich stecke mit dem Auto mitten im Wald fest. Schöne Scheiße!

Es ist saukalt, und außerdem drängt die Zeit. Um das zu verstehen, muss ich kurz auf das besondere Ritual eingehen, das in diesem Kloster seit Jahrhunderten gepflegt wird. Zunächst einmal ist es so, dass wir immer einen weißen Sarg liefern müssen. Allerdings darf der keine Griffe und keine Schrauben haben. Mit diesem Sarg fahren wir dann zum Kloster. Üblicherweise ist das am frühen Abend, und es erwartet uns ein gutes Abendessen. Dann dürfen wir auf den gar nicht so kleinen Friedhof der Klosteranlage und müssen dort nach alter Manier mit Hacke und Schaufel ein Grab ausheben. Zwei Meter lang, achtzig Zentimeter breit und einsachtzig tief.

Das ist immer eine elende Plackerei, denn das Grabschaufeln gehört normalerweise nicht mehr zu den Arbeiten eines modernen Bestatters. Aber es ist auch klar, dass die allesamt schon sehr betagten Klosterfrauen das nicht selbst machen können. Diese Arbeit müssen wir abends machen, das ist wichtig, denn die Verstorbene muss, so will es die Regel, bis zum Anbruch des nächsten Tages unter der Erde sein. Während wir schaufeln, versorgen die Schwestern im Kloster die Verstorbene und wickeln sie in weiße Tücher. In ihrer Kapelle nehmen sie dann von ihr Abschied. Später können wir die eingewickelte Tote mit einem klappringen Handwagen abholen und auf den Friedhof bringen.

Ganz wichtig ist das weitere Vorgehen, und ich habe schon mehrmals versucht herauszufinden, warum man das so haben will, aber die Schwestern sind sehr geschickt darin, einfach nur milde zu lächeln, »Vergelt's Gott« zu sagen und sich ansonsten in freundliches Schweigen zu hüllen. Jedenfalls stellen wir das Unterteil des Sarges in das Grab, lassen die eingewickelte Verstorbene an zwei Stricken hinunter und legen dann den Deckel auf. Anschließend schaufeln wir das Grab zu. Das alles machen wir ganz alleine, von den Schwestern ist da nie jemand zu sehen. Überhaupt macht der ganze Friedhof, im Gegensatz zur übrigen Klosteranlage, nicht den Eindruck, als würde er besonders gepflegt.

Nun gut, ich stehe also im Wald, Flensen ist im Nebel verschwunden, und ich merke, wie mir die Kälte den Rücken hochkriecht.

Hoffentlich kommt der bald wieder, wir haben noch viel zu tun. Erst mal den Wagen flottkriegen, dann den Weg zum

Kloster finden, und so ein Grab ist auch nicht in zehn Minuten geschaufelt.

Ich rufe: »Flensen!«, bekomme aber keine Antwort. Es ist so, als würde mein Rufen von einem dicken Kissen erstickt, so dicht ist der Nebel.

Da steh ich also bei Nacht im Nebel und rufe »Flensen«. Irgendwie habe ich ein mulmiges Gefühl. Kalt ist es, dunkel ist es, der Nebel umwabert mich, und das einzige Licht sind die zwei Lichtfinger vom Volvo, die nach erschreckend kurzer Strecke vom Nebel verschluckt werden.

Es knackt hinter mir, und ich zucke zusammen. Vielleicht habe ich doch zu viel »LOST« geguckt, und kurzfristig denke ich darüber nach, ob es auch bei uns »die Anderen« geben mag oder irgendwelche schrecklichen Kreaturen, die einen in den Wald ziehen.

Morgen früh bei Tageslicht würden sie dann meine Leiche finden, blutüberströmt, mit Stricken in den Baumwipfeln aufgehängt ...

Wieder knackt es, und ich zucke zusammen. Doch dann erkenne ich die Gestalt von Flensen, der aus dem Nebel herbeigestapft kommt, spärlich von den Rücklichtern angestrahlt.

»Ein Ast, Sie hatten recht, nur ein dicker Ast«, sagt er, macht hinten die Klappe vom Auto auf und wirft mir eine der beiden Schaufeln zu. Männer müssen in solchen Situationen nicht viel reden, und so scharren wir mehr als wir schaufeln den lehmigen Waldboden um die eingesunkenen Räder weg.

»Wenn wir da noch die Fußmatten drunterlegen und ich feste schiebe, kommen wir vielleicht raus«, meint Flensen.

Ich schaue mir Flensen an, und in Anbetracht seiner schmächtigen Figur sage ich: »Nee, ich schiebe, und Sie fahren.«

Er nickt, und ich weiß in diesem Moment, dass er später in der Firma stolz erzählen wird, dass der Chef die Karre in den Dreck gefahren hat und er sie dann wieder rausfahren musste.

Aber das ist mir jetzt gerade egal, Hauptsache, wir kriegen die Karre wieder flott.

Flensen legt den Rückwärtsgang ein, gibt Gas, ich drücke vorne an der Haube, doch der schwere Wagen bewegt sich kaum, der Boden ist viel zu glatt und matschig, und Winterreifen haben wir noch nicht montiert. Das glatte Profil der normalen Reifen rutscht nur so durch.

»Mehr links drücken, rechts packt er, glaub ich!«, ruft mir Flensen zu, und ich drücke auf der linken Seite. Flensen gibt ordentlich Gas, und endlich greift auch das linke Vorderrad, mit einem Satz befreit sich der Wagen, nicht ohne mich von oben bis unten mit Lehm zu bespritzen.

Ich habe zwar Lehm zwischen den Zähnen und im Gesicht, aber ich bin glücklich, dass wir weiterfahren können. Flensen bleibt am Steuer, ich werfe die Schaufel wieder hinten auf die Decke neben dem weißen Sarg für Schwester Klara, schließe die Klappe, und wenig später sitze ich wieder vorne neben Flensen, und wir fahren langsam rückwärts durch den nebligen Wald.

An ein Wenden des langen Wagens ist gar nicht zu denken, und ich bewundere meinen Angestellten, wie er nur mit den beiden Außenspiegeln trotz der schlechten Sicht klarkommt.

Ich bin sicher kein schlechter Fahrer, aber die Jungs vom Fahrdienst haben das besser drauf.

Es kommt mir vor, als wären wir fast eine halbe Stunde langsam rückwärts gefahren, da hält Flensen an, deutet vor uns in den Nebel: »Da, da hängt das blaue Schild.« Doch sosehr ich mich bemühe, ich kann in der Nebelsuppe nichts erkennen.

»Chef, Sie hätten Ihre Brille aufsetzen sollen!« Jetzt fängt der auch noch an! Reicht es nicht, dass meine Frau immer auf meiner angeblichen Kurzsichtigkeit herumreitet?

Er dreht das Steuerrad und biegt in den Seitenweg ein, und im letzten Moment sehe ich tatsächlich auch so etwas wie ein blaues

Schild. Ich fluche insgeheim, weil ausgerechnet im Volvo keine Taschenlampe mehr liegt. Gekauft habe ich von den sündhaft teuren Handscheinwerfern erst zwei, und die wandern jetzt ständig von einem Auto zum anderen, was zur Folge hat, dass sie immer in den Wagen liegen, die im Keller stehen.

Aus dem Dunkel taucht ein weiterer Wegweiser auf, und jetzt können wir sicher sein, wirklich auf dem richtigen Weg zu sein. Die Fahrt, die bei Tag nur ein paar Minuten dauert, kommt mir vor, als wären wir Stunden unterwegs, alles sieht bei Dunkelheit und Nebel fremd und unbekannt aus. Vor allem kann man die Geräusche der Nacht noch weniger orten als sonst. Es fehlt einem jegliches Gefühl dafür, woher die Geräusche kommen.

Unvermittelt teilen sich Nebelschwaden, und direkt vor uns ragt das alte Gemäuer des Klosters auf. Es hat aber nicht diese friedliche Atmosphäre, die es tagsüber ausstrahlt, sondern irgendwie wirkt es heute beunruhigend auf mich.

Flensen schaut mich fragend an, ich sage: »Hupen Sie, das sollte reichen.« Er hupt, und selbst die Hupe des Wagens klingt quäkend und dumpf.

Nein, das Tor öffnet sich nicht knarrend, und es steht auch keine bucklige alte Nonne mit einer windschiefen Laterne da, die uns hereinwinkt, wir sind ja nicht in der »Rocky Horror Show«, sondern es öffnet sich fast lautlos, und wir werden kurz von einer hellen Lampe geblendet, dann weist der Lichtkegel den Weg. Langsam fahren wir über den knirschenden Kies in die Einfahrt, und als ich den Lichtfinger entlangschaue, sehe ich eine sehr junge Nonne, blass, mit großen Augen und, sofern man das über eine Klosterfrau sagen darf und trotz der Ordenstracht sehen kann, hübsch.

Sie winkt mit einem Handscheinwerfer, aber hier im Klosterhof ist es bei weitem nicht so neblig wie draußen auf den

Waldwegen, wo der Nebel von den Feldern in den Wald ziehen kann. Den Rest des Weges kenne ich, etwa zweimal im Jahr müssen wir dorthin.

Ich zeige Flensen, wo er hinfahren muss, und wir steigen neben dem Wirtschaftshaus aus. Dort hat früher ein Gärtner mit seiner Frau gewohnt, und soviel ich weiß, hat der auch ganz früher die Gräber ausgehoben. Aber der ist schon lange nicht mehr da, und heute wohnen die etwa dreißig Nonnen sehr abgeschieden. Mich wundert es umso mehr, dass eine junge Frau in diesen Konvent eingetreten ist.

Die hat inzwischen das Tor geschlossen, ist zu uns gekommen und fragt: »Sie wissen, was zu tun ist?« Ich nicke, und sie lächelt zufrieden und sagt: »Auf dem Friedhof haben wir die Stelle mit etwas Mehl abgestreut, etwas anderes haben wir nicht.«

»Hoffentlich können wir was sehen, wir haben keine Lampe dabei«, sage ich zu ihr, und sie hält mir wortlos ihren Handscheinwerfer hin, den ich dankbar nehme. Ich könnte mich selbst in den A* beißen, dass ich nicht vorher kontrolliert habe, ob Lampen im Wagen liegen, es kommt ja mehrmals in der Woche vor, dass wir nachts rausmüssen.

Jensen und ich holen die zwei Schaufeln und die Hacke aus dem Laderaum und gehen durch eine kleine, efeuumrankte Pforte auf den Friedhof des Klosters. Viele Gräber gibt es hier, ich schätze etwa achtzig oder neunzig. Alle neueren haben ein steinernes Kreuz, die älteren auch welche aus Schmiedeeisen. Gepflegt sind die Gräber schon, aber der gesamte Friedhof macht den Eindruck, als würde nur das Notwendigste gemacht, irgendwelchen Grabschmuck sieht man gar nicht, die Gräber sind sämtlich mit grobem Kies abgedeckt.

Weiter hinten sehe ich tatsächlich die angesprochene Markierung. So ungewöhnlich die Idee ist, so wirkungsvoll ist sie, mit einer Handvoll Mehl haben die Nonnen grob ein Rechteck auf den Boden gestreut, und so wissen wir, wo wir anfangen müssen.

»Das wird aber eine Schinderei«, mault Flensen. »Ich glaube, ich hole mir die Gummistiefel.«

»Meinetwegen«, brumme ich und probiere mit der Hacke, wie hart der Boden ist. Ich selbst vertraue lieber auf meine Arbeitsschuhe. Flensen stellt die Lampe auf ein benachbartes Kreuz und stapft zurück.

Der Boden ist nicht hart, nur pappig und klebrig. Das macht die Schaufelei schwer und mühsam, aber man muss Gott sei Dank nicht viel hacken.

Ich habe ja schon mal geschrieben, dass moderne Bestatter nichts mehr mit dem Grabbau zu tun haben. Normalerweise wenigstens. In manchen Regionen ist es aber auch heute noch so, dass ein Bestatter einen ganzen Friedhof bewirtschaftet und auch die Arbeit des Totengräbers mitmacht. Bei uns ist das aber nicht so, und deshalb war ich damals vor fast zwanzig Jahren sehr erstaunt, als mein Schwiegervater – damals noch mein Chef – mit mir zu diesem Kloster fuhr und ich von ihm lernte, wie man so etwas, nur mit Hacke und Schaufel, macht.

Das ging mir so durch den Kopf, als ich gemeinsam mit Flensen das Grab für Schwester Klara schaufelte. Was das bedeutet, das kann nur einer beurteilen, der so was schon mal gemacht hat. Kein Wunder, dass die Serienmörder im Fernsehen ihre Opfer immer nur so tief verbuddeln, dass jeder dahergelaufene Dackel schon am nächsten Morgen einen Fuß oder eine Hand der Leiche hervorscharren kann. Entweder ist nämlich der Boden oben ganz weich und wird dann steinig oder hart, oder man schafft sich erst quasi durch blanken Granit, und dann kommt leichter Sandboden. Egal wie, Plackerei hoch drei ist angesagt.

Zu zweit braucht man wenigstens zweieinhalb Stunden,

und das bei Tageslicht. Jetzt aber ist es Nacht, saukalt, und man schwitzt sich trotzdem einen Affen. Die Hände tun mir weh, und ich merke an allen möglichen Stellen, dass ich Blasen bekomme. Meine Bürohände sind solche Arbeit nicht gewohnt, und ich bin froh, dass es Flensen nicht viel bessergeht, dann stehe ich nicht so als Chef-Weichei da, und außerdem bin ich froh, dass er dabei ist, denn der kleine Mann ist eine echte Hilfe, der schafft was weg.

Mir ist so was von heiß, die ungewohnte Arbeit treibt mir den Schweiß aus den Poren, aber immer, wenn ich mal eine Pause mache, ist es mir schlagartig eiskalt. Ich werde mir eine Erkältung holen, das ist sicher!

Trotzdem kommen wir besser voran, als ich gedacht habe. Immer wieder prüft Flensen mit einer Holzlatte, die wir mitgebracht haben, ob die Wände gerade werden, und ist zufrieden: »Der Boden steht gut, wir brauchen nicht auszuschalen, ich hätte jetzt keinen Bock, noch Bretter zu schleppen.« Recht hat er, es ist auch so Arbeit genug, und wieder muss ich an mein warmes Zuhause denken und wie schön es jetzt vor einem knisternden Kaminfeuer wäre.

Ich klettere noch mal in das Grab, um Flensen dabei zu helfen einen größeren Stein rauszuheben, als ich dumpfe Schritte höre. An der Tatsache, dass ich mit meinen 1 Meter 88 Körpergröße noch so gerade eben aus dem Grab herausgucken kann, merke ich, dass wir noch nicht wirklich 1 Meter 80 tief gegraben haben. Der Nebel hat etwas nachgelassen, aber auch der Handscheinwerfer zeigt langsam Schwäche, sein ehemals gleißend weißes Licht ist eher gelb geworden, wahrscheinlich geben die Akkus bald den Geist auf.

Ich blicke suchend in die Dunkelheit, und dann sehe ich, dass eine Nonne näher kommt. »Hallo, sind Sie schon fertig?«

»Jaja«, rufe ich, »nur noch ein paar Minuten.«

»Dann ist ja gut, Schwester Klara ist jetzt auch so weit.«

»Warten Sie«, sage ich, »ich komme mal raus«, und klettere die kleine schmale Leiter hoch, die wir mitgebracht hatten.

Ich klopfe mir den Schmutz von den Hosenbeinen, reibe meine Hände am Hosenboden sauber und reiche der Nonne meine Hand. Sie ergreift diese aber nicht, schaut mich voller Entsetzen an und sagt: »Meine Güte, wie sehen Sie denn aus? Sie sind ja total verschmutzt. Also, Sie kommen nachher erst mal rein, damit Sie sich waschen können. Und wenn Sie wollen, können Sie später noch Suppe essen, das wärmt.«

Die Nonne geht, und ich weiß jetzt nicht, ob sie erwartet, dass ich ihr folge, dann bleibt sie stehen und schaut mich erwartungsvoll an. Ich folge ihr also. »Kommen Sie, kommen Sie«, sagt die Nonne und rauscht für ihr Alter erstaunlich schnell davon. Ich schätze die Frau auf wenigstens siebzig Jahre und habe dennoch Mühe, ihr zu folgen. An einer Tür wartet sie auf mich, lässt mich zuerst eintreten, rauscht dann wieder an mir vorbei und biegt unvermittelt in einen Gang nach links ab. »Hier geht es in die Kapelle, da ruht Schwester Klara«, sagt sie, und ehe ich noch etwas sagen oder fragen kann, ist sie verschwunden.

Ich öffne die grob behauene Holztür und stehe in einer schönen gotischen Kapelle, vorne vor dem Altar liegt die Verstorbene, in weiße Tücher gewickelt auf einem Brett, das auf zwei Holzböcken ruht. Links und rechts stehen schmiedeeiserne Leuchter mit halb heruntergebrannten Kerzen.

An der Wand auf der gegenüberliegenden Seite lehnt schon der kleine Holzkarren für den Abtransport. Ich trete näher heran und will mir das weiße Bündel genauer anschauen, da legt sich eine eiskalte Hand auf meine Schulter, und mir zischt in Sekundenschnelle eine Gänsehaut über den ganzen Körper, ich glaube, ich habe sogar auf der Zunge Gänsehaut gehabt.

Ich fahre herum, und hinter mir steht Flensen und sagt: »Isse das? Fahr'n wir die jetzt raus?«

»So haben wir das immer gemacht«, sage ich, »wir nehmen sie jetzt mit, dann tun wir den Sarg ins Grab und lassen sie dann hinein. Deckel drauf und zuschaufeln.«

»Ach du heilige Scheiße, stimmt ja, zuschaufeln müssen wir ja auch noch!«, ruft Flensen, und ich werfe ihm einen strengen Blick zu. In einer Kapelle zu fluchen bringt bestimmt Unglück.

Und mein Bedarf an Unglücken ist für heute gedeckt, schließlich haben wir noch vor gut zwei Stunden im Waldboden festgesteckt.

Schwester Klara ist leicht, ich hätte sie alleine auf den Holzkarren heben können, aber zu zweit geht das doch besser. Während Flensen und ich die Karre mit der eingewickelten Leiche zum kleineren der beiden Klosterfriedhöfe schieben, denke ich über den Bestattungsritus dieses Ordens nach. Offenbar gibt man nicht viel auf die Totenfürsorge. Soviel ich weiß, wachen die anderen Schwestern eine Weile bei der Toten, danach ist der Leichnam nur noch leblose Hülle, und sie messen ihm keine besondere Bedeutung mehr bei. Der Friedhof und die Tatsache, dass keine der Schwestern bei der Grablegung dabei ist, sprechen dafür. Ob da noch ein Priester eine Aussegnung gemacht hat? Ich weiß es nicht.

Jedenfalls sind die Papiere da, Sterbeurkunde, klösterlicher Bestattungsschein, alles perfekt.

Die Schwestern legen mir die Papiere immer zur Leiche, ich brauche sie aber nicht. Ich stelle mir vor, wie eine der Schwestern mit den Papieren, die der Dorfarzt dagelassen hat, zum Rathaus radelt und die Sterbeurkunde holt. Offenbar bekommen die auch regelmäßig schon aus Traditionsgründen eine Sondergenehmigung, die Bestattung so schnell vornehmen zu dürfen. Nicht alle Nonnen kommen ja auf den Klosterfriedhof. Die meisten werden wohl in ihrer Heimatgemeinde bestattet, ich muss irgendwann mal genau fragen. Jedenfalls hatte man mir schon einmal erzählt, dass in dieses Kloster vornehmlich die ganz alten Schwestern kommen, die lange irgendwo Dienst getan haben.

Vor hundert Jahren gab es gleich nebenan auch ein Männerkloster, das einen viel größeren Friedhof hat. Aber das Männerkloster steht schon so lange leer, und ich weiß gar nicht, wann wir die letzte Bestattung auf dem größeren Friedhof, wo es eine Männer- und eine Frauenabteilung gibt, gemacht haben.

Eigentlich sind das viele Fragen, die mir da so in den Sinn kommen, und ich beschließe, nachher bei der Suppe mal zu fragen.

Wir sind endlich mit der Karre am Grab angekommen, lassen sie stehen und gehen zum Auto zurück. Flensen wendet den Wagen und schaltet die Scheinwerfer ein, damit wir mehr Licht am Grab haben. Der Sarg, den wir zum Grab tragen, ist fast schwerer als Schwester Klara.

Flensen treibt zur Eile, und ich merke, dass er keine Lust mehr hat und jetzt allmählich wieder nach Hause will.

Mir geht es ebenso, und so beeilen wir uns, den Sargunterkasten in das Grab zu lassen. Jetzt noch Schwester Klara, dann der Deckel.

»Und wie geht das jetzt?«, will Flensen wissen. Ich sage: »Ein Tau um den Oberkörper, eins um die Beine, jeder von uns nimmt zwei Tauenden, Sie oben, ich unten und dann einfach runterlassen.«

»Dann geh ich aber an die Füße«, verlangt Flensen, und ich sehe ein, dass er recht hat, der Oberkörper ist immer schwerer, und ich bin kräftiger gebaut als er.

Ich zähle auf drei, und gleichzeitig heben wir Schwester Klara an den beiden Tauen an und heben sie über die Grube. »Jetzt langsam ablassen«, kommandiere ich, und so machen wir es auch.

Das geht aber gar nicht so einfach, wie wir uns das vorgestellt haben. Mal ist der Kopf zu tief, mal sind es die Beine, aber schließlich schaffen wir es doch.

Flensen zieht schon sein Tau hoch, doch meins lässt sich nicht hochziehen. Die Tücher, die um die Leiche geschlungen sind, haben sich an der Seite gelöst und irgendwie mit dem Tau verheddert.

Sosehr ich auch ziehe, ich bekomme das Seil nicht los.

»Was'n los, Chef?«, will Flensen wissen, und ich ziehe nur noch mal hilflos am Tau.

»Es geht nicht, irgendwas klemmt da«, sage ich.

»Lassen Sie mich mal!«, sagt Flensen und kommt herum, zieht auch ein bisschen am Tau, und tatsächlich, es gibt etwas nach, und wir können es 20 oder 30 Zentimeter herausziehen.

Flensen beugt sich zur Seite, nimmt die Handlampe, die inzwischen nur noch spärlich Licht spendet, und leuchtet in das dunkle Grab.

Schon wieder flucht er: »Ach du Scheiße!«, und weicht einen Schritt zurück.

Da stehen zwei erwachsene Männer in der Halloween-Nacht neben einem frisch ausgehobenen Grab. Eine Szene wie im Mittelalter, nur dass die Lampe, mit der wir ins Grab leuchten, aus schlagfestem Kunststoff ist und kein brennender mit Pech getränkter Lappen an einem Holzprügel … Obwohl, viel mehr Licht als eine mittelalterliche Fackel spendet diese moderne Handlampe auch nicht mehr.

»Ich fasse es nicht!«, staunt Flensen und deutet in das Grab.

Im schwachen Schein der Lampe sehe ich, was passiert ist: das Tau hat das Tuch beiseitegeschoben oder gerissen und Schwester Klaras rechten Arm freigelegt. Mit knochigen, starren Fingern hält sie den Strick fest umklammert.

»Das ist nur ein Reflex«, beruhige ich meinen Mitarbeiter und überlege fieberhaft, ob das wirklich sein kann. Sicher, Tote zeigen oft noch Reflexe, wenn man sie bewegt, und wenn der

Arm gebeugt wird, kann es durchaus sein, dass die Hand sich öffnet oder schließt.

»Und was, wenn die nicht tot ist?«, will Flensen wissen.

»Dann hätte sie bestimmt schon was gesagt, das ist nur ein Reflex!«

»Und jetzt?«

»Jetzt muss einer von uns beiden da runter und den Strick aus ihrer Hand lösen. Außerdem muss der Arm wieder in den Sarg, sonst bekommen wir den Deckel nicht drauf«, sage ich.

»Ja klar, und der eine, der da runtermuss, das bin ich oder?«

»Hmmm«, ist alles, was ich dazu sage, und »Scheiße« ist alles, was Flensen zu sagen hat.

Ein paar Minuten später steht Flensen breitbeinig über der Leiche von Schwester Klara, die Füße auf dem Rand des Sarges und versucht, die starren Finger der Toten zu lösen.

»Ziehen Sie mal am Strick!«

Ich ziehe, und siehe da, endlich geht es.

»Verfluchte Kacke«, tönt es aus dem Grab, und ich helfe Flensen heraus. »Chef, an manchen Tagen hasse ich meinen Job!« Ich weiß ganz genau, was er meint, ganz genau.

Den Deckel können wir gut von oben auflegen, und ich schiebe ihn noch mit der Latte genau in die Nut des Unterkastens, da fängt Flensen schon an, das Grab zuzuschaufeln.

Ich helfe ihm. Das geht wesentlich schneller als das Ausheben, viel schneller.

Kaum eine halbe Stunde später ist alles erledigt, und wir klopfen die Erde auf dem neuen Grabhügel noch etwas fest. Dann räumen wir unseren Krempel zusammen.

Gerade ist alles im Auto verstaut, da taucht die ältere Nonne wieder auf. »Ist Ihnen alles gut von der Hand gegangen?«, will sie wissen, und Flensen und ich schauen uns nur an. Ich nicke müde: »Ja, alles wunschgemäß erledigt.«

»Vergelt's Gott!«, sagt die Klosterfrau und bittet uns, ihr zu folgen.

Ich darf mich etwas säubern, und dann gibt es endlich die langersehnte heiße Suppe.

Eine Kürbisrahmsuppe. Wie passend zu Halloween.

Röschen und Kalli

Wie schnell redet man abfällig über Menschen, die einfach nur anders sind als man selbst. Wie schnell vergisst man, dass jeder das Recht hat, auf seine Weise glücklich zu werden. Herr Rose hat mir da auf sehr berührende Weise gezeigt, dass anders auch schön ist.

SANDY kommt zu mir ins Büro, grinst etwas merkwürdig und meint, da draußen sei ein Kunde, der genau das Richtige für mich sei. Also gehe ich in die Halle und treffe dort auf eine Mischung zwischen Rudi Carrell und Charlys Tante.

Der große, grauhaarige Mann ist bunter angezogen, als man es sich vorstellen kann; besonders seine zweifarbig gestreiften Schuhe fesseln meinen Blick. An den Ohren trägt er wenigstens zehn Zentimeter lange Ohrringe aus Glitzerklunkern. In meinem dunklen Anzug komme ich mir fast deplaziert vor.

»Ach, endlich kommt da jemand«, begrüßt er mich, und dabei hält er mir seine Hand hin, die ich ergreife und schüttele. »Mein Name ist Rose, aber Sie können mich Röschen nennen, mich nennen alle so.«

Daniel Edmund Rose ist 62 Jahre alt und hat den Tod seines Lebenspartners zu beklagen. Der ist gestern im Krankenhaus mit 59 Jahren an den Folgen eines Diabetes verstorben.

»Sie werden mich für einen Paradiesvogel halten, und ich bin genau das, ein Paradiesvogel, und mein Kalli war das auch. Ich will die schönste, bunteste und schrillste Beerdigung der ganzen, weiten Welt.«

Na, machen wir doch!

Röschen bezeichnet sich selbst und seinen verstorbenen

Partner als schwul, und als ich das Wort »homosexuell« verwende, sagt er: »Sie können ruhig schwul sagen! Wir haben das immer ausgelebt, und ich will nicht, dass man irgendwas verstecken muss.«

Die Überführung des Verstorbenen werden wir heute noch vornehmen. Morgen früh bringt Röschen die Kleidung, die der Verstorbene tragen soll, und wird mir dann auch sagen, wie der Blumenschmuck aussehen soll. Die Trauerfeier ist bei uns im Haus, und Röschen erwartet rund vierzig bis sechzig Trauergäste.

»Sie brauchen keine Angst zu haben, wir machen hier nicht ›Ein Käfig voller Narren‹, aber ich will, dass es absolut perfekt wird«, sagt Röschen, entscheidet sich für einen grünen Sarg und wählt ein Doppelgrab, damit sie später mal zusammenliegen können.

Der grüne Sarg ist fast mein Lieblingssarg. Von der Form her ist er nur ein kleines bisschen größer als ein ganz schlichter Sarg, hat aber sechs schwere chromfarbene Griffe. Er ist in einer Technik lackiert, die man auch von Autos kennt: bicolor. Das Grün ist dunkel, und je nach Blickwinkel kippt die Farbe in ein ganz dunkles Blau um, wie bei einem Wackelbild. Das sieht sehr edel aus und ist mal ganz was anderes als das ewige holzfarbene Allerlei.

Ich muss ehrlich sagen, dass mich Röschen beeindruckt hat. Ich habe schon viele Homosexuelle gesehen, die sich sehr tuntig gegeben haben, aber der war so was von authentisch und dabei würdevoll, dass man das nicht mal komisch finden konnte. Morgen früh erfahre ich mehr darüber, wie sich Röschen eine »absolut schrille Beerdigung« vorstellt.

Am Nachmittag dann trifft Kalli bei uns ein, und eigentlich will ich mich entspannt zurücklehnen und abwarten, wie sich dieser Fall morgen weiterentwickelt. Doch die Sache hat eine unangenehme Wendung bekommen: Vor wenigen Minuten hat sich der Vater des Verstorbenen gemeldet. Er habe erfahren, dass sein Sohn gestorben sei, und trotz seiner 83 Jahre wolle er die Sache nun in die Hand nehmen.

»Da war aber schon jemand da und hat so weit schon alles geregelt«, sage ich vorsichtig.

»Jaja, da kann ja jeder kommen! Es ist ja wohl selbstverständlich, dass ich mich selbst darum kümmere. Sie müssen wissen, mein Sohn ist krank gewesen.«

»Das weiß ich. Man sagte mir, er habe Diabetes gehabt …«

»Ach was, daran ist er bloß gestorben. Der hatte diese andere Krankheit … Sie wissen schon.«

Ich stelle mich dumm und sage: »Nein, ich weiß ich nicht.«

»Der hatte diese, diese … na eben diese Männerkrankheit, meine Güte.«

Soll ich dem alten Mann, der offensichtlich mit der Homosexualität seines Sohnes nicht zurechtkommt und auch nichts darüber weiß, jetzt sagen, dass er ein borniter Blödmann ist? Das kann ich nicht. Wenn ich richtig verstanden habe, dann waren Röschen und Kalli »verpartnert«, sind also vor einem Standesbeamten eine der Ehe ähnliche und gesetzlich vollständig gültige Bindung eingegangen. Damit verbunden ist, dass Röschen nunmehr – so weit mein Kenntnisstand – auch der Bestattungspflichtige und -berechtigte ist.

Genau das muss ich dem alten Herrn nun klarmachen: »Bitte verstehen Sie, dass der Lebenspartner Ihres Sohnes bei mir war und uns bereits einen Auftrag erteilt hat. Wenn Sie möchten, kann ich mit Herrn Rose sprechen, ob Sie nicht morgen bei der Besprechung dabei sein können und wir …«

»Seien Sie ruhig! Sie glauben doch wohl nicht allen Ernstes, dass ich mit diesem Sexverbrecher an einem Tisch sitzen werde! Dieser Mann hat meinen Sohn doch erst krank gemacht! Der hat ihm doch eingeredet, so zu sein. Ich habe schon das

Beerdigungsinstitut Soundso beauftragt, die werden meinen Sohn bei Ihnen abholen, und dann regele ich alles Weitere.«

Damit legt er auf und lässt mich ziemlich überrascht zurück.

Als Nächstes rufe ich beim Kollegen Soundso an. Der ist nicht besonders kooperativ und sagt auch bloß sinngemäß »Auftrag ist Auftrag«. Ich erkläre ihm, dass ich aufgrund der Rechtslage die besseren Karten habe, und hörbar zähneknirschend willigt er ein, erst mal abzuwarten, bis die Lage sich geklärt hat.

Jetzt muss ich wohl noch ein bisschen in dieser Sache telefonieren.

Am nächsten Tag

Herr Rose ist da, und ich bin mal wieder baff. Heute erscheint er in einem dunklen Anzug, und man könnte auch »Herr Senator« zu ihm sagen. Nicht jedoch abgelegt hat er sein exaltiertes Bewegen und Sprechen, gepaart mit großer Trauer und jetzt auch Entrüstung über das Verhalten seines Schwiegervaters.

Viele Jahre habe der alte Mann sich nicht um seinen Sohn gekümmert, und Röschen empfindet es als Zumutung und Unverschämtheit, dass der sich jetzt einmischen will. Ich beruhige ihn und sage ihm, dass ich überhaupt keinen Grund sehe, dieses Mal anders zu verfahren als bei allen anderen Fällen, in denen sich Eltern in die vom Ehepartner des Verstorbenen beauftragte Bestattung einmischen. Das kommt ja häufiger vor, als man glaubt. Normalerweise arbeiten wir, wenn die Beteiligten da mitmachen, auf einen Kompromiss hin. Schließlich ist es für uns und die Familie einfacher, wenn hinterher jeder sagen kann, dass es gut und richtig war.

Der Vater des Verstorbenen hat heute Morgen schon sehr früh beim Kollegen Soundso angerufen und sich erkundigt, ob sein Sohn schon da sei und ob er den Sarg bestellen könne.

Kollege Soundso scheint zwar den Auftrag gerne haben zu wollen, aber auch keine Lust darauf zu haben, den Alten bedienen zu müssen. Soundso rief mich nämlich an und meinte ziemlich unhöflich, ich solle jetzt mal die Kuh vom Eis holen oder den Toten hergeben.

Röschen lässt keinen Zweifel daran, dass er die Sache durchziehen will. Sogar das Geld für die Bestattungsrechnung hat er schon mitgebracht. »Wenn das alles schon bezahlt ist, gibt's kein Vertun mehr!«

Geplant ist Folgendes: Morgen schon will Röschen von Kalli Abschied nehmen. Dazu möchte Röschen eine Stunde mit Kalli alleine in einem Aufbahrungsraum sein und ihm seine Lieblingsmusik vorspielen.

Das ist kein Problem, da gibt es einen CD-Spieler. Ob man denn den Verstorbenen anfassen dürfe? Natürlich darf man das, die sind nur kalt, aber nicht giftig. Wie das denn mit dem Schmuck sei? Er wolle Kalli noch eine Armbanduhr, eine Kette und einen Ring anlegen, ob er das auch dürfe? Ich nicke, das ist kein Problem.

Ich merke, wie Röschen herumdruckst, und ahne schon, was er fragen will. Um ihm die Sache zu erleichtern, sage ich wie beiläufig: »Sie können den Verstorbenen anfassen, ihn streicheln, und manche wollen ja auch noch einen Kuss geben. Nur für den Fall, dass Sie das möchten, sollten Sie wissen, dass das kein Problem ist.«

Röschen schließt die Augen, holt tief Luft und seufzt. Dann nickt er langsam und sagt: »Gut, dass Sie das sagen ... nur ein Abschiedskuss, mehr nicht ...«

Röschens Vorstellungen gefallen mir. Wir müssen nichts anderes tun, als ihn machen zu lassen, und werden einen zufriedenen Kunden haben.

Die Trauerfeier soll am Donnerstag sein. Es kommt ein evangelischer Pfarrer, den ich gut kenne und der homosexuellen Paaren immer schon das Gefühl vermittelt hat, nicht ausgeschlossen zu sein. Der wird sich auch um die Musikauswahl kümmern. Es kommt nur ein einziger Musikwunsch von Röschen zum Einsatz: Ganz am Ende wird »Er gehört zu mir« von Marianne Rosenberg gespielt.

»Sie dürfen sich aber nicht wundern, wenn es etwas schrill wird«, sagt Röschen und guckt mich mit entschuldigendem Blick an.

Ich zucke nur mit den Achseln und meine: »Was stellen Sie sich denn vor?«

»Nee, wir kommen nicht im Fummel, keine Bange. Aber wir wollen Schampus trinken, und der Sarg soll in der Mitte stehen, damit wir alle im Kreis um Kalli herumsitzen können. Ich gehe heute noch ins Fotogeschäft und lasse mir ein paar Dias auf Papier ausdrucken, die würde ich gerne herumzeigen.«

»Wir haben eine Leinwand in der Trauerhalle«, sage ich, »Sie können also auch die Dias direkt zeigen.«

»Das wär ja oberprima«, jubelt Röschen und zappelt mit Armen und Beinen. Er will die wichtigsten Stationen des gemeinsamen Lebens abspielen und mit den gemeinsamen Freunden das Leben von Kalli feiern.

»Wir sind alle traurig, und ich bin fix und fertig, aber jetzt noch eine Trauerfeier, bei der alle nur traurig gucken – das könnte ich nicht verkraften. Man soll sich doch lieber an das Schöne erinnern, das man gemeinsam erlebt hat, oder?«

Marianne Rosenberg, Champagner und draußen ein kaltes Buffet – das ist doch alles kein Problem. Ich hatte es mir anders vorgestellt, irgendwie »tuntiger«, aber ich verstehe ja auch nichts davon. Es ist aber auch nicht meine Aufgabe, zu beurteilen, ob das, was die Trauergäste sich wünschen, schön ist. Ich kann nur mithelfen, dass es so wird, dass sie es schön finden. Aber so, wie Röschen das vorhat, so finde ich es auch schön.

Kalli soll dann eingeäschert und auf einer Wiese ausgestreut werden. Das geht aber hier auf dem Friedhof nicht, und Röschen schaut mich mit großen, enttäuschten Augen an. »Ich dachte, das sei ganz normal, dass die Asche auf der Wiese vom Friedhof verstreut wird.«

Das glauben viele Leute, aber es ist nicht so. Die Urnen werden zwar anonym, aber an doch bekannten Plätzen beigesetzt. Ich zähle Röschen die ganzen mir bekannten Möglichkeiten auf, angefangen von der Ausstreuung der Asche von einem Heißluftballon über dem Elsass bis hin zur Übergabe der Asche an einen rauschenden Bergbach in der Schweiz. Das gefällt ihm zwar alles, aber das sei ja alles so weit weg.

Ich bespreche mit Röschen eine weitere Variante, und wir kommen überein, dass die Asche später in die Niederlande überstellt wird. Bleibt das Problem, wie wir mit dem Vater des Verstorbenen umgehen. Zu der von Röschen geplanten Trauerfeier wird er wohl kaum kommen, und ich muss einen Weg finden, damit auch er Abschied nehmen kann.

Ich hadere mit mir, ob ich den Vater anrufen soll.

Am selben Tag, etwas später

Unser Anwalt hat meine Ansicht bestätigt. Röschen ist Kallis Erbe und steht in der Erbfolge vor dem Vater. Somit ist er in der Reihe der möglichen Bestattungspflichtigen ebenfalls vor dem Vater und damit auch berechtigt, die Bestattung zu bestellen. Wenn die beauftragte Bestattung nicht grob gegen den guten Geschmack verstößt, kann der Vater nichts dagegen unternehmen.

Mit dieser Auffassung werde ich bei der Stadtverwaltung vorstellig. Dort ist Röschen ja, vertreten durch uns, Auftraggeber für die Einäscherung. Man zieht dort zwar immer die Nase hoch, wenn wir »wie immer« mit so »komischen Sachen«

kommen, aber letztlich ist man unserer Auffassung. Röschen kann durchstarten. Mit dieser Botschaft und der Rechtssicherheit im Nacken werde ich nun doch den Vater anrufen.

Am nächsten Tag

Im Verlaufe des heutigen Vormittags treffe ich Kallis Vater. Ursprünglich hat er darauf bestanden, dass wir uns in den Räumen des von ihm beauftragten Bestatters Soundso treffen sollen. Das wäre mir sehr unangenehm gewesen, und Herr Soundso wollte das auch nicht. So ist als Treffpunkt ein Café im Ortskern ausgemacht. Am Telefon hat der alte Herr zu mir noch gesagt: »Ich hoffe inständig, dass Sie normal kommen.«

So doof, wie ich bin, hatte ich das so interpretiert, dass er meint, ich solle nicht im schwarzen Anzug und nicht mit Zylinder kommen oder so. Aber Sandy hat mich darauf aufmerksam gemacht, dass er auch meinen könnte, ich solle meinen Transenfummel zu Hause lassen.

Fünf Minuten vor der Zeit, so wie es meine Art ist, komme ich in das Café, und weil außer einigen älteren Damen nur ein Mann anwesend ist, schaue ich diesen fragend an. Er winkt mich mit seinem Stock zu sich. »So, Sie sind das also, der hier so einen Zirkus veranstaltet«, sind die Worte, mit denen er mich begrüßt.

Es ist ein älterer Herr mit polierter Glatze, er trägt einen dreiteiligen dunklen Anzug und eine randlose Brille.

Insgesamt eine vornehme Erscheinung. Mit den Worten: »Nehmen Sie Platz!«, deutet er auf den freien Stuhl ihm gegenüber. Danach gibt er mir unmissverständlich zu verstehen, dass er seine Anwälte beauftragt hat, um die Sache prüfen zu lassen und dass ich mit zivil- wie strafrechtlichen Folgen zu rechnen habe. »So, und jetzt kommen Sie«, sagt er dann, lehnt sich zurück und verschränkt die Arme vor der Brust, wie ein Lateinlehrer, der einen aufgerufen hat und genau weiß, dass man nichts weiß.

Ich versuche, ihm klarzumachen, dass wir nur ein Dienstleister sind und einen ordnungsgemäßen Auftrag vorliegen haben, den wir – ganz nach Kundenwunsch – so gut wie möglich erfüllen. Außerdem sage ich: »Ich habe vollkommen Verständnis dafür, dass Sie auch auf Ihre Weise von Ihrem Sohn Abschied nehmen möchten, und wir würden gerne alles tun, damit das möglich wird.« Was dann folgt, will ich nur auszugsweise wiedergeben: »... hat es bei uns früher nicht gegeben ...« – »... Männer müssen hart sein wie Krupp-Stahl ...« – »... gehören alle kastriert ...« – »... hätten ihn totschlagen sollen wie einen räudigen Hund ...« und abschließend: »So was wie der darf ja sowieso nicht in geweihter Gotteserde bestattet werden. Meinetwegen können Sie ihn hinter der Friedhofsmauer verscharren, da wo die Kinderschänder und Selbstmörder hinkommen. Ich hätte ihn anonym verbrennen lassen, keine Anzeige, keine Feier, nichts!«

In diesem Moment wird mir erst klar, dass es dem Mann gar nicht darauf ankommt, seinen Sohn selbst zu bestatten, etwa um ihm eine besondere Bestattungsfeier zukommen zu lassen, sondern er will einfach den »Schandfleck« seines ganzen Lebens beseitigen und verscharren lassen. Da ist mir Röschens Variante lieber.

Ich wünschte, ich könnte meinen Lesern jetzt eine rührselige Geschichte erzählen, wie ich ihn dann doch noch dazu bringe, sich mit Röschen zu versöhnen und wie beide dann vielleicht gemeinsam Abschied nehmen ...

Aber nein, dazu kommt es nicht. Er sitzt mir gegenüber, in seinen Mundwinkeln hat er weiße Flöckchen vom aufgeregten Sprechen, und er funkelt mich durch seine Brille an. Vielleicht sollte ich versuchen, ihn auf die altmodische Art zu kriegen, so nach dem Motto »Blut ist dicker als Wasser« oder mit der Geschichte vom verlorenen Sohn, aber während ich das noch denke, fragt er: »Ist da eine Zeitungsanzeige erschienen?«

Ich schüttle den Kopf, Röschen hat alle Freunde und Bekannten selbst eingeladen. Kallis Vater blickt mich mit zusammengekniffenen Augen prüfend an und sagt: »Besonders beeindruckt scheinen Sie nicht zu sein.«

»Weshalb sollte ich beeindruckt sein? Sie erstaunen mich zwar etwas, aber um mich zu beeindrucken, dazu gehört schon etwas mehr.«

»Wenn Sie mir versprechen, dass unser Name nicht in die Zeitung kommt und ich in dieser Sache nicht weiter belästigt werde, will ich davon absehen, Sie zu belangen. Sie machen ja auch nur Ihre Arbeit. Es würde zu weit führen, Ihnen alle Hintergründe zu erläutern, aber seien Sie versichert, ich habe meine Gründe.« Er steht auf, zieht eine Visitenkarte aus der Westentasche und sagt: »Die Rechnung geht hierhin!«

»Tut mir leid, aber der Auftraggeber …«

»Das interessiert mich nicht. Wenn Sie mir keine Rechnung schicken wollen, dann lasse ich Ihnen heute Nachmittag einen angemessenen Betrag zukommen. Sorgen Sie nur dafür, dass der Name meiner Familie nicht in die Zeitung kommt!«

Damit steht er auf, und im Weggehen dreht er sich nochmals um und sagt: »Ich möchte dann von dieser ganzen Sache nichts mehr hören, nichts mehr, haben Sie verstanden?«

Er wartet keine Antwort ab und überlässt es mir, die Rechnung im Café zu bezahlen.

»Arschloch«, denke ich und schaue auf die kleine Visitenkarte: »Richter am Landgericht a. D.« Na ja …

Am selben Tag, nachmittags

Um Punkt drei Uhr kommt Herr Rose in unser Haus. Zwar habe ich Anweisung gegeben, ihn gleich zu mir zu bringen, aber ich bin dann doch mal wieder am Telefon, und so wartet er auf dem Sofa in der Halle. Als ich dann nach knapp zehn Minuten zu ihm komme, sieht er nur kurz auf, grüßt nickend und blättert dann in einem kleinen Fotoalbum: »Schauen Sie mal hier, das ist er. Sind das nicht schöne Bilder?«

Ich setze mich neben ihn, betrachte das kleine Plastikalbum und sehe zwei Männer, die irgendwo, wo Palmen wachsen, in Urlaub sind.

Röschen blättert weiter um, hat zu jedem Foto etwas zu sagen, und dabei fallen mir seine gepflegten Hände auf. Sieht man selten bei Männern, entweder sind die Nägel mit irgendwas poliert oder klar lackiert. Übrigens riecht der Mann gut, und zwar keineswegs süßlich blumig, sondern ich würde auf »Fahrenheit« tippen.

Heute trägt Röschen übrigens eine weiße lange Lederhose, ein hellblaues Satinhemd und einen gelben Seidenschal mit einem unglaublichen Blumenmuster. Kaum 20 Meter entfernt, in der größeren Aufbahrungskabine, wartet sein Kalli auf ihn. Na klar, er hat Angst, will mit dem Blättern den Zeitpunkt des Abschieds noch etwas hinauszögern. Ich raffe mich auf, sage zu ihm: »Wollen wir dann?«

»Zwei Herzen wohnen mir inne!«, juchzt Röschen, und so einen Augenaufschlag bekommt nicht mal ein 16-jähriger Backfisch hin.

»Los jetzt«, sage ich zu Herrn Rose und gebe ihm einen kleinen Stoß. Er nickt, schluckt schwer, nimmt eine große orangefarbene Reisetasche, die bis jetzt neben dem Sofa gestanden hat, und folgt mir zum Aufbahrungsraum.

Das größere Aufbahrungszimmer ist fast doppelt so groß wie die anderen. Es ist zweigeteilt, der hintere Teil kann durch ein Rolltor von oben geschlossen und gekühlt werden, vorne gibt es Teppichboden, und man kann Stühle stellen oder was man sonst so für richtig hält. Da ich weiß, dass sich Herr Rose eine Weile dort aufhalten möchte, habe ich den Sarg selbst quergestellt und einen der dicken Sessel aus der Halle geholt. (Mann, was sind die Dinger schwer!) Außerdem habe ich ein Tischchen hineingestellt, die Öllampen an den Wänden angezündet, und eine Mitarbeiterin hat aus der Gärtnerei drei Rosen geholt, deren rote Blütenblätter ich über die Decke gestreut habe. Dann sieht es nicht so kalt aus.

Ich merke, wie seine Schritte langsamer werden, je näher wir dem Raum kommen. Schließlich bleibt er im Gang neben der Tür stehen. Ich trete zur Seite und mache eine einladende Handbewegung.

Röschen macht einen Giraffenhals und guckt einmal ganz vorsichtig um die Ecke in den Aufbahrungsraum. Dann tritt er einen Schritt vor, schlägt die Hände vor das Gesicht und schluchzt: »Ach Gott, ist das schön!« Im selben Moment tippelt er mit kleinen Schritten vor, schaut sich minutenlang seinen verstorbenen Partner an, dreht sich dann um, und ehe ich es mich versehe, habe ich links und rechts einen Kuss auf der Wange. »Er ist so so so wunderschön.«

Ich deute auf das Telefon an der Wand und sage: »Falls Sie irgendetwas brauchen, nehmen Sie einfach den Hörer ab, ja?«

Keine Ahnung, ob er mich verstanden hat, denn er fängt an, seine Tasche auszupacken, und ich gewähre ihm seine Privatsphäre und gehe.

Die Tür lehne ich an.

Nach einer halben Stunde gehe ich nachschauen – das heißt, ich will nachschauen gehen, aber als ich in den Gang komme, der zu den Aufbahrungsräumen führt, höre ich leise Musik und die Stimme von Röschen.

Er erzählt seinem Kalli irgendwas, ich kann nicht verstehen, was er sagt. Ich gehe wieder.

Fast zwei Stunden hat Röschen bei Kalli zugebracht, dann kommt er mit seiner Reisetasche wieder in die Halle. »Ich habe ihm seinen Schmuck angezogen, und da hätte ich noch eine Bitte.«

»Ja?«

Er schaut sich um und sagt mit dem Unterton eines Verschwörers: »Nehmen Sie ihm den bitte wieder ab, bevor er eingeäschert wird, ja? Sonst kommen die guten Stücke noch um.« Ich weiß, was er meint, und nicke.

Dann frage ich: »War alles zu Ihrer Zufriedenheit?«

»Ja, ich habe Kalli seine Musik vorgespielt, seine Hände gestreichelt, er hatte so schöne Hände ... Dann habe ich ihm so ein paar Sachen erzählt, die nur ihn und mich etwas angingen, die ich ihm aber nie gesagt habe. Dabei habe ich seine Hände gehalten. Die waren so kalt und so steif, aber wie ich sie so gehalten habe, wurden sie wärmer und weicher, das war sehr schön. Ich liebe diesen Mann ...«

Dann setzt sich Röschen und erzählt mir von seinen Gefühlen. Ich habe schon viele Menschen weinen sehen, aber dass es jemanden so schütteln kann ... Ich bin ja nun wirklich nicht weinerlich, aber wenn jemand so herzzerreißend heult, drückt es mir dann doch auch schon ein bisschen die Tränen in die Augen.

In meiner Tasche vibriert mein Handy. Ich entschuldige mich bei Röschen, mir kommt das jetzt ganz recht, sonst heule ich auch noch richtig.

Aus dem Büro wird gemeldet, dass ein Taxifahrer einen Briefumschlag abgegeben hat, in dem sich 2000 Euro befinden. Aha, der Herr Richter am Landgericht a. D. ... Ich klappe das Handy zu und erzähle Röschen von dem Treffen mit Kallis Vater. Die unangenehmen Punkte lasse ich weg, weise aber auf das eingegangene Geld hin.

Er steht auf, geht auf und ab, bleibt nach fünf Metern jeweils stehen, wippt auf die Zehenspitzen, dreht sich wie eine Primaballerina, geht wieder fünf Meter ... Dabei hat er die Hände hinter dem Kopf verschränkt, macht einen spitzen Mund und wiegt den Kopf hin und her.

Plötzlich bleibt er vor mir stehen und sagt: »Ich habe da mal was gehört. Man kann doch auch heute noch Totenmasken abnehmen oder?« Ich nicke. »Dann machen wir das! Schicken Sie dem Richter ruhig die Rechnung, dann kann ich mir das mit der Totenmaske leisten. Geht das?«

Er steht vor mir, hält meine Hände fest umklammert, und ich sehe, wie seine Nasenflügel beben. »Natürlich geht das«, sage ich, und insgeheim überlege ich, wie wir das zeitlich alles unter einen Hut bekommen.

Es dürfte aber gehen, wenn ich den entsprechenden Künstler sofort anrufe und wir die Maske noch heute Nacht abnehmen.

»Geht das auch mit Händen?« Ich überlege fieberhaft, das hat noch keiner gefragt, und deshalb sage ich: »Wir machen das so: Ich gehe jetzt mal kurz telefonieren, dann sage ich Ihnen Bescheid.«

Herr Rose nickt heftig, setzt sich ganz schnell hin und wippt mit den Knien. Der Mann ist richtig aufgeregt.

Der Spezialist ist nicht da, aber seine Frau geht ans Telefon. Die kennt sich auch aus und will mir ein kompliziertes Verfahren mit Wachs und heißem Wasser für die Hände erklären. Ich breche das ab, übergebe den Hörer an Sandy und mache mich wieder auf den Weg zu Herrn Rose.

»Und?«, fragt Röschen und ich unterrichte ihn über den Stand der Dinge. Er sagt: »Das wäre das Schönste auf der Welt für mich, wenn das klappen würde.« Eben noch hat Röschen geheult wie ein Schlosshund, jetzt tiriliert er wie eine Haubenlerche. »Ich kann heute Nacht nicht schlafen, Sie machen mich zum glücklichsten Röschen der Welt!«

Er geht, und ich habe den Eindruck, dass er wirklich ganz glücklich ist und sich über die Entwicklung freut. Und wir?

Wir haben jetzt Arbeit, denn Sandy meint – und damit hat sie recht – wir müssten sofort an die Arbeit gehen.

Am nächsten Tag

Kurz nach 10 Uhr geht es los. Der VW-Bus einer Gärtnerei vom anderen Ende der Stadt fährt auf den Hof, und man fragt nach der Trauerfeier von Kalli. Noch während meine Frau den beiden Floristinnen den Weg zur Feierhalle zeigt, kommt auch der Kurier, der die Abgüsse für die Totenmaske und die Hände abholt. Das könne man unmöglich der Post anvertrauen, meint der Künstler aus Thüringen, als er heute Morgen anruft, um sich zu erkundigen, ob alles soweit geklappt hat oder ob er nicht doch besser kommen soll, um die Abgüsse selbst zu nehmen.

Ich regele die Formalitäten mit dem Kurierfahrer, dann gehe ich in die Trauerhalle, wo Kallis Sarg steht.

Das heißt, er steht nicht mehr an dem Platz, an dem er stand, sondern die beiden Floristinnen haben ihn an die Seite geschoben. Sie bauen drei große Bögen aus Drahtgestell auf und umwickeln sie mit weißen Blütengirlanden. Diese Bögen sollen hinter dem Sarg stehen, als Kulisse quasi. Auf dem Sarg selbst wird eine Holzlatte befestigt, auf der sich Steckmasse mit viel Grün befindet. Danach werden ungefähr hundert weiße Lilien gesteckt, so dass sie ringsherum nach unten über den Sargdeckel hängen. Ich finde das sieht in Kombination mit dem grün-blau schimmernden Sarg klasse aus.

Die jungen Frauen laden immer mehr Blumen aus und tragen sie in unser Haus. Ich habe schon viele Trauerfeiern ausgestattet und geleitet, und ich habe auch schon mal im Auftrag der Kunden 2000 Euro für Blumenschmuck ausgegeben, aber das hier schlägt alle Rekorde! Drei große Herzen in Rosa mit Schleifen mitsamt Ständer, zwei Kränze in Rot und acht Blumenständer mit großen Gestecken in Weiß und Rosa. Ich weiß nicht, wie die Königin von Saba bestattet worden ist, aber wenn ich die Königin von Saba bestatten würde, dann genau mit diesem Blumenschmuck. Herr Rose muss zum Aussuchen Stunden im Blumenladen zugebracht haben.

Eine Stunde später sieht unsere Trauerhalle aus wie die Dekoration zu einem Revuefilm aus den 30ern – gigantisch! Alle meine Mitarbeiter stehen buchstäblich sprachlos vor dieser Blumenkulisse. Gott sei Dank macht mich eine Mitarbeiterin darauf aufmerksam, dass wir mit den Gestellen für die Girlanden die Leinwand nicht herunterfahren können, und Röschen will doch Dias zeigen. Also dekorieren wir noch leicht um, dann passt's. Was dann folgt, ist Routine. Soundcheck, staubsaugen, Licht einstellen, damit die Spots auch die Blumen erfassen und passend verdunkeln.

Manche werden sich fragen, was da verdunkelt werden muss. Unsere Trauerhalle hat hinten Buntglasfenster im gotischen Stil, allerdings ist dahinter nicht »draußen«, sondern ein Versorgungsgang, z. B. zum Transport der Särge. Und an dieser Stelle beschwindeln wir die Kunden, denn das Sonnenlicht, das immer so schön durch die bunten Fenster seine Strahlen auf den Sarg wirft, wird ganz profan von punktgenau hinter den Fenstern plazierten Halogen-Strahlern erzeugt. Damit man die Strahlen schön sieht, wird immer Räucherwerk abgebrannt, weil sich die Lichtstrahlen an dem feinen Rauch so schön brechen. Der Beruf des Bestatters ist der Beruf eines Showmasters, wir verkaufen Emotionen. Vieles nur Schau und Schein, wie man sieht, aber die Atmosphäre ist atemberaubend. Wenn aber nun vorne viel auszuleuchten ist, kommen die Fenster nicht mehr zur Geltung, deshalb muss man vorher eine regelrechte Lichtprobe machen und das eine oder andere Licht abschalten.

Die Tafel draußen im Gang mit Steckbuchstaben versehen, das Kondolenzbuch kommt auf sein Pult, Kaffee und Wasser bereitstellen, Toiletten kontrollieren – nichts vergessen? War da nicht noch was mit Schampus? Ich will gerade anfangen, nervös zu werden, da kommt Party-Pauli und bringt blaue Boxen mit Eis und Champagner.

Gläser haben wir ja, aber sind die gespült? Doch wieder zu früh überlegt, Party-Pauli bringt auch Gläser mit. Wir bauen auf.

Der Pfarrer kommt, zieht sich im Rednerzimmer um und hat noch Zeit für einen Plausch. Er findet Röschen so lieb, und ich merke, dass er richtig Lust auf diese Trauerfeier hat. Egal, was da passiert, er will es bis zum Ende mitmachen.

Nun ist es fast 14 Uhr, und ich bin gespannt wie ein Flitzebogen. Röschen kommt – ganz in Weiß, gekleidet in Frack und Zylinder! Zwei Freunde folgen ihm, keine Fracks, aber auch in Weiß. An der Tür bleibt Röschen stehen und blickt von ganz hinten auf den Sarg, der inmitten eines Blütenmeeres steht. Er hebt die Hände vor den Mund, schließt die Augen, wankt den Bruchteil eines Augenblicks, schluckt, schaut noch einmal und schüttelt dann langsam den Kopf.

Ich frage: »Irgendwas nicht in Ordnung?« Röschen wendet den Kopf zu mir, schaut mich an und sagt dann nach endlos scheinenden zwei Sekunden: »Sooooo schöööön!«

Es kommen immer mehr Leute, Männerpaare, Frauenpaare, gemischte Paare, etliche kommen alleine, insgesamt sind es dreiundfünfzig Personen. Alle tragen etwas Weißes. Manche haben es geschafft, ganz in Weiß zu kommen, andere haben nur eine weiße Jacke oder nur eine weiße Hose.

Kennt jemand die Ouvertüre aus »Carmen«? Mit dem Schlag der Becken geht sie los, und genau dieser Schlag ist es, der mich zusammenfahren lässt. In voller Lautstärke spielt die Musik, und Röschen zieht unter diesen Klängen, gefolgt von allen Trauergästen, in die Halle ein, in der bis jetzt nur der Pfarrer vorne am seitlichen Pult steht. Ich kriege Gänsehaut.

Zwei, drei Minuten etwa lässt man die Musik spielen, dann

wird es leise, alle sitzen. Der Pfarrer spricht, und es tut mir gut, dass er das Thema Liebe und Gemeinsamkeit in den Mittelpunkt stellt: »Darum lasst uns nicht nur traurig sein, dass wir Karl-Heinz verloren haben, lasst uns vor allem froh darüber sein, dass wir ihn gekannt haben. Lasst uns heute hier nicht seinen Abschied feiern, für die Trauer ist immer noch Zeit genug und Platz in unseren Herzen. Lasst uns heute mit Werner Rose zusammen feiern, das Leben von Kalli und Röschen feiern.«

Musik. Die Königin der Nacht ...

Röschen steht auf, geht nach vorne, bleibt kurz vor dem Sarg stehen und weint. Er will wohl ans Rednerpult, bleibt aber vor dem Sarg stehen und weint laut schluchzend, während die Königin der Nacht durch unsere Trauerhalle klingt. Ich habe schon wieder Gänsehaut, und ich merke, wie ich – ganz Chef, ganz Mann – Tränen runterschlucke.

Jemand nimmt meinen Arm, ich merke, dass meine Frau neben mir steht, diese schöne, große Frau, und mir schießt durch den Kopf, wie es wäre, wenn sie da liegen und ich da stehen würde oder umgekehrt, und vorbei ist es mit dem Runterschlucken. Ich heule.

Röschen hustet, räuspert sich, und mit nassen Augen geht er ans Rednerpult ... Ich spare seine Rede hier aus, aber ich habe noch NIE eine solche Liebeserklärung gehört. Knapp zehn Minuten spricht er, dann nickt er nach hinten, setzt sich wieder, und unsere Dia-Leinwand fährt herunter. Es tauchen Bilder von Kalli und Röschen auf, nur Bilder, auf denen beide sind, und dazu spielt Marianne Rosenbergs »Er gehört zu mir«. Jemand muss das Stück zusammengeschnitten haben, so scheint es mir: viele Instrumentalstellen, der Refrain häufiger als gewohnt, aber vielleicht gibt's das ja so irgendwo auf CD.

Die Musik klingt aus. Der Pfarrer redet wieder, nach nur wenigen Sätzen spricht er ein Gebet, tritt an den Sarg, und dann ist er fertig und geht durch die seitliche Tür hinaus. Viel mehr an Emotionen kann man kaum ertragen, hinter mir zücken meine neugierigen Mitarbeiterinnen auch diverse Taschentücher, ich drehe mich nicht um, die sollen nicht sehen, dass ich geheult habe ...

Stille. Man hört Leute, die sich räuspern. Röschen sitzt still ganz vorne, die beiden Herren ganz in Weiß neben ihm. Dann knackt es in den Lautsprechern und erst ganz leise und dann lauter werdend »Time To Say Goodbye«.

Röschen steht auf, macht in Richtung der Anwesenden eine einladende Handbewegung. Alle erheben sich, gehen nach vorne, bilden einen Halbkreis um den Sarg und wiegen sich im Takt der Musik. Dann kommt »Candle In The Wind« ...

Taschentuch-Arie hinter mir ... Kann man schöner Abschied nehmen?

Als die Musik verklungen ist, umarmen die Leute der Reihe nach Röschen, und dann ist die Trauerfeier vorbei. Man kommt heraus in die Halle, und meine Mitarbeiter verpieseln sich geschwind.

Hatte ich da nicht irgendwann mal was von »schrill« gehört? Freddy Mercury und Montserrat Caballé singen »Barcelona«, und es gibt Champagner. Und – ich kann es nicht anders beschreiben – es ist, als habe jemand einen Schalter umgelegt. Die Leute lachen, sie trinken, feiern, und Röschen hat rote Wangen. Manche gehen mit ihrem Glas sogar noch einmal zurück zum Sarg.

Zwei Stunden lang hat der Champagner gereicht, dann war der ganze Zauber auf einmal sehr schnell vorbei. Wir hatten genug aufzuräumen, und es tat richtig gut, etwas anderes tun zu können.

Danksagungen

DIESES Buch ist aus einem Weblog heraus entstanden. Ganz herzlichen Dank an alle Leser und Kommentatoren. Besonderer Dank gebührt Herrn Peter Roskothen und seiner bezaubernden Frau Geraldine, ohne deren Ermutigung und Unterstützung das Ganze gar nicht möglich gewesen wäre.

Ein ganz herzliches Dankeschön an Marc Albrecht, Herrn Joachim Jessen von der Literaturagentur Schlück sowie an Herrn Marko Jacob für ihre fachkundige Beratung.

Ich widme dieses Buch allen Bestattern, ihren Familien und ihren Mitarbeitern.

Zum Schluss noch der Hinweis des Autors:
Für dieses Buch wurden weder Tiere, Pflanzen und schon gar nicht Menschen gequält oder getötet, das Papier, auf dem das Buch gedruckt ist, stammt ausschließlich von waidgerecht erlegten Bäumen, die zum Zeitpunkt der Papierherstellung bereits tot waren.